Avati Amuni

Editora Appris Ltda.
1.ª Edição - Copyright© 2020 dos autores
Direitos de Edição Reservados à Editora Appris Ltda.

Nenhuma parte desta obra poderá ser utilizada indevidamente, sem estar de acordo com a Lei nº 9.610/98. Se incorreções forem encontradas, serão de exclusiva responsabilidade de seus organizadores. Foi realizado o Depósito Legal na Fundação Biblioteca Nacional, de acordo com as Leis nos 10.994, de 14/12/2004, e 12.192, de 14/01/2010.

Catalogação na Fonte
Elaborado por: Josefina A. S. Guedes
Bibliotecária CRB 9/870

P437a 2020	Perena, Anna Kálister 　　Avati Amuni / Anna Kálister Perena. 　　1. ed. - Curitiba: Appris, 2020. 　　291 p. ; 23 cm. 　　Inclui bibliografias 　　ISBN 978-65-5523-519-7 　　1. Ficção brasileira. I. Título. II. Série. 　　　　　　　　　　　　　　CDD – 869.3

Appris editora

Editora e Livraria Appris Ltda.
Av. Manoel Ribas, 2265 – Mercês
Curitiba/PR – CEP: 80810-002
Tel. (41) 3156-4731
www.editoraappris.com.br

Printed in Brazil
Impresso no Brasil

Anna Kálister Perena

Avati Amuni

Appris
editora

FICHA TÉCNICA

EDITORIAL	Augusto V. de A. Coelho
	Marli Caetano
	Sara C. de Andrade Coelho
COMITÊ EDITORIAL	Andréa Barbosa Gouveia (UFPR)
	Jacques de Lima Ferreira (UP)
	Marilda Aparecida Behrens (PUCPR)
	Ana El Achkar (UNIVERSO/RJ)
	Conrado Moreira Mendes (PUC-MG)
	Eliete Correia dos Santos (UEPB)
	Fabiano Santos (UERJ/IESP)
	Francinete Fernandes de Sousa (UEPB)
	Francisco Carlos Duarte (PUCPR)
	Francisco de Assis (Fiam-Faam, SP, Brasil)
	Juliana Reichert Assunção Tonelli (UEL)
	Maria Aparecida Barbosa (USP)
	Maria Helena Zamora (PUC-Rio)
	Maria Margarida de Andrade (Umack)
	Roque Ismael da Costa Güllich (UFFS)
	Toni Reis (UFPR)
	Valdomiro de Oliveira (UFPR)
	Valério Brusamolin (IFPR)
ASSESSORIA EDITORIAL	Evelin Louise Kolb
REVISÃO	Monalisa Morais Gobetti
PRODUÇÃO EDITORIAL	Bruno Ferreira Nascimento
DIAGRAMAÇÃO	Daniela Baumguertner
CAPA	Fernando Nishijima
COMUNICAÇÃO	Carlos Eduardo Pereira
	Débora Nazário
	Kananda Ferreira
	Karla Pipolo Olegário
LIVRARIAS E EVENTOS	Estevão Misael
GERÊNCIA DE FINANÇAS	Selma Maria Fernandes do Valle
COORDENADORA COMERCIAL	Silvana Vicente

*Ao filho e sobrinhos, porque além
de bípedes implumes, somos mamíferos.
Embora existamos em meio a répteis.*

In memoriam
*de Marielle Franco, estrela-guia;
de Platão, por ouvir as sereias.*

*Ô meu corpo, faça sempre de mim [uma mulher]
um homem que questiona!*

(Frantz Fanon).

Agradecimentos

Aos povos pré-brasileiros e brasileiros, que aqui, irmã, irmão, ei de mostrar como mais divinos do que demoníacos;

In memoriam também das avós Sedeleudes e Carmelita, pelo cultivo das mangas;

Às Musas e aos Orixás, que me ensinaram a ouvir, no longínquo, algumas récitas sublimes;

Às tias e à mãe, Vilma, Angela, Isabel, Maria e Edite, pelo infante que fui um dia;

Ao meu pai, Sebastião, pela paciência;

Aos irmãos Bruno, Otávio, Ana Paula e Suzana, pela fraternidade;

A Benny e a sua mãe Paula, pelo apoio, a Miguel, pela nascividade;

A Charles Feitosa, hellas grego, adelpho[1] maior, por aceitar pensar comigo, aos estimados professores Marco Antonio Casanova e Gilvan Fogel, por me ensinarem a permanecer no desvelamento. O aprendizado do amor ao conhecimento devo a esses, mas também à língua portuguesa, pela lindeza de ser a verdadeira origem do amor. A Luiz Antonio Simas, agradeço por eu poder aprender História. Ao professor Auterives Maciel, agradeço a Introdução à Filosofia. Ao Mago Andre Cozta, agradeço as conversas sobre Umbanda, e a abertura para novos caminhos. A todos os professores e alunos com quem convivi, agradeço o aprendizado do respeito mútuo como verdadeiro princípio do amor. Aos amigos na internet, e de fora dela, Jolluah Ben Israel, Joselaine Santos, aquele abraço.

À Sônia Cardoso, pela revisão semântica e ortográfica deste livro, e a Humberto Leal, agradeço pelo despertar para uma nova luz, que seja eterna! Ao Frei Helton Pimenta e à Renata Marinho, agradeço as orientações metafísicas a partir das quais pude direcionar esta escrita para a descoberta do divino como sinônimo de liberdade.

---

[1] Irmão em grego.

À Cristina e a Tarthang Rimpoche, mestres fundadores do Centro Nyingma, agradeço o aprendizado da meditação como tempo-espaço de um exercício amoroso.

A responsabilidade destes escritos é minha, mas se por acaso acharem aqui algo de belo, devo aos supracitados, e também aos colégios Pedro II, Luiza Mahin, Andre Maurois e Infante Dom Henrique assim como às universidades Uerj, UFRJ, PUC-Rio e Unicamp, por terem cuidado de mim, abrindo a cristalina verdade como fruto mais do amor do que do conhecimento.

Ao CNPq, agradeço o financiamento de três anos de minhas pesquisas de pós-graduação;

À Maria, magnífica, e à Iemanjá, agradeço por impedirem que eu apenas no sôfrego permanecesse.

Aos super-humanos do futuro, agradeço a disposição por salvar o planeta.

Zás-traz.

Prefácio

Mudanças do Estilo

*[...] porque é de uma mudança de "estilo",
dizia Nietzsche, que nós talvez necessitemos;
se há estilo, Nietzsche nos recordou, ele só pode
ser plural.*

Jacques Derrida, Os Fins do Homem (1968)

Em um famoso poema o "velho safado" Charles Bukowski (1920-1994) afirma que "fazer uma coisa chata com estilo é preferível a fazer uma coisa perigosa sem estilo" e logo em seguida emenda: "fazer uma coisa perigosa com estilo é o que chamo arte"[2]. Sinto que Anna Kálister Perena, nome etílico de Fabíola Menezes de Araújo, fez seu *Livro do Navio*, um dos títulos de *Avati Amuni* singrar de modo perigoso, mas com muito estilo. Prefaciar o livro da minha colega, amiga e adelfi Fabíola Menezes não é tarefa simples. Conheço a autora dos meios universitários desde o início dos anos 2000. Ela sempre me impressionou pela seriedade engajada das suas ideias, palavras e ações. Mais recentemente, em 2018, tive oportunidade de contar com sua valiosa colaboração em nosso curso de História da Filosofia na Perspectiva Feminina. E então, não apenas eu, mas toda a turma da disciplina de Filosofia Pop da graduação em Filosofia da UNIRIO, ficamos encantados com sua erudição, sua intensidade criativa e seu jeito meigo de expor as questões mais instigantes. O livro que agora apresento exala a mesma seriedade e engajamento que a autora sempre demonstrou em todos seus projetos existenciais e acadêmicos. Não vou negar: é um livro estranho. Por que estranho? Porque é um enorme Moby Dick em forma de livro, não deixa-se capturar por nossas costumeiras redes classificatórias. Tem elementos de Filosofia, de Psicanálise, de história antiga, de romantismo, de autobiografia, de erotismo, de feminismo, de espiritualidade, de loucura, de horror e terror, de exorcismo e magia, de cristianismo e paganismo, de orfismo e ateísmo, de misticismo afro e ameríndio, sem que a soma desses elementos dê conta de esgotar as

---

[2] Bukowski, Charles, *Style*, 1981.

nuances de sua escrita. Definitivamente, no romance inaugural, Anna Kálister ressoa um esforço de mudança do estilo.

Estilo. Esse termo tão importante na Literatura e tão ignorado pela Filosofia é muito difícil de ser apreendido. Na vida cotidiana quando dizemos que uma pessoa tem estilo, é porque ela consegue marcar sua individualidade por meio de suas roupas. Na Literatura, estilo diz respeito ao modo de um autor se expressar por meio da sua escrita, de fazer experimentações com a linguagem, seja reproduzindo, aprimorando ou se desviando das normas tradicionais de composição textual. Curiosamente, "estilo" (do latim *stilum*) é também o nome de um antigo instrumento gráfico, um estilete com uma ponta aguda ou achatada usada pelos antigos para escrever sobre tábuas cobertas de cera. Em argila, aliás, deveria ser escrito este livro. Tabuletas de argila, como em Creta, outrora. Poderia então ser anunciado: como já decifrado o Linear A[3]. Estilo tem a ver não apenas com moda ou modos de dizer e escrever, mas também com gestos, maneiras de agir e de operar, enfim, com as dimensões performativas da existência. É por isso que aprecio tanto a definição de estilo de Bukowski no já mencionado poema, pois recolhe e concentra a intensidade dessas diferentes acepções: "Estilo é a resposta pra tudo. [...] Estilo é a diferença"[4].

O livro de Anna é visivelmente diferente, mas em que pode ser perigoso? Justamente por desafiar uma característica estrutural da Filosofia, área principal de formação tanto dela quanto minha, a saber, a busca constante de um discurso isento de estilo. Para a Filosofia institucionalizada, as experimentações estilísticas são tratadas em geral como meros adornos, acidentais, desnecessários e irrelevantes. A presente obra coloca perigosamente na mesa uma verdade difícil de suportar, ainda mais para aqueles que acreditam deter o poder de decidir os limites da razão supostamente pura em cada disciplina: a de que a Filosofia é um subgênero da literatura e não sua rival.

Quem vê o cenário da Filosofia universitária atual poderia até acreditar que o discurso claro e distinto predominante sempre foi e sempre será a forma intrínseca da Filosofia, mas basta uma olhadela

---

[3] Trata-se da escrita utilizada pelas Minoans ou Minoicas antes do patriarcado instalar-se na Era Micênica. Trata-se de um silabário ainda não decifrado mas passível de ser lido como atuante em *Avati Amuni*.

[4] Bukowski, op. cit..

superficial na sua história para constatar que, ao contrário, sempre existiu uma diversidade inebriante de modos de escrever e pensar. De um lado, temos os estilos supostamente mais rigorosos, preocupados prioritariamente com a ordem lógica dos conceitos, tais como os tópicos (Aristóteles), os comentários (Aquinas), as questões (Ockham), os guias (Maiamonides), as sentenças (Lombardo), os ensaios (Locke), os tratados (Hume e Spinosa), as meditações (Descartes), os prolegômenos (Kant), as investigações (Wittgenstein). Mas do outro lado, desde os seus primórdios, temos também aqueles modos de escrever e pensar mais abertos às atmosferas afetivas evocadas pelas diferentes sonoridades e coloridos das palavras e nem por isso, menos densos conceitualmente, tais como os poemas (Sapho e Parmênides), os diálogos (Platão e Sade), as confissões (Agostinho e Rousseau), as cartas (Abelardo e Schiller), os pensamentos (Pascal), os aforismos (Nietzsche e Novalis), os diários (Kierkegaard), os romances e contos (Sartre e Camus), as performances (Preciado).

Infelizmente a escolástica acadêmica vigente tende apenas a se focar exaustivamente nos conteúdos dessas experimentações literárias-filosóficas, sem dar muita atenção aos seus modos singulares de se fazer, dissociando e hierarquizando aquilo que, ao contrário, terá sempre acontecido em codeterminação recíproca. A aparente ausência de estilo nos textos acadêmicos atuais em Filosofia é, na verdade, a vitória hegemônica de um estilo específico, o analítico/escolástico, que apresenta uma estrondosa uniformidade estrutural e cuja linearidade entediante perpassa por todas as produções da pesquisa, tanto nos artigos das revistas científicas, como nas conferências nos congressos; tanto nos TCCs, nas dissertações de mestrado, como nas teses de doutorado. O estilo vitorioso da Filosofia acadêmica se finge de neutro, mas segue um código de regras muito estrito, mais notadamente na exigência de conformidade aos seus aparatos intermináveis de erudição, tais como as notas de rodapé, as referências bibliográficas, os glossários e os índices onomásticos.

Tudo se passa como se só houvesse rigor na forma estrita do cálculo, da geometria e da arquitetura. Inspirada em Nietzsche, que dizia que o rigor da Filosofia acadêmica era uma espécie de rigor mortis, irrompe felizmente no cenário contemporâneo um contramovimento de reabilitação do corpo, dos afetos e das imagens na escrita filosófica.

A reestetização dos conceitos permite que o pensamento faça outros tipos de aliança, para que a Filosofia não se constitua apenas sobre, mas com ou até mesmo enquanto arte. É dentro desse contexto que o livro de Anna Kálister Perena pode ser lido, como um experimento de literatura pensante ou de Filosofia enquanto arte. A escolha do horizonte imagético do mar, do navio e do naufrágio é muito apropriada, pois evoca a coragem de abandonar terras seguras da racionalidade e de se lançar aos mares desconhecidos da literatura. Não apenas apesar dos perigos de naufrágio, mas até por conta deles mesmos. Recordo mais uma vez Nietzsche, que gostava de citar uma frase atribuída a Zenão, retomada por Leopardi e também por Schopenhauer: *"naufragium feci: bene navigavi"* [5]. O naufrágio faz parte estrutural dos riscos e dos prazeres do bom navegar, e do bom escrever. Anna Perena também pode dizer: escrevi bem, naufraguei.

Charles Feitosa

Grajaú, Rio de janeiro, primavera de 2019.

---
[5] naveguei bem, naufraguei.

Naukratis,
colônia grega, 600 anos
*
Cristo
sede de um encontro
entre deuses.
Aqui
Símile aos pergaminhos
da Santa Antiguidade
Ele Renascerá.
Por que a última parte deste livro se chamará o Naufrágio de Avati Amuni?
Porque nele há a fala de uma alma que se quer Sin-crética,
como a Força de Navio,
nos dias de vela.
Neste "Livro do Navio", como também já chama a Marinha Mercante Brasileira,
Eles renasceram
no Axé,
no Tibet,
na Paz de Cristo.
Para que outros testemunhos
e não apenas naufrágios venham a ser
Para que, mesmo estando eu ausente,
e o navio naufragado, consiga o povo aqui também denominado afro-egípcio superar
As desumanidades.
Assim como já superou tantas intempéries.
A fim de tornar mais forte o desejo
De que o respeito e a Justiça reinem,
escrevo.
Themis ou Nêmesis?
Dirão vocês, depois.
Aqui, no Ser-aí
Ou em outros horizontes.

Sumário

INTRÓITO 21

PARTE I
Ecce fêmea

1
FLOCOS DE NEVE 27

2
A NUDEZ, E O RAIO 35

3
SUPER-HUMANOS (ἄρρητον) 39

4
IEMANJÁ E IANSÃ ONIRA 47
   4.1 Entre Apolo e Dioniso: uma guerra de Santo? 54
   4.2 Golfinhos 59

PARTE II
Fantasmas

5
AS IDAS E VINDAS DE C. AO BRAZIL 65

6
A MULHER DELE E A FILHA-PROBLEMA 71

7
C. EM MIM 79
   7.1 O poema Florescência 81
   7.2 E um caso de psicose — C. é o meu irmão mais novo ... 84

PARTE III
Poeticamente a mulher habita

8
DAIMON 91

9
KUNDALINI 103

10
CHOUPANA: A DISTÂNCIA QUE NOS APROXIMA 109

11
"A COISA" EM MIM: O VÉU 115

PARTE IV
Dioniso, o duas vezes nascido

12
VAIDADE 125

13
SUPERANDO O TRAUMA DO ABANDONO: ÉGUAS 127

14
CARTA À FILHA DE C., CHARLOTTE I 139

15
O POLVO LEVIATÂNICO 141

16
ESCARAFUNCHO 147

PARTE V
Vítima sacrificial

17
BANHOS 151

18
UMA SUICIDA 153

19
DENÚNCIAS NO VAZIO 155

20
A ESCRAVIDÃO ENQUANTO QUESTÃO FILOSÓFICA 159
    20.1 A escravidão em mim 159
    20.2 Às futuras gerações, no laço 169
    20.3 A Camélia - Nisto superemos os gregos! 172
    20.4 A Negritude em mim 173

21
MEDALHÃO: Ô, TEORIA PERSISTENTE!..........................175

22
O EFEITO NARCÍSICO, HEGEL.................................179
   22.1 O efeito narcísico...................................179
   22.2 Hegel...180
   22.3 A Cobra 181

PARTE VI
Poros e Penia dormem juntos

23
POROS DORME 187

24
TV-ONÍRICO...193

25
CHARLOTTE II - A SOBRINHA DO TONICO 195

26
AS AMEAÇAS DAQUELA CHARLOTTE DANADA 199

PARTE VII
EPÍLOGO
O Triste Fim de C.

27
24 DE OUTUBRO DE 2018 - O JORNAL DE PARIS................203

28
CARTA AO JOVEM TONARE OSOTAM 207

29
NO HOSPITAL, JESUS 209

30
A MORTE DE C..215

31
KATABASIS..217

32
EM CASA,
DEPOIS DO COMA..................................227

PARTE VIII
EPÍLOGO FILOSÓFICO
NAUKRATIS O PORTAL

SEÇÃO 1
A transição

33
A MORTE DE C. NA SUPOSIÇÃO
DE SER TUDO INTERPRETAÇÃO 231

34
A MENSAGEM PSICOGRAFADA DE C. 239
   Psicanálise *versus* Linha de Cabocla 239

35
O RETORNO DAS ESTRELAS........................243

36
A DEUSA 249

SEÇÃO 2
A história de um passado

37
COMO VENCEMOS O PATRIARCADO 255

SEÇÃO 3

38
O PENSAR 267

POSFÁCIO OU INTERLÚDIO FILOSÓFICO
O NAUFRÁGIO DE AVATI AMUNI (PARA INICIADOS) 273

ÍNDICE REMISSIVO 281

Intróito

Não se nasce escravo. É-se escravizado. E junto à escravidão nasce a vontade de matar. Há sete anos, o chão de tábuas da Universidade Federal do Rio de Janeiro foi palco de meu encontro com o colonialismo e com a escravidão. Quando vi pela primeira vez a morte nos olhos de um homem, *não me considerava negra; tampouco vítima de colonialismos.*

Cega eu era. Em 2010, as únicas testemunhas do desprezo e da violência — a fonte seca e os azulejos brancos de uma das maiores universidades do Brasil: a UFRJ — ainda não havia surgido sob a insígnia da escravidão. Somente em 2017, quando este livro recebeu o título provisório de *Sete anos de escravidão* que eu pude *me dar conta de que havia sido escravizada.* Neste livro, conto como aconteceu de eu, latino-americana, vir a ser escravizada por um cidadão europeu em pleno século XXI.

Quando aconteceu o meu primeiro encontro com a morte? Bem antes: quando descobri a minha vocação para o filosofar. Eu já sabia que me resguardar era importante. Mas não ousava saber, nesse tempo, que as Academias Europeias, no quesito répteis peçonhentos, são bem mais sinistras do que as Brasileiras. Quando o meu futuro profissional dependia de tornar-me professora universitária, aprendi.

Tinha vinte e oito anos quando os meus ancestrais não existiam para mim. Cheguei a supor que não conseguiria continuar lutando. Porque não existia Rainha Nzinga, e os cristais de luz que essa Deusa sabe exaltar. Não sabia então que, por muito tempo, bem antes dos azulejos brancos e pretos da Universidade Federal em que negros puxam carroças chegarem a existir, alguém julgou que esses negros não pudessem se libertar. Que quando viessem a se rebelar seriam mortos. Fui ingênua quando acreditei que nos deixariam pensar. Quando foi isso?

Quando não existiam irmãs e irmãos de luta. Aí, descobri que a História que insiste em nos subjugar, é a única recontada na Europa. Sem a força de minha família eu já teria sucumbido. Foram dez anos de escravidão, e ainda hoje não sei de quem foi a culpa. Porque pode ter sido minha! Aprendi que a liberdade são asas que causam inveja.

A fim de *fazer ressoar um canto de redenção, escrevo. Por existirem comigo divindades que me ensinam a falar tão somente a verdade, não me calo: consinto que essas divindades falem em mim.*

Consinta também. O respeito que cada ser humano merece nasce junto à colheita do orvalho não na seara de uma Academia Europeia, mas junto ao solo que tem sido usurpado de sua soberania há muito tempo. Por essa Terra dou meu corpo, minha alma. Agora esse aprendizado quer ser transmitido.

*

Em seu Princípio da Impenetrabilidade, a física newtoniana considera que dois corpos não podem ocupar o mesmo lugar no espaço. Tolice. Por milênios, deuses habitaram mulheres e homens, terreiros e toda espécie de lugares santos.

Se perdi o meu encanto pela Europa foi por terem lá se esquecido de que os deuses precisam ser ouvidos para nos presentear com o seu Ser. Todas as culturas que cultivam o sagrado realizam sua devoção por meio da música e do silêncio.

Que homens postam-se contra a música e contra o silêncio? Foi em virtude de um homem branco que me dei conta da inépcia europeia para reaprender o sagrado. O homem que se fez habitar em mim, *sem que eu quisesse*, por dez anos, ainda hoje não enxerga as maldades que faz. A sua inépcia para preservar o sagrado, eu observei. Neste livro, deixo evidente a lógica que o impedia de preservar o sagrado. Ele não via que perpetuava a lógica contra a qual se dizia erguer. Ele ainda se recusa a enxergar, hoje. Segundo Aristóteles, personagens sórdidas não dão boa poesia, por certo, aviso: aqui não há boa poesia.

No súbito de um grande desarvoro, quando *endemoniado*, este homem — aqui denominado "C." — ainda justifica as violências que perpetra. Diz que, em mim, busca resgatar a tranquilidade perdida. Antes eu tinha medo. Quando aprendi que dando cabeçadas nele, podia resolver provisoriamente o problema, nos vimos numa guerra diária. Mas o desarvoro sempre volta. Rezo para que ele se vá e leve consigo a sua doença. Que este livro possa entrar numa garrafa, atravessar o oceano, e salvar vidas que lá sofrem, como eu, com o cruel colonialismo.

Bem antes de conhecê-lo, há cerca de vinte anos me vinham sendo aconselhados pesquisadores estrangeiros. Jovem, com vinte anos, eu jamais me permitiria um relacionamento sexual com um professor. Ainda que eu tivesse sonhos de exercer o magistério na Universidade, eu... jamais. Jamais. Agora sei, o mal-caratismo a graçar no universo carcomido pela Técnica, e eu sendo levada a crer no quê?! Nos homens europeus... Mas aprendi: que apenas deusas podem nos salvar do colapso.

Em 2010, por ocasião de meu primeiro doutorado, já tinha certeza de que nem trabalhando continuamente, nem estudando muito, nem recebendo uma bolsa de estudos no exterior, eu conseguiria me tornar professora universitária. Só pode dar aulas nas Universidades Brasileiras quem há muitos e muitos anos já vem dando aulas... O pensamento de Heidegger e a obra de Freud, *mais do que simples referências, uma espécie de crença, que me cobria o corpo*. Hoje acho engraçado como, dois anos depois de eu ter iniciado o doutorado, o sonho de virar professora universitária se tornou uma obsessão, e a condição de eu existir como filósofa passou a surgir atrelada à possibilidade de eu receber ou não uma bolsa de estudos para estudar fora do país. *Como, quando e por que* o pensamento filosófico virou refém do colonialismo europeu? Como e por que se mostrou esse colonialismo mais forte do que o espírito do pensamento filosófico? É disso que vamos tratar aqui.

Dez anos se passaram, e em 2020, percebo que nós brasileiros temos muito a aprender, mas também temos muito a ensinar. Em especial sobre o vil coração dos colonizadores. Abusando de nós — física e psicologicamente — a Europa chegou a acreditar que tinha mais poder. Onde há poucos pássaros pode-se chegar a crer nisto: que exista apenas vontade de poder. Mas onde há morte no canto dos pássaros, e essa morte pode nos guiar, podemos nos dar conta de que quando a vontade de poder apenas nos guia, não é possível mais dizer não para si mesmo. Aí, *Inês é morta. A hybris toma conta*[6].

Às vezes, quando acordo, e vejo o meu ventre sendo possuído solto os cachorros em cima da Europa: "Continente do cão, de cafagestes, de cagados, etecetera, etecetera. A morte desejo. Tiro suas garras de cima de mim, uma por uma. Seguem-se banhos frios, e rezas. Muitas rezas. Persisto na escrita de uma obra que possa finalmente nos salvar. Conseguirei?"

---

[6] *Hybris* em grego significa desmedida. É um *pathos*, uma paixão, e está relacionada a atos que se dão em um rompante, por exemplo, por causa do ódio e da raiva que atravessa o coração de quem não tem escuta, ou atenção, aos deuses.

*

Demorei a enxergar o óbvio. Mas aprendi. Nós, índias e índios, negras e negros, encantadas e encantados, deusas e deuses da floresta, aprendemos a resistir, porque volta e meia, nos é roubado tudo. Por causa de outras visões de mundo, sempre tacanhas, a sabedoria salvífica de nossos ancestrais vem a ser reiteradamente ameaçada. Digo-vos: enquanto eu viver, o som do Atabaque deverá ser saudado como meio de libertação. Por ser capaz de extrapolar os limites do *ego*, a escuta desse som vem a ser *mais urgente* do que qualquer filosofia.

Os aprendizados conquistados — o *como* superar os mecanismos de subjugação e algumas técnicas de cura — estão aqui, e querem ser transmitidos. Se não na altura de um *Livro dos Espíritos*, um *Livro dos Médiuns* ou um *Evangelho segundo o Espiritismo* certamente na altura de uma tupinambá que mais aprende do que ensina. Quis um homem que morreu por nós que fosse assim — que da mais cruel aniquilação brotasse uma mulher disposta a matar e a morrer por seu povo. Poetas do além, venham cantar conosco! Léon Denis, dançar comigo venha! Ensinaremos que a alma é eterna e que, por isso, nada nos faltará. Com Bezerra de Menezes, e conforme ensina Dom Hélder Câmara, renasceremos, de novo! E de novo! E de novo! Que nossos aprendizados possam trazer apenas Luz!

PARTE I

Ecce fêmea

1

Flocos de neve

    Sexta-feira, 3 de outubro de 2010. O Auditório Pedro Calmon da Universidade Federal do Rio de Janeiro está lotado. Para a conferência de abertura do Congresso Internacional de Filosofia e Psicanálise, aguardam cerca de 200 pesquisadores. O último palestrante surge do caos universitário como um enigma. Fala sobre o amor em Platão.

    O amor platônico? Uma pulga surge atrás de minha orelha. "Fale mais sobre o amor em Platão, *sir, s´il vous plaît*[7]" Sou eu quem pede, ao final dos aplausos, no microfone aberto ao público, ou melhor, ao púlpito. Se não entendi nada de sua resposta, é porque Lacan *não era para ser entendido.* Que o palestrante queria deixar evidente sua solteirice, eu entendo rápido: ele não portava alianças. Com seu conjunto de algarismos a serem jogados; e *só*, o comentador de Lacan e de Platão desce do púlpito. Como todos ali, finjo que entendi. Mas tiro o batom dos lábios. Ao final, ele se senta, distante apenas duas cadeiras de mim. Súbito, vejo o seu olhar fixar-se nas mulheres do recinto — um olhar de desprezo e erotismo. Não vejo, observo. Estranho!

    Ao final das palestras, ele vem se sentar mais perto de mim. Na cadeira logo atrás, sua presença é... sorrateira? Coincidem nossos olhares, e quando isso acontece — ele quer se fazer notar por mim. Eu sei disto, e não sei. É tudo muito rápido. No espelho vejo-o: um homem a se aproximar. Fico angustiada. Olho através do espelho em forma de sereia dado por minha mãe. Súbito tenho vergonha do espelho. E o guardo na bolsa. No reflexo da janela, contudo, o revejo, e a mim mesma. Assustados? À visão de seu olhar, um calafrio perpassa o meu corpo.

    Se eu tivesse sabedoria teria fugido. Teria distinguido nele um *psicopata*. Doença sinistra esta, a psicopatia. Incurável. A falta de caráter que se assenta na racionalidade e no desejo erótico. Teria fugido. Àquela altura, contudo, eu não posso fazer isto. Não só porque fosse lerda. Mas

---
[7] "Senhor, por favor".

uma força me puxava... era como se *dentro dele* habitasse um polvo. *Dentro dele? Não... sobre ele. Então: não dava para saber.* Sei que o lúgubre *nele* habitava. Foi quando ele me sorriu, e eu sorri para ele.

A vista de meu interesse por seu trabalho, informo-lhe o tema de minha pesquisa — "Haverá Lugar para o Extraordinário em Freud?" — falo e finalizo com um "Daqui a pouco me doutoro!" Contente, eu, na morada do Ser, tão alegre quanto tonta, quando ele volta a me sorrir. E diz: "não entendo". "Não entendo" quereria dizer: como conciliar Heidegger e Freud? Peço licença, e vou até o banheiro. Passo o batom nos lábios.

Vejo: faltam 40 minutos para o almoço de meu filho Leguim, meu Deus! Ele chegará faminto. Corro. Decidido por mim: que meu único desejo é que ele esteja bem. O pai nunca está aí. Sempre viaja a trabalho. Multiplicam-se sobre mim as responsabilidades. Antes de alcançar o portão de saída, reencontro o conferencista no corredor. Falemos em francês (!). Não posso falar. Mas eis que o tempo pára. Sob o pé-direito enorme, o conferencista... Ele descansa o corpo no corrimão de madeira. Parece deitar no corrimão quando um brilho agudo surge em seus olhos. "*Tchauu*": aceno, para nunca mais.

Depois de descer as escadas em caracol de mogno, ele ressurge atrás de mim. O conferencista. Agora, em comitiva. Se vem atrás de mim, terá a consciência de fazê-lo? Parece que me fareja. *Mas eu não dou bola, nem me dou conta de nada naquele instante.* Como saber se ele estava me farejando?

Só então reparo em suas roupas: paletó bege claro de linho marajoara, tão claro em linho quanto em seda. E as calças, bem ajustadas. Nem um faraó portaria tamanha elegância. Talvez um egiptólogo. Foi a primeira vez que vi charme em um homem. Parecia que ele se vestia de árvore.

Deixei-me enlevar, confesso. Aproximou-se então, e me ofereceu o seu cartão. Agradeci, e me despedi. Pode ser que eu tenha apertado suas mãos. Ou, antes, só as senti. No toque, a forma "maciez" me foi apresentada. Natural e rapidamente. No verso do cartão, as letras se alinharam:

Pr. C. H.
Psychanalyste
Université Paris-Diderot
Recherche d' Hauts Niveaux
Paris

Em "vermelho e negro" as letras do cartão lembram o romance homônimo de Stendhal: "O amor é uma bela flor à beira do precipício. É preciso ter coragem para ir colhê-la."[8] Entre as luzes verde-arbóreas e o Sol, meio perturbada, saio do Instituto de Comunicação da UFRJ em direção ao Pinel, manicômio do estado do Rio de Janeiro.

No semáforo, atravesso a rua. Dá 11h22. Uma missa àquela hora? Sinos badalam. Não... Nem acredito: alguém teve a ideia genial de colocar sinos no lugar dos estridentes alarmes para cegos no trânsito da travessia. Agora, não sofrerão mais com o barulho, os cegos. Melhor seria a nona de Beethoven ou *Carinhoso*, de Pixinguinha.

Olho para cima. Consigo ver o pesado clima de nuvens escuras sobre a Enseada de Botafogo. No agigantar-se do céu, algo agiganta-se também em meu coração. O céu me segue? Apresso o passo.

*

---

[8] Passagem do romance *O Vermelho e o Negro*, de Stendhal, publicado em 1830.

Como "Professora Extraordinária" do Colégio Pedro II, em 2010, dedico-me ao ensino de mais de 600 alunos. Nessa escola são chamados "extraordinários" os professores substitutos. Professores deveriam ser sempre chamados de extraordinários. Todos merecem esse epíteto. Ser professor, no Brasil, nesta época... Conseguir não ser acusada de capitanear manifestações... Uma missão impossível.

Há 18 anos era diferente. Criança ainda fui lutar pelo impeachment do ex-presidente Fernando Collor de Melo. Fui acusada de arrecadar mantimentos para os manifestantes que ocupavam o BNDES no Centro do Rio pela direção escolar. Nessa época, colocar barricadas na Rua Humaitá para o impeachment era acordar uma pátria muda, mas amada.

Voltaria como professora ao colégio fundado pelo Imperador, quem o diria? A minha professora de português talvez o dissesse. Porque ela sabia ler a alma das pessoas — como eu tive de aprender a fazer. Agora, seis anos após me formar como professora de Filosofia, na pasta de documentos os títulos honoríficos não fazem sentido sem o bendito do doutorado. Por isto, estudo.

Caçula de uma família de três filhos homens, meus recém-completados 28 anos me conferem a ansiedade de uma borboleta; e o desejo de — tal como o bicho-da-seda — me esconder em uma amoreira a que todos chamam "Filosofia". Isto, de trazer no espírito o desejo de me tornar filósofa, compartilho com muito poucos. Em 2010, a possibilidade de deixar o país cria em mim o hábito de olhar os professores estrangeiros como possíveis apoiadores de meu futuro profissional. Vejo-me nas bibliotecas marmóreas de Paris estudando, porque eu ia subverter a metafísica estudando Filosofia Antiga na França. Claro.

Após conhecer o conferencista lacaniano, no entanto, durante uma semana, sou invadida por uma enorme, inominável tensão. Decido escrever um e-mail para o tal conferencista:

Chér Pr. Ms. C.H.,

escrevo-lhe para solicitar que me envie o texto de vossa Conferência. Por favor, também gostaria de, se possível, contar com o vosso apoio para a continuação de meus estudos acadêmicos. Em dois anos me torno doutora em Teoria Psicanalítica. Não sei se o senhor se recorda de nosso primeiro encontro, mas conversamos sobre a minha tese, onde trato da questão da influência de Heidegger na psicanálise de Jacques Lacan, e gostaria de contar com o vosso apoio, se não agora, talvez futuramente, para uma pesquisa de pós-doutoramento.

Com os meus mais sinceros agradecimentos, Anna Perena.
Rio de Janeiro, 6 de novembro de 2010.

Recorro à ajuda de um amigo professor de francês para a revisão do texto. Enviado o e-mail, a tensão cessa. Curioso! *Em minutos,* o tal pesquisador responde ao meu e-mail. Meu coração para. Envia-me o texto de sua Conferência e uma breve autobiografia. Que rápido! *Aí eu já estava apaixonada.* Sua autobiografia revela muito sofrimento recente: uma cirurgia renal o deixara imobilizado. Dores as mais atrozes ainda o consomem, dois anos após a cirurgia. A morte ele vira de perto, confessa-me, pois.

Nas entrelinhas, contudo, o oposto se manifesta, e eu não sabia dizer *como nem porque eu conseguia ler a verdade.* Que eu podia ler a verdade — *como explicar este fenômeno?* Pois a verdade era o seguinte: *sombras, nele, habitavam, e eram várias.* Eu podia analisar na leitura que eram várias as mulheres que nele habitavam. Um Dom Juan? Enfim: atentar-me como deveria ao fato, não pude. Por que não?

Porque eu não sabia que sabia *ler a alma das pessoas* nas entrelinhas. O passado, com certa facilidade, eu podia ler, mas e o futuro? Poderia eu ler o futuro? Não: se eu soubesse ler o futuro, teria fugido: deixado aquela relação epistolar imediatamente. Em sua primeira autobiografia, ele dizia que fora socorrido de uma experiência de *quasi mortem* há cerca de um ano, por uma médica com quem fizera amor. Confessa-me que abandonara a tal médica com um pedido de casamento. E diz que essa experiência lhe custara a coragem de se olhar no espelho. O tom de seu texto me dizia que ele tinha medo, e que se ele me tomava como ouvinte de tantos segredos era porque estava realmente desesperado. Quando passaria a acreditar que estava fora de perigo? Com a sua Conferência em mãos, esclareço para mim mesma que o amor em Platão, para ele, não é mais do que uma metáfora. O amor que nascia entre nós sim era platônico, e o seria até se transformar em um *pathos* do cristianismo, ou da Roma Antiga[9].

O professor palestrante, já no dia seguinte me escreve dizendo que não é francês, mas alemão. E aí *ele* se insinua. Claro estaria que, por ser alemão teria vocação para a filosofia. E que me orientaria, é evidente que me orientaria em uma pesquisa de pós-doutorado. Todo homem tem, segundo Aristóteles, natural aptidão para o pensamento. Mas não a mulher. Pois bem, alemão: "alemão" pode significar apto para a "filosofia", mas também para o "nazismo". Trata-se de um gênio, bom ou ruim, um real advento da nação alemã, na verdade, bem traiçoeira...

No inconsciente de uma garota de (quase) 30 anos de idade, metida a filósofa, mãe solteira... naquela hora tudo que ele dizia soava maravilhoso: um professor versado em filosofia, psicanalista, e ainda por cima alemão?! Incrível, espantoso, extraordinário![10] Mas afinal ele estava em Paris, e eu na cidade do Rio de Janeiro em pleno século XXI. E era um samba-de-criolo-doido dar aulas de filosofia àquela altura já... Mas agora com o apoio do alemão eu iria consumar o meu interesse pela psicanálise, e até o meu amor pela pátria que deu nascimento a Hegel, Kant, Fichte... E Eu... Àquela altura estudava pra cacete! Assim, aventa-se um idílio: entre nós, a possibilidade de um romance. Nestes termos: ele já não tinha abandonado a tal médica? Erigia-se em minha frente, além de tudo: as portas da Academia Francesa — finalmente abertas. E o meu hábito? De monge.

Logo recebo um terceiro e-mail, um tanto ou quanto inusitado: *ele me pede fotos nua.* Nua?! Sim: nua! Que eu lhe envie fotos nua??? Sim, ele pede. Meu coração acelera. Não existia o conceito de *nudes* naquela época, sequer computador eu tinha em casa... Não, não há lugar para aventuras em minha vida. Pergunto-lhe se ele é solteiro. Ele responde que é casado, e que têm duas filhas. Isso não estava em sua autobiografia. E foi o único instante em que "vi" alegria em suas respostas. Decepcionada, enumero os motivos que me fariam evitar o tal pedido, de uma foto pelada. Nada me impede! Desconverso, contudo: lhe digo

---

[9] *Pathos* significa paixão. Cada época oferece um pathos, um modo de sentir. Alcançar o *pathos* grego é difícil, mas não tão difícil como alcançar o *pathos* da Era Cretense-minoica. Aqui trabalhamos para que isto de ser Cretense se torne novamente possível.

[10] "C'innamoriamo di un'altra persona quando la nostra immaginazione proietta su di lei perfezioni inesistenti." "Nos apaixonamos por uma outra pessoa quando a nossa imaginação projeta sobre ela perfeições inexistentes."José Ortega y Gasset, Sull'Amore, versão italiana de 1992.

que iria pensar a respeito. No mesmo dia, antes de dormir, decido. Vou ao banheiro — fotos... Não, fotos não: uma só foto, e apenas uma, pombas! Uma só foto, e bem discreta.

Uma foto discreta tiro no *box* do banheiro, e sem pensar duas vezes vou a um *pub* perto de minha casa e lhe envio. "Ué, ficou até que bem bonita a foto", penso. O que dava para ver? O véu de uma nudez pálida. Num horizonte cristalino, os seios branco-róseos se escondiam. As gotículas da água se transformavam em cristais d'água. Os seios de penugem eram não meus, mas de uma pomba branca que se escondia no lusco-fusco. Flocos de neve, a forma de um dodecaedro aberto. Na foto queimada pelo excesso de luz, distinguir que eu sou negra era impossível. Mas era toda a verdade, ao menos a que se escondia naquele meu coração de estudante.

2

A Nudez, e o Raio

Ao receber a foto de minha falta de vergonha, C. a esconde. É inexplicável, mas posso vê-lo fazendo isso. *Apesar dos dez mil quilômetros que nos separavam, sua imagem também se esconde no ato dele de colocar minha foto dentro da gaveta. Estando ele em Paris e eu no Rio de Janeiro*: como era possível que eu pudesse ver a imagem dele escondendo a foto? Como me era possível ver a sua imagem? Não duvidava de que tudo é possível, mas também não tinha certeza de que nada é impossível. Como explicar: este poder — de ver transcendentalmente — que me fora dado pela prática constante da filosofia? Desdobramento de corpo e consciência. Não existia esse conceito em meu vocabulário. Mas, naquela época, não sabia que tinha como *eu* ter esse poder! Jamais esta possibilidade passaria pela minha cabeça. E no mais: eu estava apaixonada. Mas tanto, tanto que me ceguei, e *não pude me ver vendo-o*. Também eu não pude ver o fato de eu ser uma tonta. Só estudando Hegel eu aprenderia a fazer isso: me ver, e me saber uma tonta. Queria mais era ver o homem que se anunciava. Descobri-lo. Tudo nele me causava estranhamento. Além do mais, se a descoberta de meu poder, de vê-lo, não me surpreendeu naquela hora, *é porque podia ser um sonho*. Definitivamente: não consigo entender *o porquê* de *ele* esconder minha foto dentro da gaveta.

Momentos depois de eu enviar a imagem de minha nudez branco--rósea – sim, bem clara, pois sou negra de pele branca — sinto um gosto de saliva quente. Eu sei que *não vem de mim* aquele gosto. É metálico. Compreendo: é *em sua boca* o gosto que eu posso sentir. É um gosto de lobo voraz que invade a minha boca. Este lobo pensa que não é observado, e julga. Ele, em sua casa, sozinho, senta-se numa cadeira confortável, de rodinhas, em seu escritório, e é livre para julgar. Por que ele julga a ninfeta que lhe manda a foto de uma nudez já bem castigada? Porque isso lhe dá tesão. Ele não pensa que eu obedecia a uma hierarquia de poder, e que eu sentia o seu pedido como uma espécie de ordem. Ele apenas me julga, e nisso o pudor me atravessa, e ele goza: pois é, ele se sente livre para se divertir a valer com o meu constrangimento.

Defronto-me com um lobo, mas não vejo o perigo. Jamais poderia julgar que um homem pode habitar o corpo de uma mulher independentemente de seu querer. E se é assim é porque tanto o tempo quanto o espaço são construídos historicamente, mas uma Deusa ou um Deus pode perfeitamente suprassumir essa estória em proveito de outros desígnios. Ao menos é isso o que se revelaria para mim em bem pouco tempo.

Quando ele me pede fotos nua, consinto. Quando eu chegaria a concluir que a minha existência atrapalha a carreira acadêmica dele, e que portanto, era preciso que eu deixasse de existir?

Na maior das ingenuidades, a primeira frase que lhe escrevo, em seguida ao envio de minha primeira foto nua é: "*Nous nous reverrons seulement en cas de ton divorciement, mon chér professeur*"[11]. Não me seria possível, nesse tempo, entrever a insignificância desse imperativo perante a moral de um homem europeu. A palavra "atrocidade" até ali tampouco fizera parte de meu vocabulário. Jovem e ambiciosa quando o conheci, não me fora possível entrever, então, o que me era desconhecido... Um homem ou um espírito possessor? Não sei. Ou sou eu a responsável pelas atrocidades que viriam a ser, em mim, cometidas? Não sei tampouco. Se teria sido possível para mim me precaver do desvio de caráter dele. Não sei... Agora, *Inês é morta*.

Algo muito estranho aconteceu no dia seguinte ao envio da foto: no meio da noite, na penumbra, senti uma contração forte em meu ventre, da qual em seguida nasceu um mar de gozo. Então, pensei: "o que é isto?"

Só no dia seguinte consegui me dar conta. Algo semelhante ao que se passa com os animais mais ferozes quando copulam acontecia, só que dentro de mim: ele se masturbava olhando a minha foto. Quando descobri a significância do gesto... "Ele se...? Sim... Ele se masturba... olhando a foto". Exatamente como Hefesto teria feito com Atena segundo o Timeu de Platão, ele deixa seu esperma correr pela terra. Soa delicado o gesto. *Aos mais pragmáticos, certamente irá escapar a realidade transcendental a que essa experiência dá voz.*

---

[11] "Nós nos reveremos (ao vivo) apenas no caso de você se divorciar, senhor professor."

O ato, ainda hoje me pergunto, como podia ele existir dentro de mim??? Aí você conhece um cara, dorme e, de repente, acorda, e ele está se masturbando dentro de você... — Oi??? Hoje isso pode ser colocado em palavras. Mas, naquela época, as séries de experiências pelas quais eu passava eram, a cada vez, cada uma, um ponto de interrogação. A nudez fê-lo ficar rijo, e ele terminou por dar vazão ao ato, ora, e foi isso. Só isso. Mas era dentro de mim! Pombas... Se eu não fiquei curiosa para saber como era possível aquilo, digamos, a concretude daquela coisa dentro de mim? Sim, muito. Aquela "prensada" apesar dos 10 mil quilômetros de distância — como raios era possível aquilo?!!! Enfim, se ele se masturbava *dentro de mim*, era porque habitávamos, na verdade, em outra dimensão. Eis tudo. E ao mesmo tempo nada.

Eu deveria lhe revelar a verdade, que ele não sabia, que ele se masturbava dentro de mim??? Já? Na minha alma de negra reluziu a certeza de que sim: eu tinha de falar a verdade. Sempre falar a verdade eis um dos aprendizados ganhos da técnica psicanalítica que eu trazia em meu peito já nesta época. E súbito fiquei feliz com isto, de lhe falar a verdade. Afinal, seriam também duas vitórias: Heidegger 1, Freud 0; Grécia 1, Psicanálise 0! E depois já habitávamos noutro lugar...a um só tempo lépido e matreiro. Onde almas até ali solitárias poderiam passar a conviver num mesmo corpo. Através do espelho: o que eu veria era ter de aprender a ser um ser de obscuro nascimento. Isto pode ser bom, ou muito ruim. Se o tempo e o espaço são criações da filosofia e eu era filósofa, ora, o espaço poderia ficar subordinado a mim. Mas isto tão somente se eu conseguisse me tornar a causa da superação de todo mal. Olha só a minha inocência de minha súbita intuição fundamental: mediante um pensamento radical, eu traria de volta os deuses, ou melhor, a dimensão onde seios túrgidos podem voltar a ser o resultado de quentura num mar vulcânico. Eita nós.

A noite se fez tranquila. Em peito de pombo, dormimos. No dia seguinte, estou no Colégio Pedro II, e na tela do computador da Direção Escolar, ele me pede mais fotos. Mais fotos? Envio, ou não? Ora, eu já não o sentira *dentro de mim*??? Ah, que se dane. Por isso, tiro a roupa, e mando fotos de pornochanchada? Que nada. Sem-vergonhice nenhuma. Comigo, não. Aqui, o papo é reto. Se bestar, ele nunca me viu nua. Viu apenas um espectro... Nunca o verdadeiro no epistolar. Naquele final do ano de 2010, tiro umas cinco fotos de corpo inteiro – com uma Bíblia pouco lida, uma caneta tinteiro folheada a ouro, homenagem ganha por servir como professora da Federação, e um bumbum rosa moreno que se arrebita covardemente. Sobre o branco-mármore da mesa, um corpo feminino se avoluma. A nudez se esconde e se espraia dentro da saia preta.

Quem quer conhecer o corpo de uma Pythia? Estávamos em Copacabana. Micos-leões-dourados? Quando nossos olhares se cruzavam, aí — era como se fôssemos *para um outro lugar*... Para a verdadeira dimensão do amor platônico? Talvez. E o meu contentamento? *Ici les photos, messieur professeur*[12]. No botão de "enviadas", meu coração vai junto.

No dia seguinte, ele pede mais fotos:

— *Plus! Plus photos!* — exigências às quais respondo em tom de deboche:

— Como, *Herr Professeur*? Diz-me o que se passou ontem à noite que eu lhe envio mais fotos. Trancou-se no quarto, *Messieur*?

E serelepe aguardo por sua resposta. Ele, nada. Desconfio de que já saiba a verdade: que habitamos na dimensão dos deuses. Mas ainda insisto, peçonhenta:

— E aí, se divertindo?! — Ele me olha desconfiado. Posso vê-lo pensando. *Mas é muito rápido, nesta noutra dimensão. Na dimensão que os gregos nomearam "nous", dimensão do pensamento cuja origem é afro-egípcia*, somos tomados por um raio. E nos sabemos um. Como pode ser possível sermos tão *próximos*? *Respiro-o*. Ele passará a ser dentro de mim. Como?

---

[12] "Aqui as fotos, senhor professor."

3

Super-humanos

Com base em minhas perguntas na noite anterior, sobre o "para que" das fotos, ele, de repente, masturba-se de novo. Surpreendo-me: de novo? Como se atreve? Ora, para celebrar que já éramos íntimos, ou para dizer que ele tinha compreendido.

    Demônios? Até hoje não sei se C. é um demônio. Porque depende da hora em que eu interpreto. *Eu tento* interpretar sempre que ele não é um demônio. Mas bem... Um santo ele também não é. Questões de hermenêutica, ou de metafísica?! Suponham comigo. Ele, um senhor de 56 anos. Eu: ainda com nem 30 anos de idade, ingênua, mas com já 16 anos de prática filosófica, sob o jugo de um desejo férreo de me tornar pesquisadora internacional, e de repente tem um homem dentro de mim, ou sobre mim. E então: isso vem a ser bom, ou ruim?

    Melhor que isso, só dois disso! Uh, lá lá... Não é mesmo? Ou você é moralista? Ou você pensaria na psicopatia dele? Pois é, a coisa enveredada para esse lado... No súbito, não é fácil de raciocinar não, nessas possibilidades todas. Em sendo o amor uma fonte de falsificações, e eu uma filósofa à procura da verdade, haveria como saber que, para poder me devotar à verdade, seria preciso suprassumi-lo, ou, melhor dizendo, trabalhar sem que ele soubesse que eu teria que trabalhar contra ele àquela altura? Em terra de Geni, você veja, trata-se este de um assunto delicado, e menos erótico do que se imaginar. Se na hora, naqueles idos de novembro de 2010 eu não pude atinar para a possibilidade dele ser um demônio — foi porque, no súbito das desconversas de então, eu o desejei. E o desejo foi tão forte que fincou dentro do peito uma faca. Restava-me apenas esperar para ver o meu lugar naquela história. Se eu conseguiria, ou não, me tornar, mais do que pesquisadora, filósofa, quem poderia dizer?

    Hoje eu posso dizer: que a minha sorte foi lançada muito antes de eu chegar a pensar. Na Civilização que ele propagava eu não poderia jamais vir a pensar em ser filósofa. Era só pensar. Negra de um país subdesenvolvido. Para ser filósofo precisa de muito estofo. Precisa estudar a tradução europeia toda, sobretudo. Só os gregos poderiam me ajudar ainda a dar um jeito naquilo. Fui estudar Platão. E só Chico Buarque atinou para isso com o devido respeito: para a possibilidade de que minha destinação fosse na verdade também minha eminente desgraça. Afinal, Geni: quais viriam a ser as propaladas consequências do retorno aos gregos para nós mulheres? Sabia não, aprendi, que todos estavam certos: que o vocabulário da metafísica é troncho; e a linguagem acadêmica é limitada. Além do mais eu fui burra de mostrar para ele aquela altura que a verdade é de cunho metafísico, e mesmo crua, jamais do âmbito da técnica... Devia tê-lo tratado como um inimigo.

Ê epocazinha difícil a nossa, falemos a verdade. Quanto mais as roupas são de grife, mais o filosofar se torna difícil. Porque *quando o óbvio pode* não ser visto crueldades vêm a ter lugar. E se é assim é porque *na linguagem com a qual* nos habituamos ressoa sempre uma estrutura de poder que goza com a subjugação de nós, mulheres.

Alienados, nos esquecemos da guerra que separa homens e mulheres, e que já dura... três milênios. E eu tenho direito a um corpo? Aqui novamente: às pessoas mais razoáveis poderá escapar a essência do que se passava conosco — duas almas ocupando o mesmo lugar no espaço — Como?

*

Descortinava-se, dentro de mim, aquilo que não apenas os poetas, e a partir destes os filósofos puderam ver. Aquilo que todos os seres divinos, e alados, descobrem. Embora *eu* não soubesse nomeá-La na época, podemos chamar de Paz, a que veio habitar dentro de mim. O invisível visível, para mim. Eu era a última descendente de Helena de Troia[13] E isto não apenas para mim, mas para o *cosmos*. E eu pude ouvi-lo, o *cosmos*. Que aparecesse também o Damião! Por quê? Porque aprendi a sentir isto que escapa aos mais realistas: a verdade de sermos transcendência — essa verdade que, confesso, costuma ainda se dissimular até hoje, e para mim que sou heideggeriana. — Como torná-la evidente? Como mostrá-la de modo que todos possam saber que, quando não há palavras apropriadas o melhor a fazer é silenciar? Bem... Na hora eu

---

[13] Na poesia homérica Helena aparece para Paris apesar do Mar Egeu separá-los.

não pude tentar compreender as consequências do fato de C. habitar em mim. Agora, você pode. Que ele me escravizaria... era óbvio não era? Não, não era óbvio para mim. Mas devia de ser. Devia de ser.

Pois é preciso que nós tenhamos olhos para ver o que tantas vezes se fez ressurgente, seja nas florestas da Amazônia, seja numa Grécia mais arcaica, seja entre bambus no terreiro, enfim, entre todos os povos que praticam a oralidade. Isto é: é preciso saber da História como um processo que se repete. E que isto que se chama — saga do humano em busca de liberdade — *não poderia jamais dar o direito a ele de ganhar status às minhas custas.*

E se é verdade que apenas aos inocentes é reservado o reino dos céus, não é mentira que, na hora da morte, todos somos inocentes. O difícil é conseguir manter viva essa inocência.

Em uma tarde de dezembro de 2010, vou ao Centro da cidade passear. No Centro Cultural Banco do Brasil assisto a uma exposição com pinturas do Iluminismo francês. Meu desejo era ter palavras para dizer como eram as pinturas, e o porque de elas serem capazes de traduzir o meu desejo: em um quadro enorme, uma mulher europeia é velada, mas se ilumina. Sua sombrinha era tão nobre quanto turquesa. Como se chama o azul que nos torna celestes? Quem me dera ter uma sombrinha daquelas. Nas mãos, o mesmo livro: *Jamais Escrito*, Teuth de Naukratis. Deita-se sobre ela, o céu? Como acontece isto, na grama? Seu corpo é álgido. Ela é uma prece que levita. Quem a colocou lá sabia que ela tinha sorte no amor?! Pois este merece: meus cumprimentos, meu Senhor... Na frente da tal dona, um lago se espraia, e um cachorro enorme dorme, cândido. No centro da pintura, há o bico preto de uma ave que... Seu bico destoa... Seria um ganso? Um cisne? Antes de Apolo nascer, dizem, vários gansos apareceram na ilha de Delos. Voavam sem saber que anunciavam o nascimento de um deus. Ou será que sabiam? A verdade é que um deus não tem *imago*. Se tivesse, seria uma assombração, ou uma alma penada...

Como explicar? Era em função da brancura do azul, onde a beleza é o fundamento da leveza que eu podia ver: que naquela pintura diáfana um deus se anunciara. A brisa e as nuvens protegem a mulher. Mas a sociedade burguesa a aprisiona. Comigo é diferente. Comigo o que se passa? O oposto — a brisa e as nuvens... me libertam. Não obstante isso, a sinto como uma irmã.

A última imagem, da outra exposição, na última sala logo se insinua: uma onça me encara. Com sua áurea selvagem, ela quer carne? Não... Ela quer dizer... que estamos juntas e que ela não me deixará morrer. Já eu lhe digo: que morreremos juntas, se preciso for. Mas a sensação é de convite... Ela quer provar o seu destino. Ela, a majestade. Meus cumprimentos, Senhora...

De volta para casa, havia uma cama que não tinha teto, onde o meu corpo podia se esticar felino. Sinto-me em paz. As árvores da floresta Atlântica não me olham. São displicentes. Deixo aquela janela de Copacabana, e sua visão privilegiada — de árvores, micos imigrantes da Bahia, e os passarinhos. C. vem se achegando, lento. Ele fica como o céu: bem em cima de mim. Quer sentir novamente o meu aroma de virgem grega. O aroma que o meu corpo exala então lembra o nada: é gostoso como as águas das nascentes do Rio São Francisco. Embebe-se. Chama-me: Ártemis. Na Antiguidade, basta a jovem ser solteira para ser chamada de virgem, e ser protegida por Ártemis. *Ele* fica maravilhado. O poder que a transcendência lhe proporciona ele sente como capaz de o assemelhar não a um deus, mas a uma estátua grega cuja tinta se perdeu com o tempo. Vejo-o translúcido. Sua presença é extraordinariamente agradável. Homem... Um animal bípede *com* plumas. Ele vem sentir-me naquela virgindade tardia. Pele de pêssegos bem maduros. Ô frescor da Amazônia em corpo de onça, sô — sou só luz.

Nos momentos em que C. vem estar comigo, manifesta-se uma claridade. Como pôde ele se esquecer disto: da lucidez que a experiência transcendental pode proporcionar? No imediato, a experiência nos liberta das amarras do que até ali se impunha como obrigação. Paradigma de uma existência cálida, posto que, no sublime êxtase, transcendíamos: no que se descortina, meu corpo se amansa no seu ser. São raios onde passamos a ser. Sua presença ora surge como uma potência máscula, ora como um amor tenro, delicado, ora vejo tratar-se de um ser varonil.

Certa vez, redemoinhos de vento, ou Hermes, talvez Ares — quem me enleva no ar?! *Ainda não nasceram asas,* mas sou alçada *no ar*. Também dentro de mim ventila. O vento é de uma atmosfera feminina também varonil. Em meus pés, a leveza é: firme, lépida, nas nuvens... Flutuo?! Sempre me surpreendia então com a atmosfera diáfana que irrompia no varonil.

Certa noite, um mês depois de tê-lo conhecido, meu desejo é... Vê-lo. Não de forma transcendental... Como dizer? Quero dizer, em *concretas formas*. É verdade que sempre estamos juntos em espírito, mas faz falta a carne que aqui nomeio de "concretas formas". Imagem é coisa de boiola, quero mesmo é vê-lo em concretas formas. *Formas* que, chega hora, eu busco na tela de um computador. Oh! *Agalma* do desejo, sonho meu! Ao vê-lo, respiro tranquila.

Vendo-o, na verdade, na tela do computador, a toupeira que ele era... quase desanimo. Vejo que ele fala sobre as dificuldades dos adolescentes. Besteiras, ele fala. Mas está trabalhando. Enfim taí: 30 anos mais novo. Aparenta a minha idade! A jovialidade dele me deixa de queixo caído. Em minha herança histórico-transcendental, estava inscrito: que eu não poderia ser livre se não considerasse a minha *imago, a minha imagem*, a partir daqueles olhos. É para este Outro que eu deveria ser Gênia da Lâmpada? Para você meu Senhor... Todos os desejos realizados, meu Senhor; e não apenas três.

Mas ele compreende isso? Não...E não compreenderá jamais, ao menos não como deveria ... Jura? Enquanto ele gesticula, eu tomo café. "Alienada??? Eu?". Completamente. Sim. Olhe, e eu faço filosofia... Você imagine o pessoal da Amazônia, e dos terreiros? Não no amor é impossível. Sim, é preciso cuidar para que eles não sejam tão trouxas quanto eu. Mas ele também era um estúpido! Não... Não, ele era um querido, tanto, tanto, e lindo, lindo. Soldadinho de chumbo. Sua imagem à minha mãe mostro.

Na manhã seguinte, mostro a imagem dele à minha melhor amiga. Juntas, como mosquito em âmbar, com mãe e amiga, sempre busquei aprimorar o que chamo de feminino delicado. Trata-se mais de uma disposição, uma capacidade de se expandir *para todos os lugares* sem pedir licença — mais do que uma alegria gratuita, uma capacidade de ser sem pedir nada em troca. Fêmea, o teu santo é uma beleza.

Na casa de minha amiga, dividimos uma taça de vinho, em seguida a qual um êxtase místico me toma. Mas é tão rápido: êxtase místico — olha que expressão grande. Na prática, vejo-o pôr-se sobre mim, e insinuar-se, dizendo que vai me cavalgar. Freios curtos então me coloca, o danado. E os arreios? Justo na saia translúcida os veste. Mas ele não nota a saia translúcida não. Ô danado! O *Arrheton* (ἄρρητον) é o termo em grego, e a sonoridade da experiência? — *ArrÊ Tom tom tom. Ê. Ê Eia.*

Eita mundão bom! Nos quatro cantos. Aproveita-se? De nada *sei*, sou apenas luzes. Ele quer se mostrar? Sim. E a mim só cabe silenciar. No que tento falar: Ele, no comando. Domada, concebo o Éden, tal como relata a Bíblia. Aí, habitamos em um lugar onde Homem e Mulher são Um. Sagrado. Aí a liberdade e o amor dão-se em princípio, e em ato. O tempo cronológico se ausenta. Ou os ponteiros do relógio terão parado? Meu Deus. Terão avançado muito? Como é — *Cronos*? Teria retrocedido os ponteiros com mágica, ou com a morte? Ignoro. Êxtases místicos. Oh, o mais arcaico. Estrelas se sucedem e se antecipam a mim, *ad infinitum*. Até do espaço sideral daria para se ver aquela experiência, suponho. Como nas imagens feitas em direção ao céu por povos pré--Incas, em se sendo pássaro, ou aranha, pode ser-se um Deus ou uma Deusa e abençoar lá de cima o que se passa aqui em baixo... isso sim, seria realização de desejo voar em sendo um pássaro, ou subir aos céus como uma aranha pré-Inca.

"*Amour, nous sommes faites des rêves*" é ao pé do ouvido que ouço: "Sim", respondo. "Somos feitos de sonhos. *Seja luz que me alumia!*" No que vejo que goza, grifo: "*ah, mon amour*". Aí, ele me joga na cama. Na sua mandíbula quer me ver gozar, no instante em que pertencemos um ao outro, mas também aos espaços, todos. E aquelas nuvens com pombas que rebolam? O que é aquilo? E ele me deixará ver? Guaiacuru.

E ele me impede de ir trabalhar. Um dia inteiro de delícias. Foi a primeira vez que faltei ao trabalho. Mas arrependimento é palavra proibida entre nietzscheanos. Pergunto-me, e à minha amiga, no silêncio criado de delicadezas, no espelho — se ela percebe algo de diferente no ar. Vejo-a: na atmosfera ela também levita? *Sim*... mas não. Apenas eu, então? E *ele*... Desmanchamo-nos no sofá — E ele dá gargalhadas. Sim. O que ele pensa??? No que ri, descubro: os novos ares de garoto o fazem feliz; e com o focinho ele ainda tenta levantar minhas saias... a que preço. Nós nos amamos. No que ele tenta levantar as minhas saias, de novo, tiro-o de cima de mim. "Pare, vamos trabalhar. Saia, saia! Assim eu não posso." O tamanho daquele amor... me desconcerta nos instantes de lucidez.

De volta à Copacabana, em casa, *a posteriori*, ele me perguntará, antes de abraçar meus pés, com as orelhas baixas, encanto no olhar, maciozinho, se há algo que ele possa fazer para me deixar ainda mais feliz. Além das estrelas do céu e das flores do campo que me trouxestes hoje? Meu amor... E ele: "olha, ainda há alguns beijos do Olimpo, madame". E ambrosia feita apenas para lábios carnudos. E ele me beija um beijo quente de chá na noite serena. E me mordisca os pés, entre sorrisos. Oh, meu mais arcaico. Assim, submetida aos seus desígnios, temos um sono tranquilo. Apenas o céu como testemunha. Logo, de manhã, a sua volúpia — não terá fim? Meu deus, não tenho opção a não ser me deixar amar. Quando cansado, ele me deixará em paz?

Ao retornar compreendo um adágio do cego Tirésias: "Se dividirmos o prazer em dez partes, à mulher caberá nove e ao homem uma". Enfim, formávamos Um: e se eu cheguei a considerá-lo um verdadeiro grego um dia, foi porque ele também havia sido, em mim, mulher por um dia...

Iemanjá e Iansã Onira

Uma semana depois, volto ao Centro. Ao Museu Nacional, C. vêm comigo. O que *eu* pensava e sentia, ele, *antes*, pensava e sentia. Não sabíamos então que a separação — entre nossas almas — seria-nos impossível. Ele em Paris, eu no Rio, mas, repito, habitávamos num só corpo. Eu heideggeriana, ele psicanalista, mas éramos uma só alma. Juntos, não pudemos entrar, porém. Estava fechado! Um mal presságio?

Direcionamo-nos ao Museu Nacional de Belas Artes. Recebe-nos a imagem de Iemanjá. Eis um bom presságio: pois era uma pintura tão linda e fiel à divina Deusa que o Oceano e Uranus ficariam com inveja. Da Sua magnificência, de Nossa Senhora *eu* não conseguiria *dizer*: pois a Sua essência ocultar-se-ia à medida que falo. Se dizer era-me impossível, C. também fica desconcertado. Apenas eu me deixo enlevar para a dimensão dEla?

Pergunto a C. se ele vem dançar. Mas não espero pela resposta, porque já intuo *como e quando* dançamos. Digo a C. para ver se ele aprenderia a dançar também como Iemanjá:

"Veja e sinta: o umbigo dos sonhos, conceito freudiano, pode sinalizar para quando há a presença de um desconhecimento que se anuncia incompreensível — mais do que um simples atordoamento... Uma náusea... Sinta! Não há nada para ser dito. Não apenas a impermanência *aí* é morta, mas ela também tem nisso a sua morada. Isto que o criador da psicanálise nomeia de "umbigo dos sonhos" — digo para C. – é ainda pouco frente ao anúncio de uma Deusa e do que essa é capaz de fazer e de provocar: um salto rumo ao abismo... Preste e não preste atenção: é o que recomendo".

Estalo os dedos de um modo que ele se lembra de castanholas, e súbito: estamos no universo da Encantaria. Eu ainda não sabia que existia esse nome, a experiência é mais que uma ausência. Trata-se de instantes que nascem por meio de 2 mil compassos justapostos que são a essência do divino. *Jamais* Freud poderia conceber a possibilidade daquela experiência. Aí, quando deuses *são*, o instante se expande, o espaço se abre, e não há mais espera, o acontecimento *é*. Quando acontece a maior das ausências, a morte, nosso ser desabrocha: a um só tempo se desanuvia e se anuvia. É o próprio horizonte que desvanece. Palavras serão sempre insuficientes.

    Estávamos nisto: num devir-fêmeo que se descobre... Odoiá... Quando...

*

    Le regarde que donne la liberté [14] é o título do livro que ele lança em Paris, ainda em 2011. É evidente que dói na alma quando vejo a sua total falta de reverência à minha pessoa. A explícita e completa desconsideração da minha existência no livro que se tornou possível graças a Iemanjá e a escuta da Deusa que dá liberdade ao homem me faz sentir na pele o desrespeito pelos primeiros curandeiros desta terra. *Aí, meu nêgo, sem o maculelê, eu já teria morrido.*

    Quando, em menos de um ano, C. muda por completo a sua vida — não da água para o vinho, mas do café para o *champagne* — não paro para pensar que se trata de uma pessoa menor, de um tipo simplesmente inferior e trivial de Don Juan. Apaixonada ainda não vejo o ser desprezível que se esconde por trás do gesto de ignorar a minha existência. Mesmo depois de haver compreendido o poder do feminino, mesmo depois de ter aprendido o que esse prazer, ou, antes, essa disposição ao prazer pode fazer, ele viraria as costas, pediria a conta, e diria que era *eu* quem deveria pagar a conta.

    E eu não pagarei? Pagarei... O pão eu pagarei... E o brioche, que ele comeu, e satisfeito se foi. Quando ele de mim se esqueceu, eu tampouco pude pensar... que com todas as vítimas de abuso sexual o mesmo acontece. Essas pessoas acreditam que o chão e o céu serão suficientes para as proteger, acreditam a esmo que sempre poderão fugir, e evitar o pior.

    De modo que apenas tardiamente pude perceber que, para situar a nossa experiência, *um* adágio de Tirésias era pouco. Escrito na sala vizinha a de Iemanjá, este outro adágio do sábio grego cegado pelos deuses surgiu, e me permitiu atentar para o caráter trágico de nossa experiência: o prazer feminino cega... Édipo não pôde enxergar esse adágio.

---

[14] *O olhar que dá liberdade.*

*

    Assim, a burra aqui não é nascida burra, mas foi a própria Deusa mãe quem me fez assim. Mas não foi Ela quem fez dele um babaca, não. O caráter dele, a sua falta de escrúpulos, atestável no fato de ele não me agradecer pela saúde que havia ganhado — nasceram simplesmente do fato de ele se permitir se aproveitar da história de um país como o Brasil — que há tempos se destina a servir estrangeiros sem levar às últimas consequências uma atividade crítica a respeito, ou seja, sem ter valorizados os milagres que realiza. Na minha convicção atual, naquela horinha em que eu vi o danado saindo pela tangente sem me agradecer, eu deveria tê-lo matado. Sim. Aí sim, teria resolvido o problema na raiz. Mas fui tonta, como, aliás, todos os povos que passaram por processos de colonização são. Curados os piores monstros, extraídas as nossas riquezas... Até quando ainda seremos obrigados a pagar? Caro...

*

    Mesmo quando me vejo transformada numa *sombra* dele, ainda tentarei me enganar. Isto porque eu não tinha a sua principal virtude: o seu cinismo. Para mim, mesmo depois da falta de reconhecimento, o seu prazer era o meu prazer. Minha sabedoria indígena ensinava a não medir forças com ele, e tudo o que eu tinha para lhe dar era tão pouco... Enfim, por seu sorriso, por seu encantamento, eu faria qualquer coisa.

    Assim, tudo continuaria a ser feito. Aromas, cores, gostos, sons, sorrisos. Mesa e arreios. Tudo sempre pronto. Tudo. Com muito gosto, com muito encantamento. E ligeiro se completariam dois anos que estávamos juntos.

    Sonhos de uma barba bem feita, e o bigode, não o dele, mas o de entre as minhas pernas... Não sei explicar... Sei que em certos dias ele dizia assim: "Não te deixa enebriada, não? A visão destes bigodes, os de entre as suas pernas, sendo beijados?".

    Acho estranhíssima a imagem, mas enfim, consinto. Porque ele me faz rir... "Daria um ótimo livro: *Le moustache*". Madame, estes parágrafos foram feitos para serem beijados nas celestes rotações que virão a ser perfeitas. Confesso: o aroma másculo, o do cafajeste, naqueles dias, era... Somente um homem poderá me entender... Porque aí, no meu âmago, a exemplo de quando o sol surge na atmosfera, ele iluminava meus dias.

*

Noutra semana, fomos ao Museu de Arte Moderna, e já em frente ao MAM, não apenas *o título* da exposição me causa estranhamento. O título: *Quem adora a imagem adora o diabo!* A obra que logo se erguia era mais ou menos assim: *Ela, Iemanjá, rainha do mar*, mas ressurgente na atmosfera lúgubre de uma casa de pedras com um jardim de flores bem pequenas. E não há o mar, mas apenas uma nascente. Não, aquela não era Iemanjá, mas Hecate. Desconfiei. Sublimo o desconforto que o título me causa com o nome do artista: Humberto Eco, o escritor mais leal ao acontecimento daquela deusa. Na obra seguinte, me desanuvio: *Sem imagem* é o título, e não apenas me causa enlevo, mas me aterroriza a pombinha que se desmancha e desaparece no fundo negro do quadro. *Le moustache*...

A verdade só se mostra no trágico é o título da terceira obra, que pretende tornar evidente o vazio. Ali, uma sala vazia: mais adiante, outra sala sem luz. Mas da outra escuto sair um grito. Fico meio tonta. "Nada há para ser visto, se só no invisível é o nada". No café, depois que saímos da exposição, deliciamo-nos com o pão petrópolis e um chocolate quente. Ué: "o grito?!" Havia dentro da sala o grito? Não era de terror, mas de obscenidade.

Nem as pérolas de Iemanjá, nem o gravador escondido na sala fria vazia e escura poderiam dizer da singeleza que é ser burra, e se crer inteligente.

*

Descobriremos juntos que o *ser feminino* não fica túrgido sem "efeitos colaterais". Durante quatro meses, C. irá se desesperar mensalmente. Aprenderá até, é verdade, a antecipar-se a quando *"Le moustache"* vai sangrar, mas isso só no sétimo mês. Ô, aquele fatídico mês de maio do ano de 2011... Aí, meu irmão: depois de sete meses daquelas insurgências dentro de mim, e os choros que se seguiam o exasperando, um por um, que ele se deu conta do horror da TPM, a tensão pré-menstrual. Uma coisa de doido... Que logo parece se eternizar por meio do sofrimento... Rapaz... Aquele desespero de ser mulher, ele desconhecia...

Daí, rogo-lhe: "faça-te pertencer à raça dos mais fortes, homem de Deus". E ele parece que deixa de ser cínico, e me olha compassivo:

"Razão pela qual existo, sentido primeiro e último de minha existência. Com você aprendo tanto, tanto". E choramos juntos. "Superaremos isso juntos: esse e mais qualquer outro sofrimento... Oh, minha pequena...".

E aí ele me beija nos cílios. "Venha cá, venha... Não há razão, nem justificativa para você passar por este mal sozinha, meu Bem maior".

Foi assim até as minhas crises de ciúmes se tornarem insuportáveis. Como dói ser jovem e se crer traída. Tudo é pior quando se é jovem. Certo dia, ele afirma: "hoje vamos sangrar, e eu já sei — que este fundamento que é o ser feminino é feito mesmo para ser, desde nascido, super-humano. Mas daí a alegria, não?". É ele quem me pergunta.

Digo-lhe que não é o prazer e a alegria (de se saber mulher) o que me comove, mas a certeza de performarmos juntos a superação da metafísica. Feliz, por me saber líder de uma nova época. Aí sim, fico comovida. Então temos prazer. É isso. E só isso. O poder de voltar a dar significado à grande libertação de todos os seres, isso é tudo para mim. Eis, pois o significado do retorno aos gregos para mim: poder dar significado, se não tanto à palavra *liberdade,* sem dúvida, à palavra *livramento.* Pude desconfiar, àquela altura, que Frantz Fanon está mais certo do que Heidegger: menos entusiasmo e mais tino é recomendável. O "Retorno aos Gregos", em performance, só pode se realizar se antes a Colonialidade moderna tiver sido superada. Caso contrário, a mentalidade, ou melhor, a estrutura escravista que nos tem sido legada persistirá pela pós-modernidade afora. Esta estrutura é o que impede os povos alfabetizados de poderem saber, dos arcaicos, ou dos super-humanos, as benesses de se ter caráter, isto é, de não se acovardar perante as injustiças.

*

Certa tarde, chego em casa, e são tão queridos os abraços, que o vento levanta as folhas lá fora. Deito-me no sofá. *Eparrei...*[15] Uma tensão enorme *em um instante* se transforma em linhas que se desfazem em áureos espirais. Esses que *provocam em nós um prazer sem igual...* Esses círculos, como dizer, eles têm o poder de *voltar a realizar a performação* do *cosmos.* Assim, não mais que de repente, sou uma profunda tensão que se desmancha no ar. *Eparrei oya.* Leve os meus pesares, acumulados durante anos de rigorosos trabalhos científicos e dos mais altos estudos filosóficos. Leve toda a dor. *Eparrei!*

---
[15] Saudação à Orixá mãe dos ventos e das tempestades.

Na forma de uma enorme espiral de meu coração partiria e subiria em direção aos céus várias linhas de uma grande energia. Ao sair, os fios de ouro mais suaves, eles dançavam? No que vejo, torno-me translúcida. No espelho evanesço. Volto ao sofá e desmaio com o prazer que aquela energia tão pura proporciona. Êxtase místico.

Quando acordo e percebo que fomos da atmosfera terrestre à celeste... Agradeço. E me decido: Ave, potência maior e infinita do conhecimento. Por ti, consagrarei minha vida. Causa maior e mais bem-vinda de minha libertação. É, e não é. "Onde se tira a couraça" é a metáfora de Carl Jung para nomear esse tipo de experiência. Suponho que enquanto metáfora serve para revogar toda e qualquer ideologia. Travessuras apenas, daqui para frente! Porque as ideologias, todas elas, não libertam, mas aprisionam. Ideologias são passíveis de alimentar ditaduras, por isso, todas elas são condenáveis. O cuidado que leva à descoberta do coração como único lugar de realização do acontecimento humano quando pleno, tem outro nome: ternura.

*

Passeio pelas ruas de Copacabana, e as mulheres são máscaras. Eu, não. Antes, a água *é* em mim. E eu *sou* límpida. Com os meus brincos turcos, reitero que sou virgem, e tal qual o desejo escondido de C., parte mais íntima de seu inconsciente, ele me deflora. Sei que as nascentes de Minas Gerais é que me ensinaram a dançar, mas ainda não sei *como* o fazer ver que esse aprendizado é um aprendizado conquistado, e que precisa ser valorizado mais do que o imperativo categórico kantiano, caso desejemos sair desta barafunda em que nos meteram os ancestrais de C., vulgo colonizadores.

Outras mulheres inexistem. Apenas eu sou. E sou isto em que, e através do que ele vem a ser: um Homem cego, posto que incapaz de ver onde pisa. Ainda assim, brindamos juntos àquela minha virgindade tardia com cafés, queijos, e o sentido do ser. Acomodo-me em sua presença. Quando vejo, antes, ao invés de tornar-se Homem, ele aprende é a se esconder dentro de mim. Mas ele próprio não vê que se esconde.

Sempre tive muita urgência de trabalhar, realizar projetos, mas ele passa a me contradizer: *"Vergiss die Verpflichtungen, Meine Liebe"* [16]. Cumpra-se a destinação de sermos apenas Luz, e aí ele se insinua novamente.

---

[16] "Esqueça as obrigações, meu amor."

Logo estamos como gatos (ou ratos?) no tapete da sala. Pergunto-me, hoje: não será o meu ritmo de nêga fulô que o entonteceu? Quando ele busca saber se há, lá embaixo, por detrás do meu olhar inocente, e das pálpebras que são beijadas por sua autoridade, já mulher, ou se ainda uma menina-moça, eu não sei o que dizer.

*

Tão logo acostumado a ser em mim, ele parece ser atraído por uma curiosidade mórbida rumo a um "não sei o quê". Advinhamo-nos: no claro e no escuro. Mas quando durmo, não tenho tempo para impedir que ele se arvore a querer saber mais, e sempre mais; tudo de mim. À noite, os meus sonhos ele virá bisbilhotar. Sem ser convidado, ele aparece, lá *onde eu não estou*, e *quando* eu não estou; e se dissimula. Sem o meu consentimento, irá vasculhar o meu inconsciente, como um porco: se mascara em personagens as mais diversas, e julga que eu não o vejo fazendo isso. Mas eu aprendo a distingui-lo pelo seu modo de me olhar. Por vezes, acordo em sobressalto, logo após dormir. Seus pequeninos olhos, a um só tempo, anunciam-se, e escondem o monstro que dele se apossa, e que se esconde sob a face de um semblante familiar para mim: um primo, um irmão, um pai — todos são C. – aquela espécie de John Malkovich causador de insônia. "Ao que parece tínhamos um piadista profissional no plano do mais onírico?". Decidida lhe falo:

— Ordeno-te que pare: não quero saber de você entrar em meus sonhos para fazer piadas. Pare de ficar fuçando o meu inconsciente. Não vou admitir que você venha invadir os meus sonhos novamente.

Mas ele queria ser violento. Uma fantasia erótica sua? Como saber o limite entre o são e o doentio, entre o celeste e o demoníaco? Como demovê-lo do projeto de invadir meus sonhos sem pedir licença? Ele quer ouvir "sim", e me forçará a crer que isso é o melhor para mim. Escutem, agora de uma vez por todas: quando uma mulher diz "não", é não. Pois bem: ele desconhece que o poder de acatar limites tem uma força muito maior, eroticamente inclusive, do que o ato de os romper, e que eu, por ter de aprender a lidar com os seus deslimites, perderei um tempo precioso, que jamais me seria devolvido. Erótico quereria dizer aí: com a bênção, com o consentimento dos deuses. Mas não: *o homem europeu tornou-se incapaz de pensar. Não vê que o cuidado da Physis consigo mesma exige um longo tempo para se realizar, e que os corais, depois de pisoteados, não voltam a ser.* Silenciosamente ele se camufla em meus sonhos.

Mas aí sou eu quem o pego: por trás das máscaras fajutas, nas quais ele pretende se esconder. Consegue me pegar nada, seu *coisa ruim*, é besta hein!!! Ora, seu, seu, seu mal caráter! Aí, já não sou eu quem brinca também? A estúpida... "Ainda não foi desta vez." – E ri, o palhaço. E meus olhos perguntam àquela criatura: quantos anos você tem?

Aí ele para um pouco, e quando julga que eu abaixei a guarda, de novo volta a me bisbilhotar. Novamente insiste em vasculhar os meus sonhos, e em desprezar os meus pedidos para que pare. Sem que eu atente, transpõe todos os limites: investirá incansavelmente em direção às minhas primeiras experiências eróticas infantis. Em mim nasce o receio de que ele não mais me ame. E de que, de tão próximos, não consigamos mais nos separar.

4.1 Entre Apolo e Dioniso: uma guerra de Santo?

Não vejo, não tenho como ver, com três anos de relacionamento, *como* e *por que* C. alimenta o secreto desejo de verificar *in loco* os meus sonhos infantis. E não são quaisquer sonhos, não. Apenas os eróticos. O barco de papel, o céu de anil, os golfinhos na janela, ele não quer ver, não. Ele quer ver os traumas sexuais. O doente quer ver como eu me introduzi nas artes sexuais na mais tenra infância.

Foi assim que ele começou a escarafunchar meu inconsciente noite adentro, de todas as formas. Recordo-me de meu assombro, certas noites, e de tentar ainda guardar sentinela a fim de o impedir. Mas sempre surgia o sono, e assim que eu dormia, lá ia ele outra vez. Rezava invertida a cartilha freudiana: não deveriam ser vertidos *em palavras* os meus traumas infantis? Mas sem a minha permissão, em ambiência onírica, até os meus 4-6 anos de idade ele vai. Eu passo por um enorme desconforto.

A vergonha, da criança erotizada que fui, ele a aumentará, tomando, por exemplo, a minha virgindade, sarcasticamente, como um tabu de altos méritos científicos: "A causa inicial e final de seus traumas, *cara mia*[17]."

Pergunto-lhe: "A isenção científica de seus procedimentos *significa autorizar-se a me chamar de puta, seu cocô?*".

---

[17] minha querida.

Assim, eu já desconfiava de que o escrutínio... Enfim... As revistas pornográficas de meu irmão mais velho, escondidas embaixo da cama, ele também irá fuçar. Aí encontrará as imagens dos *cartoons* eróticos usados por meu irmão em assuntos íntimos, e que deveriam ficar restritos ao plano privado. Ao acordar e perceber a intrusão de C., grito, furiosa: "Cretino! Seu bastardo! Saia de dentro de mim!"

Na calada da noite, contudo, ele retorna. Vem em busca daquilo que lhe causa desejo, e que, não obstante, *eu* quero esconder: eu, menininha ainda, em tenras descobertas eróticas. Não tivesse sido ele tão invasivo, poderíamos ler juntos aquela bodega de livro de ciências, no qual as genitálias da anatomia humana apareciam ressaltadas. Eu *apenas* poderia saber que existia algo chamado clitóris, bem nítido na foto, apesar de imperceptível em mim. Aquilo que então me proporcionava prazeres tão pequeninos, delicados, deliciosos, sob o escrutínio de C., voltaria a ser absolutamente vergonhoso.

Aí vim a ser catalogada como uma espécie de réptil: perversa polimorfa. Mas isso era, senão por causa da loucura dele sobre mim, ainda que nos sonhos, e comigo bem pequena... Fui entender só com Dostoiévski: do niilismo como fenômeno que o atravessa, mesmo tendo ele a existência transcendental que passou a ter desde que nos conhecemos.

Manifesto-me mais uma vez radical e incisivamente contra aquelas suas incursões noturnas. E dou-lhe um ultimato:

— Se eu ficar maluca, *você* vai me pagar.

Mas logo, raciocino: como afinal ele iria pagar, se ele estava do outro lado do Oceano??? Tento chamá-lo à razão: digo que ao me escrutinar não restaria em mim mais a proteção de Ártemis... Mas ele lá quer saber de deuses? Acha que é viagem da minha cabeça essa história de Deusa...

Por fim, sinto-me uma inútil, largada. E ouço um barulho que não me surpreende: o de uma porta que se fecha com força — é a porta de seu inconsciente, cujo acesso me seria negado dali para frente. Ao que se seguiram: várias montanhas-russas emocionais, cujo mote seria apenas destruição. Após devassar por completo, C. passará a me torturar psicologicamente. Como?

Chamando-me de puta. Conheci o seu sarcasmo quando, numa Quarta-feira de Cinzas, ele me chamou para uma conversa inusitada, posto que pretensamente séria. No tribunal:

— Aos 16 anos de idade, perdestes a virgindade?

Ele sabe que não. Nos olhos dele estava já, e talvez desde sempre, escrito: *puta*. E nesses mesmos olhos eu podia ver: que ele sabia que não fora aos 16 anos que eu perdera a bendita.

— Não... – E sorriu. – Foi é ... – E aí ele passa a dizer aos berros – Aos 14 anos de idade, rapariga! Não foi?!

À vista de meu silêncio, ele nota que eu me entristeço, mas não para, e se torna mais ríspido, como se fosse um policial:

— Como foi que você permitiu que fizessem isto com você?

Aí eu desconfiei. Que ele não teria quaisquer dificuldades: porque ele *queria mesmo era se desvencilhar de mim... Queimadas as florestas...* Passará a dar de ombros às minhas questões. Ele havia me escarafunchando de tal modo... Que eu não entendi nada quando ele foi acometido por aquele sarcasmo. Nunca recusei-lhe nada, e não teria como, apaixonada, recusar qualquer coisa. Mas com aquele tipo de loucura, não, não, eu não podia. Eu tinha era que dar uma rodada na saia!

Aí disse-lhe que também já queria toda a verdade, e que findasse aquela tortura. Com 12 anos de idade. Sim! Disse-lhe! E que eu poderia perder a dignidade com aquela conversa mole, mas que, enfim, que se f***. Que perdera mesmo a bendita, com um *zé mané* qualquer, mas que, pelo menos, não tinha sido com ele. Ou com outro bosta machista como ele. Disse mesmo. E aí, meu nêgo, a fúria dele não conheceu limites:

— Depravada! Com esta carinha de anjo, hein, pois de santa, só tem o oco! Sim, senhora. Depravada, e devoradora de homens, ainda por cima! Pois que, se depender de mim, não receberás a bendita da b*** da bolsa de pós-doutorado nunca, sua puta.

Se eu pudesse explodir na hora, seria uma solução. Mundo, mundo, vasto mundo, mais vasto é o meu coração. Escorraçada, já não vejo os dias passarem. Insônia passei a ter. Até quando aguentaria aquela situação? Do amanhecer tristonho não farei mais caso. Por cerca de dois anos, ou mais, ouviria, todos os dias, xingamentos como o reflexo mais necessário de minha falta de vergonha.

No repetido da coisa, o descalabro. Que não sei cuidar de mim, repetirá ele incansavelmente... Que eu precisava era de alguém para me dar uma lição... Para fins de eu aprender a ter vergonha na cara...

Após roubar minha autoestima, quis ele se ir. Pela manhã, insistirá que já não quer me ouvir.

— São José da Imaculada, me acuda, São José. E à arena de Macambrumas, para onde C. não se cansará de voltar ainda, acuda, meu santinho... Para que ele não destrone de lá os golfinhos. – Acho que foi aí que comecei a praticar com mais afinco uma reza que, quando vinha, emendava-se em outra, formando uma novena.

*

Carnaval de 1992. Quando perco a virgindade. Tem 12 anos, mas aparenta 16, aquela que conhece a bela piscina do Clube Náutico. Bela piscina, onde afogada fora... Por que alguém fingiria ter 18 anos de idade? Para entrar no Clube Náutico, e sair da vida mártir. Ô, aí eu fingi, e fingi bem deveras. Já era poeta? Só depois: porque passei a ter alegria... Aquela que andava cheia de serpentinas, pulando tanto como uma pata no Tã nã nã nã nã nã nã; tã nã nã nã nã nã nã... Era triste. Mas quando ele surge...

Ele quem? Apolo. E por que não Dioniso? Porque era todo inocente, como eu. E era como eu, era? Não. Ele era lindo, mas seu nome não era de princesa, não. Era... *Phalo.* Falo, ou não falo? Falei: o meu é Verônica. Ou você quer descobrir o meu verdadeiro nome? Mas já era tarde. Me beija na boca, e me fala que sim. Se ele se chamasse Dioniso, *eu me chamaria* Ariadne. Aí seria uma solução. Não haveria escravidão. Mas desejei o indivisível, e, apolínea, com 12 anos, não poderia ter sabedoria sobre que segredos eram precisos, mas desejei aprender o abecedário. Foi por isso que ele me pegou na mão, e levou para o escondido onde pudéssemos ser transparentes.

Atrás da mureta, pudica, coloco o seu sexo enorme em minha pequena boca.

— Estúpida. Como fui estúpida... Fazer sexo oral em um rapaz que eu mal conhecia?!

E o que você faz é covardia. Ou tem inveja? Fiz, porque quis... Atentava, *não contra o pudor,* mas contra uma solidão atroz, inclemente... Será que queria morrer para nunca mais voltar? Não. Ainda não. Mas no Rio de Janeiro sem o verde das gramas e sem verdades, eu não poderia mais ser.

Todos em Macambrumas ficaram sabendo. No seio de um família cristã, ainda no fusca de volta para casa, eu fiquei sabendo que todos ficaram sabendo... Assim, quando descobri que a mureta servira, ao invés de esconderijo, de palco com refletores e tudo, minha cabeça virou 180 graus. Aí, meu futuro, meu passado e meu presente ficariam, para todo o sempre, marcados pela mácula daquela virgindade perdida. Quando me tornei promíscua? Na fofoca masculina de meus irmãos. Ainda não conhecia o Méier. Perdida foi a fraternidade também, portanto... Ai, Jesus, como eu quis morrer na hora em que meus irmão se reuniram. Não para cantar "batom cor de violeta", como faziam quando eu era pequenina, mas para dizer que eu era puta. Para os meus pais revelaram o meu segredo. No cochicho em tom de crueldade... Morrer para sempre. Fechar-me no "mundo das ideias" infantil, e de lá nunca mais sair. Ou então, estar na Sérvia, e resolver a questão de outra forma.

O gosto de mar nunca mais saiu de minha boca. No entanto: negada a alfabetização sexual, nunca mais eu ia querer saber o que era sexo. Pois a experiência, a *empiria*, não vem a ser o único recurso para se ouvir o cantar do galo. E se cantar a gente não nasce sabendo, desde o momento em que aprendemos a falar é aberta uma porta que nos permite ser apenas nas palavras. Por isso, me tornei poeta. É: por causa do sexo. Só quem já foi feliz um dia pode aprender a cantar. E eu aprendi.

Por anos a fio, o meu corpo adquiriu a sabedoria de *como* e *onde* se esconder. Como sobreviver neste mundo onde mandam patriarcas... Mas sabendo que, dos mais nobres, quem ficará ao meu lado... é só Deus, está resolvida a questão. Meu Deus, como sofrem os moralistas! Gozar no ato de maltratar os menores... Eis a sina desses... Mas os netos de avós moralistas sofrem mais: *quando o desbunde vira a regra.*

Prazer nenhum tive na precoce idade. Aconteceu que eu também virei filósofa, e aí... Para que se pudessem nascer as flores que me causam alegria, desfiz até de ser mulher. Vai para a casa do c***, p***. Quem me dera explodir a p*** toda dos que regem esta pocilga de país. Daí, no momento seguinte, desaparecer para sempre — mas antes disso tudo, estrangular C. — aí sim, seria bom. A ferida de ter me feito promíscua de novo, talvez assim pudesse ser curada... Mas não: chaga aberta é melhor para eu trabalhar. *Eu serei a chaga aberta.* Quero ver alguém vir impedir uma jovem de aprender a ler as atrocidades promulgadas pelo patriarcado perto de mim. Eu viro onça.

*

Em cada família de origem europeia, há uma criança sendo abusada. Se não é em casa, é no clube, é na escola... Por hábito, o abusador é um parente. Perguntem-se: por que, tão míseros poderes? E até quando nós, vítimas, seremos consideradas as maiores culpadas? Na covardia e na ignorância, soterrados ficam os conhecimentos de nossos ancestrais. Servidas no café da amanhã, crianças. Bem na vergonha e na solidão, onde abundam os crimes mais sinistros... E você, C., sim, senhor, seu c*** de pus e bolor, ao invés de pensar, vai vir ficar fuxicando o meu inconsciente??? Pois não vai ter ninguém para cuidar das suas feridas.

É mais preciso aprender a pensar. Vejamos novamente esta lição com muita atenção, por favor: como cuidar, irmãs e irmãos, disto conforme o Papa disse, do ministério do feminino Espírito Santo, conforme apostolado por São Gonçalo?

4.2 Golfinhos

Certo dia, arrependido por tanto perscrutar o meu inconsciente, C. me mostra que pode favorecer a aparição também de sonhos encantadores. — E aí? — E aí? Primeiro, para Além Paraíba voamos. No vôo, o que descubro: que *era eu* quem nos conduzia, era eu! Chegando, somos acolhidos por sombreiros luminosos d'água. Sou uma cachoeira; bem ali, onde o beija-flor anuncia o seu reinado. Bem antes da fonte virgem, na descida, tombo sobre o sombreiro que anuncia a enorme queda d'água. Subimos em direção às cristalinas, e quando chegamos, ali permanecemos. Meu Deus! Além da transparência, a umidade que inebria o ar... *Nenhuma* bebida revigora tanto quanto água de nascente.

C. desiste de meus sonhos? Não, mas quando indagado o que faz lá de novo, ele não diz que vem pedir perdão, ele realiza todos os meus sonhos mais singelos. E *me* agradecerá por isso. Até pela experiência de voarmos juntos para Além Paraíba ele vem me agradecer. E aí eu não volto a ficar apaixonada? Saber-se ignorante é a principal vocação de meu ser. Só sei que nada sei. Quando vejo golfinhos... Amo, confesso, tudo nessas circunstâncias. Sobretudo o espelho, quando me vejo linda; esse que me faz agradecer pelas divinas imagens que se sucedem no abismo raso dos sonhos de Dioniso.

No penúltimo sonho que C. me leva a ter, já em 2013, nado em uma Baía de Guanabara límpida. As montanhas em volta da Baía se escondem em rochas que se chamam Enormidades. Esta premente gigantomaquia no *aí* me convoca a observar o que surge em meio às águas mais cristalinas. Isto que deveria ser dito inefável, na verdade, tem um nome, e se chama golfinho! Ele me dá suas nadadeiras para que eu as segure, e então nadamos juntos... Num segundo, ele me enleva no ar? Na água! O seu azul-cinza brilhoso é... um modo de ser só sorriso. Esse sorriso que é maior quando visto do alto no ato de me dar as... nadadeiras... Que alegria, nadarmos juntos... Quando surgem os outros golfinhos — e são vários! Que alegria! Gritam?! Aonde vamos? Na rasura do onírico, é C. o boto principal. Numa tarde de água doce, apesar de estarmos no mar, este instante é... extraordinário.

Quando acordo daquele sonho inebriante, minha alegria não tem limites:

— Amo-te. Amo-te. Amo-te.

Afirmo, sobre ele, ou ele sobre mim... Ou ao meu lado? Não sei... Nem quero saber. O que me interessa é que o meu grande sonho se torna realidade: o tecido de uma Baía de Guanabara limpa, limpíssima, e em forma de um banho de mar que a mim desanuvia, num aberto que é só pureza e encatamento. Onde as águas são mais do que esquecimento: alforria! No dia seguinte, C. ainda voltará a se desculpar por ter sido tão invasivo até ali.

Perdôo. Fazer o quê? Sei que quando ele abarca minhas pernas num só abraço... Ou quando ele diz já no súbito que vem a ser aprendiz de novo comigo... Aí, de novo, diáfanos nos tornamos... Superada a metafísica, reaprendemos a cuidar um do outro, e mais, do *cosmos em sua totalidade*: pois quando não há nada de bom ou de ruim na descoberta da sexualidade, apenas se é, e se será, e se foi de novo perfeito assim como é. Dou-lhe um beijo, e acordamos. Sinto que ele absorve tudo o que há de melhor em mim.

Àquela altura, em 2014, a sua presença onírica volta a minimizar um pouco a imensa saudade que, contraditoriamente, sentimos um do outro. Em meio às concretas formas sincreticas[18] dos sonhos, é dirimido o desejo de estar junto, em camisas bem passadas. Pois isso era realizado,

---

[18] Sincrética quer dizer envolvendo várias religiões mas também em Creta.

perfeitamente, nos sonhos! Todos os nossos desejos eram realizados. Não havia com que se preocupar? Sim: se ele me abraçaria ou não ao acordar, pela manhã. Era tão maravilhoso acordar em seus braços... Porque quando se é jovem, há uma clareza no ar. Tudo pode ser maravilhoso. Quando se é jovem... Chego a pensar: que esta modalidade de presença onírica tem suas vantagens — benditos sejam, os brincantes, em grego e nas orações nordestinas em formato de dança. Ser cura. Ser capaz de desvendar, sobretudo, o lugar da cura: o *abracadabra* imprescindível para se tornar xamã. Quem mais poderá descobrir este modo de ser fantástico? Se acaso for respeitada a energia feminina? Todos! Sim! À Ilha de Marajó, eu vou, dançar quadrilha, eu vou! Com sinhazinha, eu vou aprender a rezar. E quem você traz, Sinhá?! Ai, ai, trago não, mas vem comigo o Banlalalão do senhor capitão...

*

Certo dia, sinto que C. volta a se distanciar. Há algo de estranho no ar. De que se trata?

Só no dia seguinte vou saber, porque ele vem me perguntar: por que *eu* não vou até ele? Por que, afinal, é ele quem *sempre* tem de vir até mim? Concordo. Mas guardo segredo. Quando todos dormem, vou até ele: C. jamais será capaz de dizer se eu fui, ou não, à Paris. Se sonho ou se realidade a minha cena de estreia em Paris.

Em pé, em cima de sua cama, faço sua boca se deitar em meu sexo. E sou eu aí uma ostra gigante. Abaixo-me, e delicadamente, o deixo tomar os meus seios em sua boca. Aí sou carne de rã, só que farta. Minhas pernas se arqueiam. E logo somos uma só carne, e é de peixe de rio, escura, tenra. *Sou, talvez não exista...* Mas sou, sobre ele: só uma grande Luz. Com movimentos lépidos, arcaicos, minhas ancas largas acolhem o seu sexo.

No que ouço "ahhh...", ignoro-o. Não paro. Daí só sei que durante as várias horas que se seguirão, e dos muitos "ahhh" que ouvirei, e muito tempo depois dos vários raios que vejo cair sobre ele, e de o ver bem satisfeito, mesmo aí eu não paro. Demônios? Não sei se *eu* era uma demônia naquela hora. Porque aquele homem a quem eu fiz ficar tonto de prazer, completamente sem senso, ouvindo gonzos... precisava de alguém para lhe pôr limites. E eu fui essa santidade, sim; de cima para baixo, de baixo para cima — nos êxtases em que *não* nos adivinhávamos mais, e nem saberia dizer se éramos ou não nas explosões que a palavra *prazer* não daria conta de dizer. Pois então não seria mais correto dizer deusa, ou mesmo santa, ou fada, ao invés de demônia? Talvez só a palavra *aurífico* pudesse dizer do modo como eu conseguira naquele instante de alegria consumar aquele amor entre super-humanos. Sete palavras talvez sejam capazes, no entanto, de nomear bastante bem aquela experiência... Bendita seja a Graça que nos fez eterna Luz... Amém. Extasiados, caímos, abraçados, dormimos.

*

No dia seguinte àquela minha "ida à Paris", acordo serelepe, na certeza de ter realizado uma grande façanha, semelhante, em importância, ao milagre grego. "Agora sim, ele me prezará, para sempre", penso. Inocência de menina? Já mulher! Mas me engano: o dia terminado e ele nem se lembrará de minha proeza. Quando vejo, mais do que de mim esquecido, para ele, eu virara uma perdida.

Isto do homem branco europeu de se crer superior, e no direito de vociferar para ganhar espaço — de onde vem isso afinal? E por que isto se dá? Quando e por que um homem passa a se achar no direito de se impor por meio de críticas mordazes sobre seres que ele acredita menores ou mais fracos do que ele? Só vim a aprender depois: que, realizada a minha maior proeza, ao invés de ouvir congratulações, C. iria desejar me punir. Sabe por quê? Porque eu era uma mulher. Para ele, objeto do desejo, e fraca. Que deveria portanto, sofrer ou, na verdade, ficar quieta... Mesmo sendo eu já bem quieta... Por que eu deveria ser punida? Até hoje eu não sei. E talvez tenhamos que voltar ao ano de 2012 para compreender: o que raios eu fui significar para ele naquela noite...

PARTE II

Fantasmas

5
As idas e vindas de C. ao Brazil

Perguntei-me, em silêncio, certo dia, escondida até de mim mesma, sem ainda ter me dado conta das consequências deletérias de eu ter aparecido daquela maneira fantástica em Paris. Sonsa, cogito sobre a possibilidade de C. vir ao Rio me ver: "ao vivo" talvez pudéssemos superar todas aquelas adversidades. Ou será que ele teria vergonha da menina-mulher que o faz perder a cabeça? A verdade ou a vergonha dele teriam suplantado o desejo dele de se eternizar em mim?

A tragédia nasceu foi simultaneamente à vergonha. Quando se deu, o nascimento da Tragédia... Caso tivesse a verdade nos orientado verso... ao invés de para o transverso, ele jamais teria ousado pensar mal de mim. Isto que promulga a cultura judaico-cristã: de eternizar-se pelo sêmen, passou a exigir de mim um pudor que, para se realizar... deveria me deixar presa. Aí, nós ficamos cada vez mais lascados. Porque eu não tinha mais pudor para lhe dar, nem dinheiro. Eu era capaz de pensar, mas tampouco ele queria pensar àquela altura. Ele tinha roubado o meu pudor, e minha capacidade de pensar era reiteradamente desvalorizada. Quando os filhos que ele dizia desejar não vêm, logo algo diferente acontece, algo que eu não julgo ser certo.

Quando foi que vi C. desconhecedor da lógica grega? Afinal, quando pude investigar a lógica que o movia? E a lógica que o demoveria de me violentar psicologicamente? Só quando eu aprendesse a pensar como ele. Foi nesse instante que comecei a investigar a lógica que o demoveria de mandar em mim. Em 2015, seria convocada para dar aulas no Estado, pela Secretaria de Educação. Era no ensino médio, mas já estava bom!

Ao lugar de onde surgem o vigor, a saúde e a genialidade gregas iremos por bastante tempo, por conta das aulas de Filosofia. Como superar as adversidades e descobrir um novo modo de ser feliz? Por meio da experiência filosófica, ora! Por meio do poder do pensamento! Nítido, contudo, cada vez mais, o ser traiçoeiro que em C. se esconde.

Para ele, *a experiência de se saber* super-humano, além-do-homem — *Übermenschen*, em alemão — se transformará, rápida e rasteira, em uma espécie de sanha. Ainda em 2012, começo a desconfiar de que o bico da pombinha que se escondia na tela pintada em negro na exposição do Museu de Belas Artes era o meu.

*

No começo de 2012, tanto a minha serenidade quanto o meu nervosismo se acentuam. Como? É doce o amargor de saber que C. vem ao Brasil, mas não vem me ver... Bem... Se ele viesse me ver, o corpo todo se eriçaria, e com viço, ostentaria o véu da beleza. Afrodite.

Sei que o prazer feminino volta a me cegar: "Seríamos abençoados com filhos? E novamente: não é Freud quem levanta a hipótese da perpetuação da espécie? Aí o sêmen, a testosterona: para nos eternizar... Não é mesmo?".

Freud: bem diferente do que pensam os sábios gregos, para quem o raio, o útero, e o Éter são os únicos elementos capazes de nos eternizar. Os pássaros predestinam lá em casa também, como na Grécia Arcaica. Ornitomancia. Em grego, sêmem é *seamen*: marinheiros, ou gaivotas quando sobrevoam as brumas antes do Crônida nascer. Na janela, as gaivotas passam, um gavião guincha. Tem hora que não poder amar C. em concretas formas é um pesadelo. Decidimos então que logo nos veríamos: ao Brasil ele viria para me ver no mês seguinte. É *ele* quem diz. À minha terapeuta, fui comunicar a decisão dele.

Há dois anos, essa mesma analista, primeiro, propôs-me que refletisse: sobre o despropósito de eu namorar um homem 30 anos mais velho do que eu, orientador de pós-doutorado, enquanto eu era uma pobre doutoranda. Já em julho me doutoraria! Os 27 anos que nos separavam não seriam um problema. O problema era ele ser alemão. Isso é o que *eu* penso agora, depois de aprender acerca do caráter competitivo que o povo daqui não ostenta, não. Por conta do excesso de competição que na Alemanha não mais é possível o advento de uma Filosofia Primeira.

Sorte no casório, em todo caso, a minha analista me deseja. E logo me vejo imaginando um casamento vistoso. O meu entusiasmo a contagia tanto que ela é quem decide: "Vai se casar!".

Quando dou por mim, o meu coração pula com a esperança de ser feliz no amor, tanto, tanto que brilho. Não tenho pena de mim, não. Quando vejo, a comunidade psicanalítica inteira parecia estar a par do casório que se anunciava uma beleza!

Depois da sessão de terapia, decido *não* ir à palestra de C., no entanto. Às 21h00, deito-me na rede lá de casa para assistir a sua Conferência de modo telepático. No mesmo auditório da UFRJ. Não o vejo, mas posso senti-lo, e faz um calorão lá: verão na cidade do Rio de Janeiro!

Deitada na rede, com uvas, Parmênides, e o véu... Ah, e o aroma da grama cortadinha... é o meu aroma favorito, e as louças bem lavadas... e as grinaldas que se costuravam em meu ser com o brilho das estrelas.

Bem... Encantada fico, e bem quieta *permaneço* para dar segurança a *ele*. Ao longe, ouço, em seguida ao brilhantismo que dele emana, ressonantes aplausos. É uma delícia o seu sucesso. Evidencio isto para ele: "meu amor, você *é* um sucesso nesta abertura extática. Veja!". Vejo-o sendo um sucesso, depois de, por tanto tempo, anônimo. Isso confere à totalidade uma sensação de vitória, de superação. Afinal, eu era a princesa de um gladiador! Mas quando o seu convite para o nosso *primeiro* encontro não vem... o "ao vivo" volta a me encher de angústia.

*

Demoro a entender que ele *não* viria. Entusiasmadinha, a tonta... Quando ele some, não investigo o porquê de seu desaparecimento. E ouço silêncio após o jantar. Mas não disponho de tempo para investigar. Por que a rosa murcha, e despedaçada não dispõe de tempo? Porque as minhas infinitas obrigações são de mártir, e a elas me devoto com ainda mais afinco quando aprendo que não interessa a ele me ver "ao vivo".

E é a louça lavada, a roupa estendida, a comida requentada, o pequeno de banho tomado...e as orações, de antes de dormir... e a ossada escondida no quarto de serviço. Tudo idilicamente inventado, por ele. Tudo isso não poderia faltar, sob o risco do céu cair, ou de C. estarrecer. Então, eu, escrava.

No dia seguinte, em definitivo, eu olho na cara dele e percebo que ele não viria. Caem lágrimas? Sim. E há uns soluços também. Poucos, mas há. Lavando a louça. Enxugo as lágrimas, e busco a escuridão no espelho. E não é difícil, já que não há Luz. Uma coisa chamada desprezo nasce. Desprezo eu a minha própria cor. E se eu tivesse a mesma covardia dele, eu me mataria ou maltrataria outra pessoa de cor. Para me desfazer do ódio que aportava, maltrato o meu filho. Negando-lhe o de comer, não recupero a minha serenidade conquanto. Mas a eternidade de minha barriga no fogão até que não ia demorar. Porque o ódio pela condição de servitude em que eu era colocada logo me fará dar uns coices que outros chamam de revolução. E o "não encoste em mim, porque eu pego em faca..." me levará a ter umas muitas crises de loucura. Àquela hora, apesar do desprezo de que desconfio ser também vítima, sou convidada pela voz que habita dentro de mim a ir até uma esquina de Copacabana: a fim de encontrá-lo... E a tonta não vai?

Coloco o meu melhor vestido, e não titubeio, vôo. Lá chegando, espero dois minutos até me dar conta de que ele não viria. O convite fora uma piada de mau gosto de sua parte. Olho para o alto, e vejo um avião; atravesso a rua, e não sento para descansar. Se pudesse tropeçar no céu, flutuaria ainda. Sinto por minha inocência um ódio sem fim. Mas *ele* não poderia saber de meu desejo de me sentar no chão e chorar. Nunca.

Dois dias se passam. Os órgãos corroídos, chego em casa, e, escondido, tem um cachorro enorme, cândido, a me pedir carícias. Os olhares inocentes escondem a besta-fera que há por trás? "Não me farás de estúpida. Nunca mais". Mas o cachorro cândido me pede carícias, e, *ai de mim*, só mais uma chance.

Teria C., como Zeus, a capacidade de se transmutar em animais? Comigo realiza-se. Minhas tentativas de dissuadi-lo de roubar o meu coração são frustradas por sua insistência. E logo ele me convence de que eu sou para *ele* o ente mais perfeito, mais divino...

— Fazer o quê? *Dissuadida* não é a palavra. *Atrás da porta* é a expressão correta, e o adjetivo... *carinhoso*.

Na semana seguinte, é uma nova aventura, e eu já não consigo ver, pois *não quero* ver, o ser traiçoeiro que *nele* se disfarça. Como um infante travesso, as suas maiores fantasias se consumavam naqueles dias. Pergunto-me, compassiva, se, em algum dia aquele ser iria se deixar domar. Ô, danado. Seu olhar de arrependimento é de dar dó...

Arteiro... Logo: faz-me esquecer que me fez ir até a esquina para ver se ele estaria lá, o travesso. Maltrata-me? Como não maltratá-lo também?

As noites das arábias. Por detrás das dezenas, centenas, milhares de pessoas que passam a se aglomerar para assisti-lo, quatro anos após termos nos conhecido, perco a paciência. perdem a luz.

Na prática, ele busca moldar-me aos costumes parisienses. Diariamente. E até quando enlouqueço em seus braços, nunca fica satisfeito. Assenhora-se. Quando vejo, já não tenho forças para me escandalizar quando, para estar à sua altura, de seu contentamento, torno-me "feminina". Essa é a palavra para unhas perfeitas, cabelos escovados, cremes, perfumes *L'Óccitane*... Demoraria sete anos para eu perceber que minha carreira acadêmica, a única forma de, no Brasil, uma pesquisadora vir a ter dinheiro para atitudes, como ir ao dentista, tinha dado lugar à carreira dele.

Se eu fosse feliz não teria problema. A pérfida servitude se enuncia contudo na nojeira daquela voz: "caraca, que unhas são estas? Horríveis, malfeitas... Será preciso refazê-las. Onde você acha que conseguirá trabalho em um ambiente decente com estas unhas?". Aí, eu tenho que voltar ao salão para as refazer. Raramente consigo refletir. Obedeço. Fazemos amor na máquina de lavar. *Vrum vrum vrum. Tom, tom, tom, tom, rom rom... Ahhhh!*

Poderás me compreender, leitora, leitor? Ou só Leda, mãe de Helena, poderá compreender o que se passava comigo? Aí, o pato morto, na panela? Não. Para melhores hermenêuticas: *Hearopolo*. Segundo o egiptólogo, os patos se deitariam na panela espontaneamente para salvar a ninhada, em caso de perigo. Uma mártir, eu, a pata: e nós só nos hieróglifos. Oh, magnífico universo, o dos imortais... seria blasfemo te contradizer.

Não medir esforços nisto que se fazia diário: louças e faxina. A constante reorganização da casa era o seu lema. E mesmo tendo todos os meus desejos acadêmicos alijados, ele inventa que tem de sair sempre com amigas e amigos... para alavancar ainda mais a sua carreira. Por que eu não estava entre os amigos dele que se quintuplicavam no cotidiano? Ele chegará à seguinte conclusão, colocando a gravata:

— *Putz*... Que pena, *né, bebê?* Você nunca ser convidada para festas. Mas, pelo menos, *o meu* contracheque é abundante e garantido.

Por que aceito aquela camisa de força? Porque voltamos a cavalgar na máquina de lavar louças. E agora era com *Hippokam kam kam kam pos pos pos pos. Cavalos marinhos...* Ademais, Santo Agostinho também saiu da África para conquistar o mundo... E quem sou eu?

6

A mulher dele e a filha-problema

"*L'amore muore perché la sua nascita fu un equivoco.*"[19] A sanha de C. não terá fim. Só uma parada em quatro anos. A situação é inusitada. Acordo, e vou tomar café da manhã. Quando olho para cima, vejo que há uma mulher de salto alto, com raiva dele bem em sua frente. Paris. Ano: 2012 para 2013. Ela dá uma bronca nele. Sem precedentes. Dou-me conta de que é sua mulher quando ele pede desculpas, Cabisbaixo.

Uma segunda autobiografia, diferente da que ele me deu quase cinco anos atrás, ele entrega para a própria mulher. Minha alma inicia uma conversa consigo mesma a partir do momento em que o vê cabisbaixo. Até então ele era o bam-bam-bam. Dono da cocada preta. Qual não será a minha surpresa quando o vejo com o rabinho entre as pernas, como se fosse um ratinho. Minha alma se chama *Avati Amuni*, e ela sim buscará garantir a decência e a dignidade apesar da situação que se anunciava uma lástima. Trata-se de um fenômeno conhecido como duplicação de personalidade. Avati é quem manda, o *Super-Ego*, e Amuni o *Id* ou ainda o *Eu* que obedece. Quando a minha alma vê que ele se abaixou, e botou o rabo entre as pernas, foi muito rápido. Minha alma, ela não conseguiu correr. Minha alma não teve tempo tampouco de se recordar das ideias socráticas, e de quão distantes estávamos de uma Grécia mais arcaica. Aquilo era mais um projeto de Roma Antiga. "C." de Cézar. E era exatamente o que aquela situação viria a se mostrar dali para frente: senão um projeto chinfrim de Roma Antiga... E onde eu estava nisto tudo? Na cozinha, assando não um cordeiro, mas feijão com arroz. E frango com quiabo.

---

[19] "O amor morre porque o seu nascimento foi um equívoco." José Ortega y Gasset, Sull'Amore, op. Cit..

Amuni: — Affff... É f***... Respondera a minha alma, na ocasião. Como pode ele te deixar na cozinha!? Uma sacerdotisa! E se apequenado tanto, a ponto de chorar pesetas para a mulher, quatro anos e meio *depois* de nós nos termos conhecido? Por isso daquela *sua* reação, (a reação de Avati) "de contida fúria" depois da cena deles?

Avati: — Sim, minha pequena. E mais tarde, depois da cena deles, ele não veio falar comigo? Foi. Minha alma se antecipa ao desfecho da cena:

Amuni: — O zé mané, a pedir desculpas para a própria mulher enquanto te comia... Filho da p***. Deus me perdoe, mas que aquele Zeus de araque vá para o quinto! Vamos combinar: Ele não pensou no que você acharia, não?

Antes de sua mulher sair de cena, ela ainda pegou a autobiografia dele, e a jogou violentamente na cara dele. Depois ele veio me contar: que havia reescrito o livro, aquela sua autobiografia, e que nessa nova versão, eu figuro como a protagonista — danço, convidando-o à outra vida. Carmem Miranda do Agreste.

Avati: — Mas, tenhamos paciência, não seria esta uma forma encontrada por ele de te mostrar para a própria mulher, e ainda dizer para ela que ela não era aquilo tudo que ela acreditava ser? Também pedir desculpas a você, uma vez que, pretensamente, estaria revelando a sua existência para a própria mulher...

Amuni: — Será?! Pois então: não me parece mal... Na hora... Parece-me que ele queria mesmo era se divorciar, sabe?

Avati: — Na verdade eu não sei não... Isto porque, refletindo, me lembrei de que, no dia seguinte, estava eu em profunda meditação transcendental, quando, na varanda, ele vem até mim. Está em fúria. Ensino-lhe a suavizar o coração: mostro-lhe *como* ele pode aprender a fazer o coração vibrar junto à totalidade. Sinalizo-lhe para o fato de ser esse também o ritmo do Atabaque: o do coração. E digo-lhe, por fim, que esse ritmo serve de colo à Deusa, e só ele, o ritmo, é capaz de promover uma democracia à maneira platônica, isto é, bem aristocrática. Aí ele coloca a mão no próprio peito, sente a batida, e fica suave. Suavizado, confessa-me a causa de sua fúria: sua mulher o havia traído com o melhor amigo, dele. Compreendida a sua dor, pergunto-lhe no pé do ouvido:

Avati: — Como é, *seu corno*: é a desonra a causa de sua fúria? E distancio-me, a fim de evitar que o ódio *dele* se apósse de mim também. Respeitar o seu tempo de compreensão foi, então, o meu maior desafio.

Sabendo-se corno, ele se amansa e silencia, aí ele se deita, e reflete em voz alta: — Por que ela, minha mulher, tinha que me trair?! E ele ainda quer que eu lhe faça cafuné. Mas eu não faço. Penso com ele: porque eis um otário ora. Tomara que todas as mulheres do mundo fiquem sabendo que você é um frouxo, que fica pasmado olhando a traição da mulher com o melhor amigo. Falei. Aí aquele santo do pau oco passou a me encher de pancada. É.

Levada pela enchente de ódio *nele eu* estava sendo também... Pense, Anna! Pense... A bem da verdade, a minha pergunta sobre o porquê de ele não ter pedido o divórcio da que lhe meteu os chifres, ele responde que, nesse caso, ele teria de pagar uma pensão para a mulher e para as filhas. Argumenta que, nesse caso, ficaríamos sem dinheiro *para nós*. "Sem dinheiro, pois bem, eu prefiro ficar", digo-lhe. Já desconfiada de que se tratava de uma estratégia de seu inconsciente para me escravizar.

E procurará me convencer da necessidade de... os acontecimentos serem bem sucedidos. Diz, por fim, que está em vias de se aposentar, e que virá morar no Rio, mas que precisava de tempo, e, enquanto isso, precisava manter as aparências, o seguro de vida da família, e o bem-estar de seus familiares. Mas que *mais dia menos dia...* ele viria.

E esse *quid pro quo* foi em 2014. Agora, em 2020, entendo a frase: "não posso me divorciar. Lamento", como a melhor que ele poderia ter me dito. O problema é que ele não a falou. Ele pediu tempo para ser pai e marido, na Europa, enquanto me comia no Rio. Naquele ano, por causa de eu ter o chamado na xinxa, e pelo meu ar de irritação, ele passa a me contar um episódio sem pé nem cabeça, no qual sua mulher – que não seria sua esposa de papel passado – teria sido estuprada por ele quando ela era novinha, e virgem. "Covarde desde *priscas* esse uno era", eu penso, na ocasião. E diz, finalmente, que se sente "em dívida" com a mulher, e que por isto também ainda não pedira o divórcio. Diz ainda que era um alívio para ele contar para alguém aquela história, e que as filhas eram o que mais o preocupava. "Quem iria cuidar delas, caso eles viessem a se separar, ou ele viesse a morrer?". Nenhuma delas, aliás, nem a mais velha, nem a mais nova, já tinha tido qualquer emprego, e a primeira já estava com 25 anos de idade!

— Coloque a menina em uma psicoterapia. — é a Avati quem fala. Mas ele recusa a sugestão. O trabalho, a mulher e as filhas o preocupavam tanto que ele não fica preocupado quando *eu* me distancio.

Mas ainda quero saber *como* ele teria conseguido descobrir a traição da mulher. E aí ele me conta que tinha ido até um quarto, tipo um *bunker* no Centro de Paris, onde qualquer informação, qualquer documento, poderia ser disponibilizado a ele. Ou seja: para ficar sabendo da tal traição, ele a espionara! Aí descobri que ele não apenas podia perscrutar a vida dos outros, como também podia falsificar documentos por meio daquele aparato eletrônico. Inacreditável. Surreal. Quando descubro, fico bastante ressabiada. Mas poderia ser brincadeira dele… Então não falo nada.

*

Após descobrir a traição da mulher, contudo, ele passa a investigar a vida das filhas. Daí eu lhe digo: "você não tem o direito de usar esta parafernália eletrônica para bisbilhotar a vida de ninguém. Está doido?". E passo a gritar: "Seu maluco! Larga isto, vamos!".

E ele? Dá de ombros. Mas fica desesperado quando vê a filha nua dançando em festas noturnas. Nua. Daí, a minha alma, Avati Amuni, volta a conversar consigo mesma:

Amuni: — Nua?!

Avati: — Sim… a filha a quem ele chama de problemática.

Amuni: — Nuazinha?!

Avati: — É.

Amuni: — Só o caboclo para dar conta dela, então.

Avati: — E onde é que ele estava, esta entidade, naquela ocasião?

Amuni — Ah, mãinha, o futuro só a Deus pertence, você sabe…

Com a desonra da filha até taquicardia C. tem. Aí, vejam só: ele passará a se certificar de que a filha se prostitui *mesmo*. Descobre no telefone celular da menina fotos e contatos de homens mais velhos, e se apavora de verdade. E isso vai num crescendo… que… Passa a ler as mensagens no celular dela, no qual cada letra é uma desculpa para sua desaprovação. Hã , hã. Cada cenário fantasístico, uma pista para ele descobrir a verdade de sua paranoia, quer dizer, a verdade de que a filha se prostitui.

Por mais que eu julgasse errado, o ato dele perscrutar a vida das filhas e da mulher, fico instigada, afinal... Eu mesma já não tinha provado daquele santo veneno, ao mostrar a minha própria nudez para C. outrora?! No Méier, a filha dele seria um sucesso, convoco-o a pensar.

Quando a filha mais nova, de 16 anos, passa a aparecer com acessórios caros quase todos os fins de semana, e isso sem que ele nem a mulher dele tivessem dado a ela dinheiro para tanto, ele passa a literalmente arrancar os cabelos. Ou se prostitui, ou é cleptomaníaca, pondera consigo. E se a filha decidir assumir aquele condição, já pensou que horror?! Ele conclui que a jogaria no rio Sena. Se a filha rouba, *ou* se prostitui, de fato, eu também teria que o ajudar a pensar, afinal, como desfragmentar aquela insígnia de *total depravação* em que a menina parecia nadar.

Ela rouba ou se prostitui, mas ele desconfia de que ela faz os dois, quando, dali a pouco — em uma ou duas semanas, ele começa a se tranquilizar. Até hoje me pergunto se ele superou o *baque* de ver as filhas se prostituindo. Para superar o trauma, passa a tomar medicamentos: vários juntos. Brincadeira, não... Que tortura são para mim, aquelas drogas que ele usa... Só depois intensifico os exercícios de yoga e de meditação, a fim de manter o mínimo de sanidade. Sem dinheiro, tive que deixar de ir à terapeuta.

Já ele, arma-se com várias estratégias para combater a prostituição das filhas, aquela chaga maior. Primeiro, decide investir pesado no futuro profissional de ambas. Elas pintam e bordam; e ele paga pela arte, as pinturas e bordados. E o problema da prostituição? Ao que parece, diminuiu bastante, ou mesmo acabou. As pinturas "contemporâneas" ele compra...

Avati: — Sem sentido ou com? — Pergunta a minha alma, Avati Amuni, para ela mesma.

Amuni: — Sem sentido... Completamente. Sabe aquele emplastro preto? Pois é... C., apesar da feiura dos quadros, compra-os e tem a intenção de dá-los aos amigos, em seus aniversários. Isso tudo *sem* que as filhas soubessem.

Avati: — Que armação! E o ânimo das filhas?

Amuni: — Muda completamente.

Mas dali a um mês, surge outro problema: suas "crianças" começam a usar *cannabis*, e deixam de pintar. A situação não parece melhorar, pois.

Um dia, ele pega a droga das filhas e as joga na privada. Aos olhos dele, ele tinha que manter as aparências, pois, e no caso de *ele* não conseguir manter as aparências, aí mesmo é que *elas não* conseguiriam emprego mesmo, e jamais iriam se tornar gente! Sob todos os aspectos, para ele, *o ter e o ostentar* passam a vir antes do *ser*. Em primeiro lugar: as aparências. O pai de C., agora mortinho vendo isso, talvez se arrependa de ter maltratado a mãe quando ele era criança: *agora que o desbunde das netas virara regra...*

De fato, corroía-lhe a alma o fato de ter sido um péssimo pai; ausente e irascível. Chegou a considerar que, em sendo assim, terminara por impedir o crescimento espiritual das filhas. Por nunca ter conseguido separar o próprio sintoma do delas, elas nunca se tornariam capazes de superá-lo. Neurótico, egoísta, de uma masculinidade tóxica por toda a vida: no *Paradoxo de Zenão*, sempre Aquiles, jamais tartaruga... Sempre período, jamais totalidade.

Só então compreendo o porquê de ele ter me enviado uma autobiografia quando nos conhecemos: ele não sabia que eu vi ali naquele texto confirmado o canalha que ele sempre fora. Ele não acreditava na verdade: não acreditava que ela exista. Acreditava que a partir da maquiagem a verdade pode se revelar. Ele se achava lindo, tinha escondido de todos que tinha dinheiro, e queria uma mulher mais nova para fazer de escrava e secretária.

Não é porque ele desvalorizasse o valor simbólico das coisas (por causa de sua doença), que às filhas sempre fora negado um aniversário decente, uma roupa *da moda, uma reflexão filosófica*. Ele desvalorizava a própria existência da verdade, de que, por exemplo, sempre tratara e sempre tratará mal todas as mulheres que ousem falar a verdade. Mas agora, *quando o desbunde virou regra, ele sentiu a dor que causara às filhas a sua falta de sabedoria.*

Agora, comigo, *ele* podia reconhecer isso. Já às filhas seria negada esta possibilidade de reconhecimento, do próprio desbunde, justamente porque elas estavam mais preocupadas com curtir a vida. Até C. me conhecer, e a esta mais arcaica filosofia que aqui se enuncia, as filhas passaram por maus bocados... Disto me orgulho: de ter ajudado a salvar as pequenas das garras do patriarcado... pois o reverso dele é, ou pode ser, pior do que o verso.

Já que C. teria — neste "florescer de sua consciência" — podido ver que as dificuldades psíquicas das filhas eram nada mais do que reflexo de suas próprias dificuldades... Você acha que ele iria passar a me respeitar, à minha existência, e esta filosofia que aqui se enuncia? Claro que não. Admitir que fugira da condição de pai durante toda a vida causa-lhe muita angústia, angústia da qual você não tem ideia. Como o diabo da cruz, ele passará a fugir de mim. Como só eu sei a verdade, se eu não existir, tampouco a verdade irá existir; isto, ao menos até as filhas largarem a prostituição definitivamente, pondera o seu inconsciente. De repente, era como se eu que fosse a chaga, que inclusive o impedia de ser um bom pai. Pergunta para o leitor: Se tu pudesses passar uma borracha em tudo que fizeste de errado nos últimos 20 anos, você não o faria? Ele fez; exatamente isso. Deixou as filhas preferidas, e eu, desgraçada, quer dizer, concubina. Você veja o miserável!

Mas eu não fora informada de que, no início de minha carreira, seria obrigada a ouvir um velho resmungando no meu ouvido arrependimentos de antanho, e nem que teria de substituir as filhas; passando eu a sofrer os maus tratos *que antes ele destinava às filhas*: acometido que continuará sendo pela doença que atravessa toda estrutura social e perante a qual, nós, mulheres negras, somos acossadas...

Nessa época, ainda em 2012, a filha mais nova dele decide virar fotógrafa, e pede ao pai uma máquina fotográfica, bem cara! Sem pensar duas vezes, ele compra a bendita. O canguru, carrego. E a filha? Ela falta ao curso de fotografia, e deixa de lado a máquina em menos de um mês...

*

Nesse meio tempo, eu passo por sérios problemas financeiros. Após ter defendido minha tese de doutorado, em agosto de 2012, ficaria sem emprego por cerca de três anos. Consigo dar um curso em 2013, na Casa de Leitura, com patrocínio da Biblioteca Nacional, o que me permite uma pequena reserva financeira. E em setembro de 2014, trabalho como motorista na Copa do Mundo. Chofer da Fifa. Poliglota de volante. Na Europa doutora basta dar uma sacudida na cabeça para ter audiência. Aqui, o título de doutora é um impedimento para se crescer na profissão. Virei chofer sim. De gravata, mas sem capital. Envergonho-me? Sim. Um pouco. Mas fiz o que tinha de fazer, de boa fé. Na seleção para o emprego, piso firme no acelerador. Erro no sinal, mas sou aprovada pela humildade, pelo sorriso e porque os meus avaliadores tinham certeza de que, sem aquele emprego, eu passaria fome. Ainda tinha a meia pensão alimentícia de meu filho, que era um terço de um salário mínimo por mês... Tempos difíceis.

Na intenção de evitar ser motorista de madame para ganhar a vida, ofereço-me para dar aulas particulares de Filosofia a C., durante um mês, por 4 mil euros, em Paris. Muito mais barato que a máquina fotográfica da filha. Compraria as passagens de avião, com o dinheiro, e ainda conseguiria virar o ano — de 2014 para 2015 — sem dívidas. Que alívio seria! Não seria para sempre, mas já estava bom. C. acha cara a minha proposta. E se finge de sonso. Logo, a voz de minha alma considera consigo mesma:

Avati : — Sem ofensa: por que você não ofereceu aulas particulares para outras pessoas?

Amuni: — E não ofereci? Para todas as pessoas, e para as mais diversas instituições, assim como prestei todos os concursos que pude: entre 2010 e 2017, presto mais de 20 concursos. Mas a víbora que estava a me corroer a alma... não me deixa pensar. C., antes de cada prova, e também na hora das provas, impede-me de raciocinar: se droga pesado.

No inconsciente dele, eu não poderia ser bem-sucedida. Simples assim. Se deveria, ou não, pagar por minhas aulas de Filosofia, ele ainda chega a se perguntar, do seguinte modo: *por que* afinal pagaria por algo que pode obter gratuitamente? Eu tampouco, quando o vejo pensando assim, consigo fazê-lo reconhecer qualquer responsabilidade sua para comigo. Impedida de exercer a própria profissão. Isso é muito sério. Assim, de dia, ele se dedicava às filhas, à noite, ao desbunde... Sim: ele optou por desbundar, e por ignorar a perspectiva de que, assim, me escravizava. Ele tampouco quis saber que as minhas condições de vida, com ele no comando, viriam a ser piores até que as dos escravizados por Lei antes de 1888. Eu aprenderia o quanto pesa um senhor, e não poderia sequer pensar em fugir. Nesse tempo, este quilombinho chamado *Avati Amuni* vira o meu único refúgio.

C. em mim

Nos primeiros quatro anos em que C. é em mim, por três vezes me dou conta de estar doente. Não suponho já ser esse um dos resultados de uma escravidão imposta porque afinal, ele cuida de mim, conserta meus defeitos, ou acredita que os conserta... Mas, a responsabilidade pelo pensamento, ele não é capaz de ter. Ele não tem coragem, ou capacidade, de reconhecer que há quatro anos já recebia aulas de Filosofia de mim, e que o poder de estarmos juntos transcendentalmente me fora legado pelos professores de Filosofia, que transmitiram o poder de sermos livres, através e a partir do pensamento. Perceber, portanto, que me escraviza, para ele, era impossível por causa do seguinte: toda a estrutura social já estava entrelaçada para o permitir fazer isso, me escravizar como se eu fosse um nada. Além do mais, a crueldade virá a ser o princípio que, em ato, o permitirá se sustentar simbolicamente. Assim, não lhe convinha me pagar pelas aulas de Filosofia, tampouco permitir que eu passasse nos concursos porque o meu sucesso, em seu inconsciente, significava o seu fracasso como homem. Sinistro. Sem nenhum remorso, e sem um pingo de consciência, ele se sente cada vez mais fortalecido. E rechaçará os meus apelos para que parasse, e pensasse pelo menos um pouco.

Para e pensa seu pamonha: no absurdo de eu, doutora, ter que aguentar os seus problemas matrimoniais, e ainda ter que virar motorista da Fifa, quiçá passar fome para poder pagar as contas e alimentar meu filho. De fato, eu não sabia, então, que eu de direito, mesmo pela condição de filósofa, tinha o poder de, mesmo fisicamente distante, resolver problemas matrimoniais. A verdade é uma coisa muito engraçada. Ela escapa da gente quando a gente a vê, e quando a gente não a vê, ela inexiste, ou seja, ela existe ainda, só que em outro lugar.

O pensamento, quando adiado, impedia-me também de ver, ou melhor, de ouvir o futuro. Viver as paranoias recíprocas é osso duro. Disto eu jamais posso me esquecer: de como aquele ser metafísico demoníaco impedia-me de exercer uma atividade crítica quanto ao desenrolar daquele relacionamento, que era em potência e em ato, a repetição do processo colonizador europeu.

Se, por um lado, a essa altura, C. já era podre de rico, o efeito desse enriquecimento é que ele passa a desprezar a minha energia de crisântemo dourado. E passará a esbanjar uma arrogância que eu jamais conhecera, e nem imaginara como possível. Por outro lado, se não o tomo como filho do capeta ainda é porque há também as curas que ele realiza. Quando o vejo curar, o ato da cura me deixa ainda maravilhada, por ser mesmo surpreendente:

1) A minha face — ele cura: para melhor poder habitar em meu ser, é verdade. Mas a capacidade de curar não é divina? Um olho pendia mais baixo do que o outro; igual no Michel Foucault, ou no Jean-Paul Sartre. E ele não se cansa de vir me abraçar com firmeza, e carinho. Em retribuição, passo cremes delicados. Para que ele pudesse me sentir melhor, cerveja. Aí, ele me cura rapidinho. Eu percebia com pouco também o seguinte: que não precisaria mais ser masculina para vencer na vida... Que poderia, enfim, ser mulher! Mas supus errado.

2) Em um segundo momento, dois resfriados fortes me derrubam. Nem consigo sair da cama. Eu, de pijama, ele vem e, com sua luz, ilumina meus pulmões. Minha expectoração melhora. Subitamente, a energia dele, em mim, faz-se circular, e me fortalece. Como me fortalece! Não apenas o meu corpo, mas também o meu espírito volta a ser forte. Bastante revigorada, retribuo com beijos... A sonsa... Aí, *tudo se ventila em mim*: aconchegada em seus braços, realizo que *me* amo, e, como consequência, viramos *gatos*. Ele me conduz à cozinha para fazermos chás expectorantes, e mingau. Nós, gatos, já nascemos pobres, mas o alecrim, a camomila e o guaco são um alento e tanto para quem gosta de tomar leite de língua. Também o amor que ele volta a se sentir capaz de dar é o maior alento para os dias sombrios de desaprovação em concursos públicos... Como não o agradecer? Pacto com o demônio? Não posso dizer... Se ele fosse um demônio, não seriam chás, mas crimes o que ele me faria cometer!

7.1 O poema Florescência

O problema ainda era aquela história dele vir me bisbilhotar nos sonhos, o danado. Antes disso voltar a acontecer, contudo, durante oito meses, envio-lhe poemas on-line.

Durante esse processo de escrita: o advento das cores a partir das palavras é o que me insurge à luta intelectual. É um verdadeiro bailado o que se dá, por exemplo, a partir do poema *Florescência*. "Um manto púrpura nos cobre, deixando nu apenas o seu desejo/ aqui onde luzes são aromas/ onde agora o orvalho/ um líquido verde, neste véu habito". Okê Arô! Um canto... de Ossanha. E havia mais cores, que no instante em que ele lia, causavam a minha mais completa devoção. Com o intuito de conferir existência a todas as entidades que, no tempo, no entanto, ainda pareciam lhe escapar, não medirei esforços. Poderão dizer: "se vocês estavam na dimensão dos sonhos, por que, afinal, escrever-lhe um poema, e lhe enviar on-line? Afinal, ele viria a ler quantas vezes o bendito do poema? Umas quatro?". Sim. E em todas, voltavam as cores, a causar-me maravilhas. Vê-las ressurgentes em seu horizonte de realidade sempre me causava alegria, insurgindo-me novamente à luta, ao amor, e ao desejo de me fazer amar.

Saber que eu tenho o poder de lhe mostrar tudo de mais divino que, no entanto, ele teima em não ver é pois o que me move à escrita... Caso ele aprendesse a ética das divindades... seríamos felizes! Porque quando a justiça é por meio da canção que se pode recriar, não há escolha: nos amamos e só. É sempre alegre a canção que é capaz de pequenas iluminações. As pequenas levam a maiores iluminações! Daí ele talvez aprendesse o seu lugar no mundo como do único colonizador capaz de me respeitar. Ademais: ele *pede* mais poemas. Mais poemas! O seu silêncio eu tomo como um convite à escrita.

"*Voilà*, um psicanalista! Goethe ficaria orgulhoso de você, meu amor, em função da velocidade e da intensidade com as quais você nos lê", comenta minha alma Avati Amuni. *Hiperbórea* era outro poema que... Hum, como eu direi? Era um tecido de brancos e azuis. E apenas isso. O que ele não sabia é que essas cores tinham o poder de liberar os orixás da Beija-flor, minha escola de samba. Superemos o colonialismo: junto a Ogunhê, em ato de fala, o samba fará esta dor de dentro do peito ir embora! Por efeito da mais perfeita reunião, você também nesta filosofia de um povo que se recria: por meio das escolas de samba da cidade do Rio de Janeiro! Ao poema escrito fomos:

"Sagrados luares; Do Sertão, aos endemoniados tragam a luz... quiçá, pelo menos os espíritos de sangue; deste solo que range, e que em brasas nos conduz.../ Aqui, força de luz... estrela do luar que me conduz e me faz guiar.../ Apenas espíritos de luz/ Porque no chamado da viola... Nossa força é a de uma mola. Êpa Rei oya!".

E daí ele em riste, um verdadeiro mestre salas. A iluminação que lhe advém no Éter de uma saia sagrada, ao Éter deveria retornar. Ele tinha de apreender a ser divino! E eu supunha que, por meio daquela poesia, eu seria capaz de tornar evidente o divino, que ele já era por natureza, e por fim agora também junto aos demais animais. O ato de evidenciar o céu que permitiu que renascessem Orfeu da Conceição e Elegbara, deixa-o sem palavras; inebriado, eu o deixei novamente amar-me. No *iaiá menininha do cantuá*, com verde no meio e no final, nos esquecíamos das atrocidades que ele viria a cometer um dia. Pois eu ainda não sabia ler o futuro.

Mas já a Pemba eu voltava a balançar para não deixar de lembrar de minha outra escola do coração: a Mangueira, Estação Primeira. Nessa ocasião eu pude acompanhá-lo bem de perto. Ao ler, dentro dele, a poesia ganhava forma; e me encantava sobremaneira poder grifar o sagrado como lugar de acontecimento também do humano que ele era quando lia. Eram luzes ainda, apesar de calcadas na firmeza de um homem racional. Vermelho e marrom. Não havia como não me deslumbrar... Uma por uma, as palavras, teço, e depois jogo todas na cara dele, e graças a isso voamos, juntos novamente, e agora nas asas da Verde e Rosa... Mais uma vez! Kaô Kabecilê! Leremos mais uma vez, só mais uma vez. Daí ordeno, e basta um olhar: agora em espiral. E poderíamos dançar, e dançar, e dançar... Que delícia, as estrelas que vivemos juntos nesta ocasião! Em ascese, e a fim de responder a um anseio seu, e também da própria poesia, de fazer-se renascer... Musas, cantai agora não a fúria de Aquiles, mas a fúria dos curumins de minha terra, para não deixar ninguém se esquecer como que aqui se morre pelas matas. Atotô!

O problema foi que C. não quis saber dos espíritos da floresta. Já eu quis quintuplicar a experiência. Mas ao Curupira e ao Caipora, eu não podia de fato ouvir então. Esse talvez tenha sido o meu mal. Decidida, envio os poemas para os principais editores do mundo... *Flammarion*,

Montparnasse. Sim: pois em sendo eu reconhecida como escritora... Meus leitores aprenderiam sobre os deuses, e dançariam comigo!

Nas leituras que se seguem ao correio, no entanto, os leitores eu pude ver: uns gordos, outros magros. Homens, sempre homens, com urgências, muitas urgências, e entediados. Eu ainda tentei uma reza, mas o mercado editorial francês, ainda não conseguia se abrir para o acontecimento do divino... ainda não... Leitoras femininas! Por favor! Bem... Àquela altura, não havia não. Como não havia? Eu não sabia que o feminismo existia então.

Fiquei imaginando como deve ter sido incrível para Platão ser lido em voz alta pelos seus pares da Academia. Imagina o remelexo... Precisamos disso, aqui na terrinha, meninas! A questão que não quer calar: apenas os de melhor índole poderiam acompanhar a leitura transcendental, ou tão somente os mais bonitos? *Kalos agathos*[20], os melhores — *Fedro, Fedon, Timeu* — pensamentos passíveis de serem transformados em obras de Arte. Capitães pela haste de um navio que quis ser a Filosofia, onde a própria realidade se fez divina — *ontos kagatós* —, assim, que realidade! *"Il reale è spaventosamente uno."*[21] Generais lindíssimos: e não só por isso o divino se fez maravilhoso na Grécia — lugar e tempo de sacerdotisas respeitadas em uma primavera de generalíssimas! Pois que aqui também possa renascer esta divina realidade... a récita do sublime, que aqui também surja, enquanto *agalma que sustem a música dos pássaros*. A Deusa de que as estátuas são um pequeno testemunho torna a realidade toda sagrada. Daí a conclusão: se a Filosofia, à medida que se realiza no canto, supera-se, é antes por ser capaz de trazer o encanto de um Relicário que canta sozinho no peito assim: o pensar filosófico promove um poder ser livre. Nisso, a filosofia se torna uma religião, e a religião, um fenômeno pensável. A terra, finalmente, se torna fértil. A capinagem é solitária, mas o pasto é coletivo... Jesus Cristo, enquanto pastor, já o dizia. E a feijoada das Bahianas, bem que poderia agora o asseverar!

*

Se C. prefere, para sempre, apenas nas coxas, digo, nas cenas traumáticas permanecer, será por que o recalcado grego retorna suprindo-o

---

[20] καλός, ἅμα δὲ ἀγαθὸς (Platão, *Timeu*, 88c).
[21] "O real é grandemente uno", José Ortega y Gasset, *Sull'Amore*, op. Cit..

sempre em proveito de algo que desconheço. Algo que ambos insistimos em desconhecer; ele mais do que eu. Protagonista das cenas — as mais cruéis... Que eu jamais julgaria possíveis na Academia inventada por Platão. Como explicar? Se o melado corresse solto em uma calçada da Lapa, talvez ele sossegasse... Caso contrário, ele se sentirá sempre à procura de uma morte que, na Europa, não é possível encontrar.

Do ano de 1992, data do fatídico boquete, até aquela tarde tenebrosa de 2014, um documentário inúmeras vezes grotesco em tons marrom, vermelho-terra (do Sertão de Minas Gerais) e azul, eu ficaria a ver. Não posso dizer que tivesse fantasias sexuais antes de conhecer C... aquele psicopata.

Enlevado por uma cruel curiosidade, porque cândida — a impiedade dos povos brancos, em seu leilão de mulheres cativas... frente à inocência, a impiedade se torna uma monstra sanguinária. O horror de se saber arcaica em um universo que conspira contra você. Angola/ Congo/ Benguela/ Monjolo/ Cabinda Mina Quiloa Rebolo. Cru. Ali onde estavam os homens, de um lado, o cafezal. Do outro, cana-de-açucar. Ao centro, mãos negras servem ao abuso de senhores.

7.2 E um caso de psicose — C. é o meu irmão mais novo

O desespero de meus pais, no final de 2014, passiva e angustiada, assisto. Meu irmão não encontra emprego, e não se sustenta mais emocionalmente na cidade de São Paulo. Logo, não consegui advir adulto: antes, enlouquece. As crises de loucura de meu irmão, a princípio, seriam um problema. Desde pequeno, ninguém podia suportá-lo... Trata-se de um transtorno mental advindo já na época de criança. Eu, criança, todos os dias enfrentava as sandices dele. Foi quando aprendi a me esconder em árvores.

— Habitual desejo infantojuvenil: crescer, e ficar grande. E ir-me embora, para longe dele. Esse era o único desejo meu, de quando criança. Deixar de enfrentar os deslimites dele! Coitado... Quando nossa mãe vem morar no Rio, como um sapo fico. Escondida. Ele é agressivo. Desde que eu me entendo por gente, a alcunha de "Breno maluco" já era anunciada pelos quatro cantos de nossa casa, sempre aberta. Nisto "Ei, minha linda...", os amigos dele me cumprimentando. Aí, eu, uma espécie de gato. Pulava um, dois passos, e me trancava no banheiro.

Homem nenhum nas redondezas? Cândida de novo... Minha infância, eu não deixaria ninguém roubar, não. Filha de Tupã. Filha da morte. Mas aí, 20 anos depois, 16 anos de estudos filosóficos, e vem um *zé mané* alemão, e me chama de puta da Academia.

Na vila de Macambrumas, onde morei toda a minha infância, meu irmão me ensinou a ser homem: caçar, pescar, mergulhar, e até a ser inimigo... Num dia de sol a pino, ele matou dois passarinhos com um só tiro de chumbinho. Depois, se arrependimento matasse, ali ele cairia morto, com os passarinhos. Chorou convulsões depois da morte da bezerra. Choramos, horrores — Como era morrer? Perguntados, respondemos: uma lástima... Oh, Logun Edé, perdoai. *Logun ô akofá*!

Como na maioria das famílias, as primeiras amostras de loucura de meu irmão, em São Paulo, se deram assim: Tristes, o ouvimos gritar palavras desconexas na rua. Logo que fica claro o caráter insustentável da coisa, porque incurável, todos buscam se livrar dele como a um problema. Cedo aprendi que dando atenção ao louco, a coisa melhora. E é sempre do nada que eles aparecem. Quando adulta, aprendi a não temê-lo. Seu olhar ensandecido é de dar pena. Curumim. Haja inocência, mas quando ele surge, musculoso, na rua, não há quem não sinta um calafrio na espinha. No ápice de sua drogadição, ele vem morar comigo, meu filho e minha mãe. Troca o dia pela noite. Alucina aparições — de Deus — Eu por vezes até emendo uma Ave-Maria. Dizemos que Ele, Deus, virá falar consigo. Sim, como não? Que ele reze! Daí ele inventa que Deus quer tomá-lo como sua mulher[22]. Aí, ele foge. Internado, ele iria aprender a ficar mais calado.

Digamos que, nele, o seu "eu" interior não tem diferença frente ao "eu" do exterior. Em outras palavras, ele não sabe fingir. O inconsciente dos psicóticos, segundo Jacques Lacan, por isso, é "a céu aberto". Desde sua primeira internação, em outubro de 2014, o medo de manicômio faz nascer nele um olhar que sugere a existência de um abismo. Se pudéssemos olhar para esse abismo mais vezes, ficaríamos curados; nós, seres com sensatez.

---

[22] "Empuxo-à-mulher" é o termo psicanalítico. Poder *ser* mulher, mesmo se sendo homem. Funciona como uma blindagem para uma angústia ainda maior. O devir feminino, como o de meu irmão temporariamente o ajudaria a se estruturar, de modo a não cair no fosso da linguagem que é a loucura abissal. No inconsciente compartilhado deste meu irmão, ele viria a ser uma totalidade com Deus? Como saber?

Cerca de dois anos depois do primeiro internamento é que o diagnóstico de Breno sairia: esquizofrênico. Encaminhado para o setor psiquiátrico, nunca mais se recuperaria dos traumas da internação. À mera lembrança do hospício tem tremedeiras, ameaça a todos de morte. Quanto mais xinga Deus e o diabo, menos conversa, antes, passa a apenas gesticular as palavras. Poucos o compreendem.

A maioria das pessoas fica apreensiva diante de um louco — medo do devir animal. Para os compreender é preciso ter algo de louco também; digamos, um se deixar levar por essências significantes cujo viver é se saber por demais solitário. É ainda mais difícil de ser suportado: o meramente imaginado, a balbúrdia na cabeça.

O que nos deixa apreensivos diante de um louco é que "tudo pode acontecer". Sem conseguirmos nos concentrar em mais nada, nossa compreensão parece que surta também. É preciso muita coragem para captar as essências significantes dos loucos...

O inusitado é que o remédio para esse mal também é bem simples — basta um olhar sem medo, a certeza da compaixão como um bem maior, e um ouvido disposto a escutar sem julgamentos prévios. Entenda, finalmente: a loucura de meu irmão e de seus médicos são maneiras singulares de proteção — quem ousará peitar um louco? Supõem ser o médico mais sensato, mas quem protege os médicos são os loucos. Penso, e agora, já me orgulho de meu irmão.

E levanto a bandeira: que em *Naukratis, o portal*, a última parte deste livro, ao invés de cuidarmos dos loucos, serão eles que virão cuidar de nós. Orixás protegei-nos contra "a razão" dos que, em dizendo-se grandes pensadores, revelam-se grandes monstros. Na Grécia, os loucos poderiam chegar a ser divindades. Eis um dos porquês do chamado "milagre grego". Sim. Isto de milagres que podem salvar a *pólis* do pérfido excesso de racionalização são efeitos do companheirismo inigualável de um doido.

Em 2013, por duas vezes meu irmão será internado em hospitais psiquiátricos. Sob o comando de C., não meço esforços para o ajudar: vou visitá-lo, levo comida, roupas, uma presença afetuosa e um abraço. A tudo meu irmão acolhe como quem tem sede, e recebe um copo d'água. Há quem o culpa pela loucura. Ele suporta as críticas, ou se ausenta em estado semicatatônico. Há os que dizem que ele tem preguiça, ou mesmo má vontade de trabalhar: porque às vezes ele se deita para dormir o dia inteiro... e quando acorda xinga todo mundo. Mas como poderia ele responder pelos próprios atos, e tudo o mais que signifique, se as significâncias nele escapam? Sem ancoragem: como ele pode navegar? É bem mais precisa a paciência.

Breno chegará a dar um soco em nosso pai. Lutador de jiu-jítsu. Em seguida, passa a culpá-lo pelo soco levado. Breno vê tudo a partir de uma ótica infantil: para ele, teria sido o corpo de meu pai quem teria, num impulso, ido até a mão dele, para levar o tal soco. Curioso? No pré-escolar passamos três anos fazendo isto — batendo nos nossos coleguinhas — mas não nos lembramos, pois quem nos fez entender que aquilo não era certo foi a professora, um Outro a quem não chegamos a agradecer. Uma mulher cujo coração era do tamanho do mundo. Quando Breno pôde perdoar meu pai pelo soco levado, meu pai chorou muito.

Para sair do hospital, havia a condição de que Breno pedisse perdão ao nosso pai. Ele o faz com relutância, e tão somente para sair da internação. Com seu internamento, uma grande gritaria dá lugar a um silêncio. Como esse silêncio é angustiado e sufocante, ave. Por mais que busque me tranquilizar cantando mantras, irremediavelmente, C. volta a me propor tarefas. "Que cara chato". Ave. Pela recuperação de meu irmão, investe pesado: umas cinco horas por semana, *eu* perco, com C. me dizendo o que eu deveria fazer — e eu nem me dou conta de quase nada, apenas faço o que ele me manda fazer. O ar-condicionado, e a água gelada enganam o cheiro de hospital onde vou prestar visitas a meu irmão. As lágrimas de contentamento de meu irmão, por eu ir vê-lo, valem qualquer esforço.

*

Por conta de tudo relatado até aqui — dos resfriados, da "pedofilia onírica", dos poemas e da internação de meu irmão — os anos de 2013 e 2014 passam bastante rápido. Ainda ficarei atrelada a outros três fenômenos, menos soturnos, e que relato nos capítulos intitulados: o *Daimon*, a *Kundalini* e a Choupana.

O meu desejo era salvar o meu irmão da loucura apenas, mas C., após a saída de meu irmão do manicômio, promete me deixar rica. Daí, me deixo iludir. Com todas as vítimas financeiras dos chamados 171 o mesmo acontece.

Se o dinheiro oferecido por C. viria? Claro que não! Por fim, dois anos se passarão antes de eu saber que C. propõe uma supervisão psicanalítica observando eu cuidar da loucura de meu irmão.

Sua proposta é que alguém deve ajudar o louco a partir de uma perspectiva simbólica, de transmissão de gestos semânticos que possam garantir a autonomia aos doentes tratados pela psicanálise cuja teoria ele propunha. E quem foi a eleita para ajudar meu irmão? *Zim, zim... Euzinha...* É... Mas a Esfinge aqui já não se cansa trabalhar... O sobe e desce da boiada de Paris... a meu encargo já. E C. dá-se conta disso? Por apenas alguns poucos instantes. Dos quais ele automaticamente se esquece quando se depara com uma mulher branca. Qualquer uma. Mas eu tampouco quero ver esta parte ainda mais demoníaca de seu ser. Com todas as vítimas de vigaristas o mesmo acontece.

Lembro-me das eternidades gastas: inscrevo meu irmão em um concurso para ser pesquisador do IBGE, ele é aprovado, mas reunir a documentação necessária me era impossível. Logo, C. culpa-me por isso. Passa a dizer que eu não sirvo para nada mesmo.

Em outros momentos, ele passa a me perguntar se eu teria conseguido ouvir ao meu irmão, assim como faço com ele, isto é, *telepaticamente*. Sinto-me um animal tendo as características anatômicas estudadas.

"Não", respondo. Nunca ouvi meu irmão sem que ele tivesse feito uso de palavras, ou gestos. Pelo contrário: ter a Filosofia como norte sempre me pareceu uma condição *sine qua non* para poder ouvir alguém telepaticamente. *Übermenchen*. Boiadeiro em português arcaico. E isto meu irmão era incapaz de fazer: pois apenas quem consegue morar nas palavras consegue fazer Filosofia.

PARTE III

Poeticamente a mulher habita

8

Daimon

Num lampejo consigo intuir o seguinte: que a cura de C. estaria no ato de *eu o* levar para onde ele precisava ir. Assim ele deixaria de ser paranoico! Sairíamos da lógica da subserviência. Foi sorte? Não posso dizer. A palavra certa é *destino*: se eu conseguisse levá-lo de volta ao paraíso, é claro que se daria a cura! Aí, como que por acaso: ele veio me dominar com sonhos de pedofilia, mas eu virei o jogo. Querem saber como?

No dia a dia, por mais contraditório que pareça, C. passa a ter ciúmes de todos os homens que se aproximam de mim. É um pequeno Alcorão que habita dentro daquele homem. Será, afinal, impossível nos livrarmos desta metafísica em que ele habita, a do patriarcado, sinônimo de todo o Mal?

Sem luta, sem reflexão, nunca chegaremos a nos livrar do que chamo o mais trevoso, cujo reflexo se torna nítido no seu ciúme doentio.

Amiga, se não houver luta, seremos todas e todos levados à mais completa aniquilação em pouco tempo... Ao ignorar minhas aclamações por juízo, a fim de me manter em subserviência, de posse de meu espírito, ele sabe que me enfraquece, e, aí, entrevada, como nascer de novo, e ser plena? Sei que ele não quer saber — dos deuses que lutavam conosco, e que agora se distanciavam. Ele passa rápido a culpa de tudo que dá errado para mim.

Nele, o real começa a se mostrar claramente como o avesso do idílico — seus delírios de grandeza o atestam. Se não vejo o óbvio na hora em que ele acontece é por dois motivos que se equivalem: 1) a proximidade da experiência; e 2) o seu caráter ateórico.

A origem delirante da coisa ganha frente à lucidez. E uma frase como "Você está em crise paranoica", quando de seus ciúmes, em nada ajudava — para bem longe daquela civilização, eu sinto que ele *precisava* ir para se libertar, para uma Mesquita talvez. O que Amuni conseguir fazer é de tirar o chapéu:

Amuni: — Eu aprendi a trazer os golfinhos, que voltavam a ser muito além de imagem, corpo em Oceano! Sim, C. voltara a ser o golfinho principal, e muito mais: a Baía toda vinha a ser devolvida limpa para a nossa alegria. As águas transparentes e os pescadores nativos, povos indígenas que, agora, voltavam a mergulhar e a pescar com arco e flecha, com sua saúde exuberante, e eles nos saúdam.

Avati: — Como se não tivesse havido colonizadores?

Amuni: — Melhor, muito melhor!

Avati: — Não acredito.

Pode acreditar. E C., em reconhecimento milagre havido, ainda diz: "que, sob o meu comando, a Terra voltaria a ser ma-ra-vi-lho-sa". Que lindeza de realidade, sob o comando de meu desejo, era extraordinária. Quem mesmo que limpou a Baía? Todos os povos que haviam colonizado esta terra.

Voávamos no ampliado Éter ao som de maritacas, ao vento. Ao final do passeio, ele se envergonhou, pediu desculpas pelas crises de ciúme e pela subserviência a que tentara me submeter. A limpeza da Baía cura tudo... E ele adere ao discurso: irmãs, irmãos, somos livres, e isso nos basta. E aí ouvi os lixeiros dizerem:

— É o mínimo que nós, povos colonizadores — franceses, portugueses, holandeses *et cetera* — podemos fazer por esta terra que, apesar de ter nos dado tanto[23], foi, por nossos ancestrais, tanto castigada.

A despoluição da Baía, sendo o mínimo que eles poderiam fazer!!! E que bigodes! A justiça, quando feita, sempre às lágrimas leva os olhos dos mortais...

Avati: — E as camisas bem passadas?

Amuni: — Não, não: estávamos sem camisa mesmo, naquela manhã de cristalinas certezas, eu entre as velas do navio... *Avati Amuni*, embaixo do braço, e, para quem tem coragem, também golfinhos.

---

[23] Entre meados do século 17 e o fim do século 18 – o auge da mineração no Brasil Colonial – foram extraídas da Capitania de Minas Gerais 128 toneladas de ouro. Durante 40 anos, entre 1740 e 1780, a extração anual era de 20 toneladas. Com este ouro o que foi feito? A Europa moderna. Fonte: *Joanésia, duzentos anos de história*, publicado em 2008, e de autoria de meu primo Vani de Freitas Medeiros.

Avati: — Odoyá Yemanjá! Adoci-yabadoyá Yemanjá! Adoci-yaba...

E C., transformado em golfinho, ainda veio me agradecer — por livrá-lo de si. Até as rochas chamadas Enormidades consideravam que ele, transformado em golfinho, ficara melhor. Nesta terra chamada Brasis, C. guinchando água no espiráculo, e eu de chapéu de palha.

Ele queria dizer: "obrigado!". E eu que o agradeci, porque era por obra dele, afinal, também que a Baía de Guanabara viera a ser limpa, como há 500 anos: entre as Enormidades que se escondiam na neblina.

E se nós fossemos lá, *agora*, para ver, estará limpa a Baía?!

Digo: "pureza que se abre em folha de Jacarandá... Nós e o céu que nos perdoe: por ter deixado de ser assim algum dia, a Baía — e o infinito de araras-azuis, maritacas, de folhas límpidas, e de angulosas águas-vivas — sabe? Aos milhares... aos milhares... voltavam a ser conosco. E junto ao Oceano Azul, que, orgulhoso, serpenteava ondas".

Daria a minha vida para *que fosse realmente verdade. Que, quando abríssemos os olhos, lá para os lados da Baía de Guanabara,* — apenas águas puras. A estibordo, marujos!

*

A minha alma Avati Amuni também filha de ganso, ela quer falar. Volta a conversar consigo mesma:

Avati: Confesse-se...

Amuni: Sim. Eu delirei tudo. A Baia, os colonizadores transformados em lixeiros, tudo. A ideia de ser linda, e de a minha beleza ser reflexo de termos conseguido deixar tudo limpo; num dia, por um segundo, surgi como uma verdadeira divina destinação. E Bíblica! Eu, Penélope; ele, Odysseus a despoluição. Porque sob brilho de meu véu, ele voltará a ser um verdadeiro Deus... Gigante por natureza... para mim, ficara resolvido:

Avati: Então, iríamos nos casar?

Amuni: Claro mãinha! Você não viu a prova? Aquela Baía supimpa!

Avati: Mas, e com as crises, e a falta de dinheiro, faremos o que? Isto está incluído na tua lógica? Pensa você que ele terá coragem de abandonar o reinado, e ficar nú?

Amuni: Mas, mãe, não é você quem me ensinou a ter fé?

Avati pensa como pode um *daimone* acontecer em pleno séc. XXI:

— "La mostra mente e la nostra sensibilità sono discontinue, contraddittorie, multiformi; ma il reale è spaventosamente uno."[24] Desvelada, a verdade da alma enquanto eterna é capaz de nos tornar livres. Mas isto por si só permitirá o nascimento de asas? Nas aulas de filosofia, sei que os alunos abrem os olhos, e as pupilas se dilatam. Trata-se de uma das peripécias dos deuses.

Uma aluna com o dedo em riste!

— Segundo a Bíblia, para renascermos deuses, a invocação das Palavras de Moisés e de Jesus deve ser sempre uma redescoberta.

Avati: Atena, sua danada, faça aqui a sua morada. No peito, repetimos palavras sábias: *Tupã que Amaru*.

Antes de debatermos a resposta, diga, por favor, minha jovem, algo que não existe.

— Em palavras futuras, ou passadas?

Avati: — Futuras por favor.

E a resposta da aluna:

— Se nossa destinação escolhemos, ou somos escolhidos pela *teia moira*, eu não sei dizer. Em todo caso, não escolhemos o futuro, mas ele à Deusa pertence.

Brilhante.

Agora, ao mais importante: como lidar com o pungente caráter do sexual do Cronida.

Amuni: — Amém, Senhora. Independentemente, com os exorcismos cretenses, junto a Exu, viraremos pombas.

Avati: Minha melhor aluna. Sim, se necessário! Na Ave-Maria agarradas, se preciso for. *Laroyê!* Hermes! Desde as mais antigas montanhas de Creta, graças às Pythias, e junto aos equestres da Encantaria. Em *Avati Amuni*, com *Avati Amuni*, voltaremos a pular o búfalo...

Naqueles momentos, nas alunas: o brilhantismo nato e puro das divindades, até então inatingíveis. No ato de ensinar, o lampejo pôde

---

[24] "A nossa mente e a nossa sensibilidade são descontínuas, contraditórias, multiformes; mas o real é espantosamente uno." José Ortega y Gasset, Sull'Amore, op. Cit.

de novo se apoderar de nós, como nos primeiros dias desta chamada Civilização.

Aluna "amuni" — Aleluia!

Os olhos brilhantes, e tudo retornando no desvario daquilo que pode nos eternizar. As pupilas se dilatam. Perante o simples acontecimento da verdade, o desejo retorna, e este retorno traz paz. O fato de eu saber dessa paz como existente, e disto poder ser reconhecido: que seja, a verdade *é em nós quando somos. Eu sou, porque nós somos.*

Avati: — Se você pudesse desaparecer como Gyges, para onde iria?

Amuni: — Ajudaria a senhora, a cuidar das pessoas. Mas não conforme o seu *daimon*.

Lembrar dessa resposta sempre me comove.

Antes de eu me ver surpresa com certos esquecimentos, C. ressurgia, fazendo-me recordar da esquecida: eu mesma. "— Passe o álcool, cuidado agora, não coloque a mão no rosto". Sua capacidade de se antecipar tem uma precisão mais do que metódica, meticulosa. Sempre me surpreendo. Será Apolo, oh, insofismável? Ou Xangô? Quem nele baixa... *Kawó-Kabiesilé!*

Sei que, sob seu renascer, são mais plenos se não os luares, agora os conceitos... "Amano e odiato sotto forma di concetti."[25] E estamos de volta à Roma Antiga.

Amuni para Avati — Venha, mãe, dançar ao som de um Congado fantástico, cósmico.

Mas ela faz um gesto de silêncio, e assim os exemplos terminam se encarnando em Avati: Cristo e a ressurreição, perante Maria; Santo Agostinho e a sua concubina. Todos estes, afinal, viveram esta experiência, a que nos atravessava agora, sobretudo a do mestre salas. A pitonisa daí, volto a ser. Aos e pelos escritos sagrados nos orientamos! O Divino Espírito Santo, o milagre — pois aí também: é na carne mesmo que se passa — a santíssima trindade.

C. questiona:

— Mas não se trataria de doutrinas não escritas, estas cuja experiência a nós transcende?

---

[25] "Amamos e odiamos sob a forma de conceitos." José Ortega y Gasset, Sull'Amore, op. Cit..

Contestará C. as Sagradas Escrituras? Em razão do não escrito? Pondera Avati:

— Mas é já tão bem escrito o que se reinscreve em nós, meu rapaz. Que talvez possamos crer que seja graças a esses escritos que nós podemos ver os fenômenos, afinal... Por que desejar *mais* do que isso de maravilhoso que já nos acontece? Não é tão maravilhoso isto que se escreve já, por milagre e obra de Deus em nós? — E pergunto-lhe, ao final: — Afinal de contas, o que você quer com essas tais doutrinas não escritas? — Mas ele não saberá responder. Diz que não é possível saber o que não se sabe que se quer saber.

Pois bem. Conclusão: não entendo, em absoluto, sua curiosidade pelas tais doutrinas não escritas – de Platão a Cristo. Afinal, trata-se de uma experiência que pode se inscrever em qualquer um... E nós nunca teremos qualquer autonomia ou poder de decisão frente a ela: onde houver cultura oral, o real poderá advir no canto, e os deuses poderão retornar.

— Perdemos frente ao acontecimento, meu amor. Eis a verdade. Excito-o: "olha aqui, no *Symposium*[26]!", e mostro os meus seios nus. "As faces do amor, todas verdadeiras, veja, pois!", e ofereço minha boca, para que ele possa sorver minha saliva. E ele me beija onde? Na *Gaia Ciência*. Lépida, faceira, falo mesmo. Não se culpe tanto, venha! A fim de fazer renascer a alegria pela qual sou adornada, renascemos naquelas Sagradas Escrituras. Só elas são capazes de realizar o verdadeiro amor! Façamos música. Cantemos mantras à Avati Amuni.

Nas literaturas afins, de todo ao meu amor serei atenta: no que leio o maravilhoso, é ainda C. que vejo, e é a ele pois, a quem dedico a leitura. A cada vez, vejo-o ainda assim:

— Oh! Inefável, tu, propriamente: o que se diz apenas por meio de enigmas. Seja! Em meu ser, de sua extraordinária beleza, deixe todos saberem, para que, por tão próxima, possam sorver a essência da verdade. — Convoco: Vejam a tumescência de suas asas.

No banho, nos abraçamos? Meu amor, no grego, *ágape mou*, e no hebraico *Leehov tamid*. Ele, Nietzsche, eu, Ariadne, *Übermenschen*[27], aqui

---

[26] O *Banquete de Platão* em grego se chama *Symposium*, e dá nome a um evento social central no horizonte histórico grego: o acontecimento onde os gregos podiam se refestelar.
[27] Super-humanos.

fala-se em alemão. Já quando a minha alma com ela mesma conversa é em português arcaico:

Amuni: Mas por Cosima, a mulher de Wagner, não teria deixado nada escrito sobre a relação dela com o filósofo alemão? — Inquiro Avati no dia 28 de novembro, à espera das festas de final de ano. E ainda estamos em 2014.

Avati: Nesta época, minha pequena, há menos de um século, e por dois milênios, as mulheres não puderam ir à Universidade. Mal podiam aprender a escrever, quanto mais a filosofar! Ali, os tambores foram silenciados.

Oh, modernidade inglória! Pois bem: agora que conhecemos a verdade, que, às coisas mesmas fomos e voltamos, e que aprendemos a lutar, saibamos — que apenas junto à justiça poderemos trazer os deuses de volta. Desobedecer àquela modernidade de Nietzsche é preciso. De modernidade alguma façamos caso. Apenas uma Tarsila, aqui, bem no meio. Ótimo. Que pintura!

E é C. quem pergunta, debochando de nós:

— Em definitivo, aqui findas serão todas as divagações abstratas que não levam a lugar algum?

Mas Avati não dá espaço para deboches: — Sim. Superadas a filosofia francesa, a moderna e a contemporânea, façamos as malas.

— Para onde vamos?

Avati: — Para a Grécia, ao encontro do mais arcaico! Celebremos! Com o aproximar-se do Deus Luz, o Sol toca-me novamente os lábios... À loucura vamos? A loucura é um dom divino que não é possível antecipar. Chegando lá, a gente vê no que dá.

Mas, em verdade, estamos na biblioteca: Heidegger e Hannah Arendt; Teobaldo e Diadorim, já à vista, Machado de Assis.

Avati: — Pronto, amore. Isto deverá ser suficiente para os próximos meses.

C. diz que me esqueço dos russos.

Avati: — Não, *amore*, deixei-os para daqui a seis meses.

Mas ao chegar em casa, ele me deixará reler as obras locadas? Já ele ordena:

— Esqueça-se disso, minha menina. Venha aqui.

E eu tenho recurso?! Se, não mais que de repente, ouço *"une femme est fait pour être aimé*[28]*"*; *"Tu es ma femme*[29]*"*; e *"Ici, la bas, une femme narcissique et phallique*[30]*"*. E se, em seus braços, venho a ter autorizadas todas as minhas ilusões, a ponto de poder ser senão mais do que puro esquecimento? Sofista sem valor...

As bibliotecas do Centro do Rio de Janeiro são o meu último refúgio. Durante 15% de um século, o *Goethe Institut* e a *Maison de France* permitiram o meu acesso a tudo de melhor do já escrito. Mas estas casas do saber pouco ou muito pouco poderiam me ajudar a superar 3 milênios e 645 anos de colonialismo sustentado pelo patriarcado, e os patriarcas. Para superar essa fase triste de nossa história, os peitos de fora. Em riste, pela mátria.

Ao estudar as filosofias europeia e grega, eminentíssimas, minuciosa e atentamente, aprendo que o mais alto conhecimento ainda está ausente de nossas universidades.

Volto-me a me investigar. Sócrates está distante. Em mim apenas o orvalho e penumbra da porta. Depois de iniciado, este lance de dados que somos nós, a tragédia consuma-se em perpétuo retorno de misteriosos enigmas. Decifrados. Finalmente, decifrados. Sei que antes do advento de Sócrates era muito melhor "ir-se embora deste mundo".

Como Orfeu, voltar para contar como é morrer.

Amuni: — Bem... Nós sabemos que Sócrates e o seu *daimon* tiveram, com certeza, ao menos uma ereção.

Avati: — Sim. Esta ao menos é a tese de Beckett em *Esperando Godot*: ao morrer, o acontecimento de uma bela ereção, ora, pois. Pelo menos uma! Mas eu não acredito. Porque de fato ele não voltou para contar. E Orfeu voltou...

Amuni: — Como é que você pode saber que ele não é reencarnado? Por exemplo, em você. Em você!

Avati: — Deus me livre! Ali, onde nem com o Alcebíades pôde o transcurso transparecer. Comigo não. Comigo, a sexualidade é puro esquecimento. E nada mais.

---

[28] "Uma mulher é feita para ser amada".
[29] "Você é minha mulher".
[30] "Aqui, em baixo, uma mulher narcisista e fálica".

Amuni: — Nada?

Avati: — Nada.

Amuni: — Nem mesmo um beijinho no alto da madrugada?!

Avati: Bem, tem esta questão do amor como cura, da, da[31] superação da metafísica. Uma coisa é certa: para sermos coerentes com a obra de Platão, somente deveríamos ouvir as palavras socráticas por vias do candomblé: Ou por efeito de um santo baixando... Ou se reencarnando... Ou sendo psicografado.

Amuni: — No final, até o *daimon* socrático vai querer vir dançar. E o general mais *guapo*[32] da Grécia Antiga, mãe amiga...

Avati — Pois outro "adeus"... na popa do navio, Alcebíades vai ouvir. Sua danada. Quer sair com todo mundo afinal? Voltar para novamente aprender a chamar a morte em vida, despedindo-se para nunca mais voltar? Ave.

*

Como descrever a disponibilidade de dar aulas para um *daimon*?! O caminho é um céu de diamantes, coroado com um *vir a ser* por meio de uma alegria sempiterna, não apenas pairamos, mas voamos... C. recorda-me da necessidade de falarmos do Ser. E nunca deixo de me maravilhar quando Ele surge, no eterno que se cambalhota. A partir desse lugar, do Ser, de suas bordas, que surgem os sorrisos dos alunos. Em seus olhos, o brilho da mais pura energia. Então, C. ressurge, no prazer de dar aulas, que ele nunca conhecera. O amante que quando porta asas é quem mais se maravilha, muito mais do que os alunos.

Sempre quisera ser professor de Filosofia, e escritor. Às aulas, pois, vamos juntos: e que júbilo! Trata-se de um espaço privilegiado onde não mais existo: onde nos deixamos tomar por este pequeno delírio a que chamo Filosofia. Onde temos a oportunidade de reaprender a amar. A um só tempo, o apolíneo e o espontâneo juntos; justa-pondo-nos. Nesse espaço que imita a morada dos deuses, como permanecer?! O impossível, antes até ali impossível, mostra-se melhor, pois agradabilíssima é

---

[31] Avati dá uma gaguejada. O ato falho é tomado, nesta obra, como principal via de conduta para a superação da metafísica.

[32] Alcebíades era famoso pela beleza andrógina, e por ostentar a casaca. Machado de Assis lhe consagra o conto intitulado *A visita de Alcebíades*.

a reflexão quando autenticamente filosófica. Por vezes, surpreendo-me com minha própria voz:

Amuni — *Athenai*[33].

Avati para Atena — Senhora? *É tão rara a sua fala...* E C., quando menos espero, é de novo um ser alegre que brinca com os conceitos: pequenas bolas transparentes em suas mãos. Dançamos, à minha revelia. Criamos, e recriamos o *cosmo para efeito de melhores ainda serem as rotações*. *Brilhante*, salta no ar, e daí, novamente resiste, existe, em riste – no Ser. Ao final, apago o quadro. E C. vem me beijar. Ou Atena vem beijar? Em minutos, estamos em casa e, antevemos círculos concêntricos virem ao nosso encontro. E me pergunto se poderemos ali permanecer, enquanto desfaleço em seus braços.

No sofá, desejo em flor. Paris? Sim, Paris. Com Foucault. Michel: *L'oeuvre complète s'il vous plaît*[34]. Estávamos sobre a mesa da cátedra, e os livros... Ah, os livros... Todos espalhados. C. sobre mim. Novamente e novamente: círculos concêntricos. Éter e eletricidade.

Imponho? Mal me deito sobre a mesa; e em meu ser irrompe um gozo colossal. Fantasio?

Não sei, mas sei que quando caio em mim, sinto vergonha. Sei também que é preciso voltar para contar como é morrer, símile a Orfeu, mas tenho preguiça.

Da janela, não é apenas a Floresta Atlântica quem me olha. Sobre a montanha rochosa, o guincho estridente do gavião ostenta sua força. Nossa cama é uma só: a Floresta descomunal.

E, no mais além, amém, o leitor, espiando as frestas desta filosofia futura: o gozo em seu corpo, também senhor leitor. Não se aveche não. E o saber deste livro que o desenha também poderá o fazer se desmanchar em explosões que em ti também podem renascer a fim de tornar ainda mais vigorosa a certeza: de que o caminho deve ser já a cura, que há de surgir, sobretudo no caminho que percorre *la jouissance*[35] desta letra aqui.

O diálogo é apenas entre Amuni, a parte mais vulnerável de minha alma, e C.:

Amuni: — Guardaremos para sempre este segredo?!

---

[33] Atena, a deusa da sabedoria.
[34] A obra completa, por favor.
[35] O gozo.

C.: — A fim de conferir maior carga simbólica à verdade? Beije-me.

À noite, antes de dormir, C. me escreverá um último e-mail... No qual:

C.: — "ILD!"

Avati: — Em letras garrafais?

Amuni: — Sim. O que significa: *Ich liebe dich*?

Avati: Eu te amo.

Amuni: — *Ich auch*[36]...

Quando acordo, ainda me lembro, aí me vêem lágrimas...

Em um futuro não muito distante, revelaríamos a todos estas verdades simples: de que não somos condicionados pelo tempo-espaço; de que a telepatia é o corolário da prática de um pensamento arcaico, cuja base é *aletheia*[37], e de que não somos condicionados tampouco pelas culturas — que podemos ser no saber, e que, por isto, a onisciência é provada como possível. Agora, refletindo sobre esse modo de habitar num tempo abençoado — e que se seguirá a *Avati Amuni* — a telepatia e o mais divino podem ser sentidos como efeito do pensamento que é habitado pela justiça. Quando todos se habituarem, com vagar e persistência, ao pensamento silencioso, no momento em que a justiça se fizer, a todos será permitido esse pensar, todos aprenderão ouvir pensamentos. Para que a humanidade evolua, nos amemos.

Sim, trabalhos foram feitos, muitos, muitos trabalhos foram feitos: eu trabalhava *pra dedéu*. Porque isso iria me fazer livre. À lucidez fomos em ato.

Primeiro, a Baía da Guanabara limpa, por requerência divina. Graça pedida, e concedida. Depois a gente conversa.

Amuni masculina— Quem vai fazer o serviço, madame?

Avati — Ora, os colonizadores. Não foram eles quem fizeram esta porcaria aqui? Nós, selvagens, é que não fomos.

Amuni masculina: Senhora, senhora, com uma tecnologia nossa, o turismo autolimpante, vamos realizar! Tudo que queríamos! Com um serviço desses, para depois, gozar a vida! Mas o frentista só queria gozar a vida.

---

[36] Também.

[37] Verdade em grego, significa desvelamento e é capaz de desvelar a mente ao retirar o véu de Maya de que somos todos vítimas na época da técnica.

Na ambiência extraordinária de quem descobre, pela primeira vez, o poder da Filosofia enquanto expansão de espaço-tempo, C. fez de mim a sua mulher. Consenti. Eis que descobrimos a *Kundalini*, *"a coisa" que me causou o esquecimento do sentido último e primeiro de minha existência: limpar a Baía de Guanabara.*

9

Kundalini

Primavera outonal, 2014. O outono estava na atmosfera quando esta se abriu em tons de amarelo, abóbora e vermelho. Faltam 15 minutos para o raiar do sol e, como todos os dias, C. vem me acordar. Só ele pode saber onde mora o meu desejo, e diz:

— Vá cuidar de seu filho. O pequeno, mandar à escola, é preciso. Vamos. C. ajuda-me com tudo: planejar as refeições, arrumar a casa. — Toma as providências sozinho, quase, para que, no final, à escrita possamos nos dedicar, juntos. São necessárias estratégias de guerra para realizar este sonho: ter tempo para nos dedicarmos à escrita.

Nesse dia, dispomos de uma manhã inteira para isso. Nos pequenos montes das folhas dispersas que preenchem a atmosfera, a montanha em frente à minha casa *é: ela pode ser, ter lugar*. E ela dança. Até os passarinhos silenciam para ouvir: raios irrompem ao longe, de modo a tornar a energia da dança bem tangível; logo repercutem trovões. Quando os pássaros ficam em silêncio é porque a chuva que vai cair é fina. Faz-me lembrar da recomendação de meu avô Félix: de só acreditar em homens que saibam admirar os pássaros e o seu revoar constante — pois se trata de um exercício de contemplação capaz de nos iluminar. Pergunto a C. com que frequência ele admira os pássaros? E ele: aponta os pombos do lado de fora, na praça. Paris.

Começa a serenar na atmosfera em cujo berço celebra-se a serenidade. As reviravoltas de amor, agora, causam ternura. A coisa mais linda que há no mundo é quando a chuva vai cair em uma montanha esparsa. A névoa se avoluma. Há a possibilidade de cristalização de memórias olfativas. Acaso será possível para sempre experimentarmos estas lembranças, alma minha? Trazer as gotículas de umidade e as distribuir, apreciando a perfeição espelhada em cada polígono formado pela geometria sagrada de cada gota d'água… Até no mais ínfimo: o amor de Gaya, dela por a gente e da gente por ela. O que mais será o divino capaz de fazer, quando cósmico? Divagamos nas gotículas e na dança cósmica da montanha. Se o divino é capaz de tanto esmero, por que não será a humanidade inteira, também, capaz de evoluir? Espelhemos agora este cuidado, meu amor, o cuidado que o gavião tem com a montanha, e que as gotículas de umidade têm conosco, e com o *cosmos*.

A atmosfera se abre para a chuva. Seu nome é ternura. Basta um pequenino raio de sol para que os pássaros ressurjam em revoada. Tão a sós, eu e C., e já nos desejando de maneira mais intensa. Por mais que escreva, por mais que sublime o desejo, agora, só aumenta o exaspero daquele amor com ares de "muito além da ansiedade". É à medida que o Ser surge que, em consonância a ele, nosso amor se revela indestrutível.

Para atiçar ainda mais o meu desejo, C. faz com que eu imagine joias. Chama-as de penduricalhos que ele me daria quando estivéssemos nos braços um do outro, por entre camisas bem passadas, a barba dele eu beijaria, e ele responderia :

— *Ma petite*[38], trago-a em meu peito. — Confessa-se, aliciado pela luz que exala a proximidade que supera todo o passado.

Daí ele vem me contar a boa nova: que fora escolhido "professor visitante" na USP, a Universidade de São Paulo. Em maio de 2015 iniciaria sua carreira no Brasil! O nosso maior desejo então — de ficarmos juntos — viraria realidade. Duas lágrimas caem, há soluços. Fico tão orgulhosa que lhe dou entusiasmadas congratulações. Aí está, pois, a causa daquele desejo mais intenso...

Segundo Stendhal, o amor é o único sentimento que permite a cristalização, um processo de amadurecimento mútuo capaz de levar ao crescimento espiritual. Nesse processo, os corpos terminariam por se transformar em cristais dos quais anéis trocados em confiança seriam uma doce lembrança.

É do desejo de causar uma densidade terna que nasce uma confiança recíproca. Disto que vem a minha força. No seio daquele amor deslumbrante, por segundos, torna-se clara a minha destinação como causa da seguinte vontade: de com ele me casar. Trata-se, contudo, de um desejo tão insólito que busco escondê-lo. No mistério da coisa, um raio inesperado irrompe. Oh, irrefreável.

---

[38] "Minha pequena".

Pelo medo de não ser querida, não coloquei nas palavras o meu desejo. Mas o raio torna tudo tão claro — a verdade — que nos amamos!

Súbito, corta os nossos seres outro raio: trata-se de um redemoinho de energia. Num disparo, que desperta e é despertado na forma de um raio sem freios que passa a nos circundar. O mesmo vigor, em sua totalidade, alça C. *em círculos concêntricos*, que circundam-o, e retornam, por segundos, mas de modo cada vez mais intenso. Vem direto do coração, aquela sabedoria — da *Kundalini* — que seria perfeita por algum tempo, ainda, em nossos "não-mais-seres". Apenas um raio sai da válvula do coração e nos acolhe: *orgasmo* não é a palavra — era o próprio *tempo-espaço* que explodia — como um *Big Bang*, que nos energiza, e nos cura por inteiro. Na totalidade, isto da energia perfazer-se em grandes círculos, e de meu coração sair a certeza de que aquela energia estupenda, jamais antes experimentada, seria uma constante em nossas vidas, significa que: iríamos nos casar. Sim!

No ordinário, a linguagem não é tomada como magnetizável, mas ela é sim: capaz de magnetizar. As palavras são símbolos concêntricos: magnetos mágicos capazes de nos reunir, a nossos corações, e de fazer com que batam juntos. Em meu coração, não há sombras. C. é forte, e eu cedo à sua força.

No período que vai de 2011 a 2016, C. trabalha como um búfalo. Quem não conhece o universo acadêmico, não sabe o sufoco pelo qual passam os pesquisadores, na ânsia por trabalho e desempenho. Noites e noites insones. Sempre que vou dormir, C. fica por muito tempo acordado, e quando acordo, ele já está desperto há muito tempo.

— Nunca dorme? — Chego a indagá-lo, certo dia. Mas ele desconversa. Sei, constato, que em seu coração ainda há lugar para delicadezas.

Quando vejo-me envolta no aroma de orquídeas, expressão máxima da cristalização de que nos fala Stendhal, sei que ele me ama. Tenho mais do que certeza de que para sempre seríamos capazes de transformar em cristais aquelas experiências de amor e de cuidado recíproco: tenho convicção. Silencio em respeito ao afeto que nos circunda. O trabalho rende-lhe muitos frutos. Para apoiá-lo em suas façanhas, desempenho, orgulhosa, o papel de "a mulher perfeita".

E C. não sabe o quanto exijo de meu corpo, nem procura sabê-lo. *Ele* acredita que pode tudo: a força de um deus está consigo, e ele, a todos seduz. Dentre minhas certezas, uma é natural: de que tínhamos o mesmo status.

Fico tão satisfeita com os atos que deduzo serem de bravura, que não entendo quando ele começa a fazer uso desse status para me subjugar. Lembro-me de uma noite suave, mas que era, na verdade, um "dente por dente" danado — quando olho para o lado, vejo C. sendo aplaudido de pé, e um auditório lotado. Minha alma volta a conversar consigo mesma:

Avati: — Ovacionado?

Amuni: — Sim, mãe! C... Nossa... Fiquei tão impressionada, mãe, como fiquei, ao vê-lo sendo chamado para receber um prêmio! Impressionou-me, em especial, a gravata de pinguim, mas a cena toda era extremamente agradável, porque o cheiro... O cheiro era de gelo.

Avati: — De gelo?

Amuni: — Sim: e ele, o cheiro, me fazia não "pirar" mas apenas respirar melhor... Sei lá, tipo, de modo suave, sabe?

Mas a decepção veio depois. Porque o prêmio não era para ele, mas para um pesquisador mais velho. "*Ein Wahrer Menschen*[39]" — eram essas as suas palavras; pois ele ficara responsável pela entrega do prêmio ao "que deus o tenha"!

Diante de meu desapontamento — e dele perante mim — de não ser *ele* o agraciado com o prêmio, ficamos sem graça. Aí, *eu* não deixo passar:

— Amor, você também ganhará um prêmio, dali uns dias, logo, logo.

Já que *ele* é tão branco e alemão, não é mesmo?! O fato é que, de psicanalista desconhecido *à pesquisador* altamente requisitado *nos* quatro cantos do mundo, ele estava sendo muito bem alçado. Rápido e ligeiro, sem concorrentes.

Agradá-lo e apoia-lo em sua carreira é uma maneira de lhe agradecer por sua divina presença. E ele, ao me ajudar a cuidar de meu filho, da casa e da poesia, também mostra que aprende comigo, principalmente com as difíceis situações pelas quais passo, ou melhor, passamos. *E ele* não chegará à conclusão de que só poderia cuidar dos outros porque, antes, aprende a cuidar de mim? Redescobre o prazer de aprender...

---

[39] "Um verdadeiro Homem".

Ou mesmo descobre, pela primeira vez?! Comigo?! Por minha causa! Que honra!

E depois, não sou eu quem exala o tal do cheiro de alecrim? Como não? E se ele viesse me agradecer pelo aprendizado conquistado; eu diria: não precisa. São seus olhos que te permitem ver, meu amor.

Avati: — E ele?

Amuni: — Acredita. Rápido: que são os olhos dele mesmo que são maravilhosos... E eu, tonta, enfim, confirmo, reafirmo! Que se a divindade o erige: meu amor, é porque és merecedor! Orgulhosa, de servi-lo.

A verdade é que, por saber que os aprendizados mais importantes só podem surgir da humildade, eu faria tudo de novo. Para estar à altura de aprender a ser, mais do que filósofa, uma sacerdotisa grega, eu faria qualquer coisa. Na humildade que se faz eterna, no entanto, ignoro a mim mesma, os meus desejos e projetos. Estes que eu, súbito, vejo esfumaçarem-se no ar.

A minha simplicidade e humildade cristãs não me permitiam saber que sou só — e que ainda me dedico a servir a um estranho. Tampouco essas qualidades me permitiam saber que, se este estranho não permite que eu exerça o ato de fala, algo não está certo. Assim, por mais que C. se detenha a me ajudar a escrever e a cuidar da totalidade sobre a qual versam os meus primeiros versos, estamos em uma situação de servilismo, na história de um país cujo passado escravocrata não poderia ser negado. E ele nega. Insistentemente, ele o negará. Ora, não é maldade isso? É preciso dizer; e agradecê-lo por isto, bem ao contrário: pois não é somente ele quem, quase que inteiramente, negará. Todos negarão. E se eu era uma filósofa, deveria deixar o moto do funcionamento psíquico daquela denegação claro.

O problema é que, àquela altura, quem sustenta o meu desejo de escrever?! E se não tínhamos tanto espaço para tanta reflexão, é preciso aprender a perdoar: porque sem a sustentação dele, este livro não teria saído. Assim, primeiro de tudo, Saravá para ele, principalmente, porque, de início, é só ele quem confere valor ao meu maior atrevimento, que é pensar.

Mas eu não já lhe agradeço, todos os dias? E não é intensamente que eu o faço? Até mais do que o devido...

Na surdina, e na verdade, ele não me transforma em sua concubina?! Quando me dou conta de que eu não podia sequer perguntar o porquê de não ser reconhecida, e valorizada, pelo incondicional apoio, por servir-lhe, em 6 anos de "Encantaria"... Quando eu o vejo elevado em tão altas hierarquias dos *de lá*, e os meus já vinte anos de estudos filosóficos aqui... súbito inexistentes, anos que eu ainda estava disposta a dar, até, não é mesmo?!

Chorei muitas águas. Nesse tempo, era quase certo que os meus escritos, uns poemas pobres e sem rima, seriam reconhecidos em pouco tempo... Digo, para mim mesma, que devo me contentar com a presença dele, que esta presença não é apenas prova de reconhecimento de minhas belezas naturais, mas prova de seu amor por esta terra. E digo-lhe que não se preocupe com dinheiro, porque afinal "Seria eu mesma quem compraria a nossa alforria. E a compraria com o dinheiro que ganharia com os versos — porque o importante na poesia é a verdade, e verdadeiros eles eram! Tão pobre eu e, em meu delírio, tão livre." Que só depois, infeliz, fui ver: que ninguém me leria.

10

Choupana: a distância que nos aproxima

Sempre que possível, volto a cultivar mangas. O cheiro do verde, quando surge, é capaz de aplacar qualquer angústia. Convido C. à prática da yoga. Admiradora de árvores e de suas cores exuberantes, em especial dos ipês amarelos e rosas, compartilho com ele a admiração pelos quadros floridos das estações cariocas. Tanto que, por vezes, acredito que esses quadros me façam bela. E as crianças de olhar límpido e atento, as orquídeas e as árvores cinquentenárias do Jardim Botânico? Deliciamo-nos com as frutas maduras, dulcíssimas. C. vem comer comigo. As límpidas e abundantes águas, que, sem cerimônia, brotam das gretas, das grotas, e das grutas, admiramos juntos. Mostro-lhe o paraíso na Terra: chupar manga até o caroço, caqui e abacaxi! Juntos, e sem parcimônia.

E a grama a correr sob os pés, de jacarandá também, e logo, parece que a árvore nos faz voar; tal qual o vento na face que vem me acariciar... Égua!! Qual? Quem agita-me os penachos?! O vento... Não vou ver, porque sei que o divino ocultar-se-ia, mas C. insiste: que quer ver, ouvir... De onde vem a magia! Vê se pode!

Mas *nem* quando ele vê, ele acredita *no que vê*. O milagre das conversas que teço com certos animais, por exemplo. Ele acha engraçado, não acredita em nossas conversas até quando as escuta. Ele vê, não crê, e decide que os animais não podem vir conversar comigo, e quando acontece, ele fica surpreso, e logo depois volta a performar aquela cegueira de anta dele.

Em nossas aulas de Filosofia, o divino aberto para alunos sempre entusiasmados, e C. desde... Paris! Ele automaticamente se esquece de que performa o desdobramento de consciência no espaço e no tempo quando existe em meu corpo e espírito. Ele existe nos dois corpos mas permanecerá sem conseguir pensar como existente este fenômeno que, no entanto, é uma constante em nossas vidas. Os alunos, mesmo com fome e desempregados, sempre dispostos a ouvir, muito mais que C. aliás. Ao chegar em casa, nos devotamos à leitura constante e atenta dos clássicos russos — Dostoiévski e Tolstói — sob a chama de lâmpadas amareladas.

Certo dia, viajamos. Antes, é a viagem que vem até nós — Nova Friburgo se abre. Sua atmosfera nos dispõe a nascentes. E o que se mostra aí? A mais perfeita comunhão com a noite.

O céu, primeiro, é uma imensidão escura — uma escuridão lunática que se faz, cria-se no silêncio de grilos: não apenas uma noite monumental, densa, nos atravessa, mas a longa estrada de terra pela qual caminhamos é onde o centro de tudo é a ausência de qualquer exaspero. A grama túrgida, vêm nos acariciar. Alcança-nos uma planície em que milhares de vagalumes dançam. Nessa abertura onde o sagrado é, por um instante, inumeráveis vagalumes que clareiam a noite, é de fato impossível adivinhar a quantidade de seres minúsculos na escuridão, que por isso nasce meio leitosa. Não tinham lobos, só o barulho de galhos pisados.

Dançamos juntos aos seres minúsculos. Ao rodar a atmosfera toda é uma saia que evidencia o sentido da palavra *aletheia*[40] ser um adjetivo. Por meio e obra dessa palavra véu deixará de ser no instante, e não obstante deixar de ser, consegue acenar para o que nos ilumina: Aprendizados... isto também tem de deixar de ser para permitir o nascimento da verdadeira sabedoria. Assim, a verdade ilumina-se. Meu canto é testemunha. Dela, para ela, e por ela? Sim! *Aletheia* que requer também a escuridão para ser. De resguardo, C. não dorme, antes atenta.

Nós não éramos "nós". Éramos, antes, a noite flutuante. E flutuávamos com tantas diferenças, que até os antigos se surpreenderiam conosco. O aparecimento da totalidade antes escondida: porque se trata de um descortinar que, embora sempre aconteça, quase nunca é notado. E por quê? Porque raramente queremos notar quando deixamos de ser. Nós, filósofas, ao contrário, deixamos de ser sempre, e gostamos de notar este fenômeno. É isso que nos caracteriza enquanto tais: demiurgas da morte. Luzes minúsculas. Com mais vagas, lumes, somente numes que

---
[40] Verdade em grego.

possam anunciar um novo horizonte de ser. Onde não seja a vontade de poder, mas a solidão.

O que torna-se próximo? A amoreira a que chamo Filosofia está no cume. Não a vejo, mas ela me vê. E sei que poderemos voltar a morar nela amanhã. O intangível se torna amável. Agora, neste distante aproximado, cada passo é uma nota musical. A grama traz a sinfonia de notas que falam da existência como reflexo de uma cada vez mais próxima perfeição. Nesta, cada entidade surge à disposição de ser reconhecida como uma verdade-realidade-total dentro de outra verdade-realidade-total: cada palavra é uma verdade-realidade-total.

Águas — marulham? Adiante, nesse impossível distante, barulham! Delícia. Quando provarão que o distante pode vir à mão? Amanhã, quando formos ao riacho e também à Filosofia. Agora, desfrutemos do que não precisa ser pensado. Carícia de mãe — Oxum.

A atenção, quando plena, torna-se delicada. Cada singelo nume, para vir a ser, requisita o acontecimento de miríades de outros numes. E por cada um desses, agora, agradeço. Quando aprendemos a prestar atenção, damos, aos milagres, uma oportunidade de ser.

Já isto que nos faz levitar se chama amor: A palavra que nos expande rumo à possibilidade de nos reunir, e dar sentido à palavra Ser.

C. tece comentários ao meu desprendimento: "como você se livra facilmente da metafísica onde *gadgets*[41] controlam o nosso vir a ser. Impressionante". Digo:

— Mas isso você também deve aprender a fazer. E lembre-se: todos podemos fazê-lo. Se todos fizermos juntos, haverá o maior dos milagres: pois os deuses voltarão a ser. Jamais um instrumento desses poderia controlar um grego. E nisso somos equivalentes. Logo, durmo.

C. aparece em meus sonhos. Há, então, um sonho dentro de outro sonho. No pleno do onírico: a sós, no imediato, estamos em uma choupana aconchegante de madeira. Ao redor: no opaco lírico, a choupana se sustenta. A iluminação é esfumaçada, e torna-se muito claro o caráter intangível de se habitar na poesia. Subimos ao segundo andar. Há folhas outonais, como na Alemanha.

---

[41] Engenhocas.

Estamos na Alemanha? Sim, acho que sim. Gosto e aroma de gelo. Leves, há folhas que voam entre as árvores, e outras que param no vento. Em uma mesa rústica, num livro aberto, as folhas agora brancas também parecem saltar em revoada. Vejam: trata-se de um livro em branco.

— A poesia pode *dali se libertar*.

A voz que ouço, de quem é? Das divindades que conferem existência à poesia. Musas?

Sim, nós que cantamos para os deuses, também refletimos sobre como libertar até os homens que não querem ser libertados. Isto que agora se mostra possível é fruto da providência divina. Para o bem de nossa mãe Gaia, precisamos que *todos* sejam livres. Só aí poderemos nós Musas também, tendo a nossa presença garantida, libertá-la, à verdade, da escrita, como outrora, em Creta. Quando a poesia é oral, ela nasce já livre, isto é, plena de deuses, e capaz, sim, de trazê-los de volta. É nas árvores do lado de dentro que habitaremos — mortais e imortais. No *vira-virou*... Vejam que, no entre as árvores, os raios daquele mortal podem rasgar o Nada... porque ele se tornou vítreo.

Na atmosfera do onírico, não obstante, juntos, eu e C., em um colchão fino, mas confortável; C. traz à sua mão a minha face, e me acaricia nas pálpebras.

Em verdade, nada do descrito aconteceu — fora apenas um sonho dentro de outro sonho, em que o amor, em seus túrgidos florescimentos, pôde dar oportunidade para que fôssemos. Tudo assim, a esmo, no aberto do onírico... Impossível ficar lá para sempre. Como dizer... Estávamos juntos dentro de um sonho que quis ser imortalizado.

Sim, é isso. Quando acordo, quero voltar a dormir, mas não é mais possível. *C. é quem não* deixa? Não: é que é, de fato, impossível voltar. Isso se dá porque, no pleno do onírico, só o impossível tem voz ativa.

De imediato, saímos da casa branca e verde pela porta de madeira, e não da choupana que inexistiu. Quando vejo, estou dentro de uma névoa. A luz dessa névoa é diferente da outra, a onírica. É que, na *de agora*, posso respirar. E respiro profundamente, a fim de sorver o orvalho.

Avisem Descartes: eis a única diferença entre sonho e realidade — quando sonhamos, não respiramos — agora só essa diferença me chama a atenção. Porque foi a esta conclusão alvissareira a que chegamos juntos.

De resto, a realidade onírica é a mesma onde existo. Existimos. Resistimos! Sim, agora, no pleno do aberto... Às vezes, acho que vou morrer.

Pois agora se trata, aqui, de uma introdução à mais alta Filosofia: que se faz, realiza-se, brasileira — uma terra onde a maioria não acorda, mas que é vermelha, fértil e que permite que nos aproximemos de todas as formas possíveis de autossuperação, essa terra cujo nome Brasil é pouco, melhor: de tantos Brasis.

Quando saio da casa verde, ainda passa uma névoa espessa sobre mim. A grama volta a cirandar veloz embaixo. Tenho que me abaixar. Pés descalços — a grama verde torna-se túrgida sob meus pés novamente. O riacho cristalino vem à mão na forma das águas que nos convencem a amá-las sem qualquer esforço. Bebo. Brinca, no término da sede, o gelado. Uma abelha solitária, vulgo zangão, vem dizer:

— Zzzzzzzz hhhhhh zzzzzzz hhhhhh

C. assusta-se. Explico a ele que ela vem em paz, e que "a" Zangão não irá nos fazer qualquer mal. Por causa do zumbido, ele quase tira as minhas orelhas fora, aos sopapos! Apesar da proximidade da experiência, ele demorará a conquistar a minha calma. Assim que digo a ele para se acalmar, pois se trata de um ser alado mais calmo do que ele, ele súbito compreende que todos os seres da *physis*[42] atacam apenas quando perturbados.

A justiça dos grandes feitos da Zangão dá provas no ar, na terra, nos mares e rios. São as flores e os frutos. Agradeçamos à Zangão, em nome de todos os seres!

Deixarmo-nos ser junto à dinâmica do cosmos e de tudo o que daí provém é uma forma de agradecimento: eis a melhor destinação a que pode chegar a humanidade. E eu era uma humanidade que sabia o que pode o corpo de uma mulher. *Hecatombes*[43], essa é a palavra, em forma de obeliscos luz. Aromas diferentes são: em cada pomar de árvores frutíferas uma experiência diferente se abre. Pois nós viramos a Zangão.

---

[42] A palavra não dá conta de dizer o seu real significado. *Physis* em primeira instância quer dizer mãe.
[43] No original, em grego, quer dizer sacrifício de cem bois.

11

"A coisa" em mim: o véu

Cerca de duas semanas depois de retornarmos de Nova Friburgo para o Rio de Janeiro, pelas manhãs, faço pães e brioches, devota de Ártemis. E ele? Quer mais. E nunca se contenta, nem pensa duas vezes. Chegará a dizer que eu deveria me maquiar até para ficar em casa. Além das atividades habituais — lavar, passar, cozinhar, mais do que o trivial, cuidar da casa, pagar as contas, cuidar do filho, de um cachorro hiperativo e dar aulas — *eu* deveria também me maquiar *para ficar em casa*. Lúcida:

— *Professeur*[44], não vai dar, não... Um salário mínimo por mês, e *tudo eu faço* sem reclamar. Mas maquiagem para ficar em casa? Não vai dar, não...

Hera[45] fora a escolhida para ganhar o pomo dourado. Nem Afrodite[46] nem Atena[47] venceram a disputa desta vez[48]. O clima fica pesado:

Avati: — Foi quando começou a derrocada?

Amuni: — Acho que três "coisas" me fizeram querer agredi-lo: C. me pedir em casamento, e não conseguir honrar com a palavra; ele me prometer bolsa de estudos e não cumprir com a promessa, e ele começar a tirar sarro de mim, gozando mesmo, pelo simples prazer de maltratar alguém que ele julgava inferior. Desfazer-se do feminino em mim viraria o seu hobby predileto em menos de um ano. Mas a gota d'água foi a impositiva maquiagem dentro de casa. Pois foi isso que me fez ver todas as outras coisas que ele chegará a ter coragem de fazer como controversas, se não como completamente cruéis.

---

[44] "Professor".
[45] Esposa de Zeus famosa pelo caráter irascível.
[46] Deusa da beleza.
[47] Deusa da sabedoria, já referida.
[48] Menção à famosa passagem da Ilíada em que Paris decide dar o pomo de Éris, deusa da discórdia, à Afrodite, em troca de Helena de Troia.

Pude ver que as suas recomendações — de eu ser assim, ou assado — eram não o reflexo de um cuidado terno, como ele queria que eu pensasse, mas formas de ele me manter afastada dos significantes que me outorgariam autonomia. Fechada a sete chaves, como poderia eu existir?

Avati: — E aí, o que você fez?!

Amuni: — Nada. Eu não fiz nada. Porque seria ofensivo. Imagina: duvidar de um professor internacional? Não me seria autorizado nem mesmo supor que ele agia mal, quanto mais pelo mal.

Nisso estava a chave capaz de explicar a minha completa inépcia para colocar nele limites — E aí, a Avati vestida de Hera fica furiosa, mais parecida com Éris:

— Mas que p**** é esta? De onde foi que saiu este Alcebíades tapadíssimo em pleno século XXI?

Amuni: — *Mãe, você sabe que se ele fosse Homem para você, você seria a sua Mulher.*

Assim, de sol a sol, Amuni obedecia a todas as suas ordens. Chega um dia, Amuni vai dançar. Mas ele a ordena que não dance, para não o atrapalhar. Ela ouve, então, um jazz, baixinho. Mas ele a faz desligar o som.

Amuni: — Meu desejo é, sem dúvida, ser a luz que emana de nosso amor, meu bem; mas a que preço?

Não conseguia ter a ousadia de saber, então. Se minha existência teço a partir de suas ordens, quando deixo claro que o meu desejo é tão somente estudar, e que preciso de sua ajuda para isso, ele, primeiro, faz-se de sonso, depois diz como seria lindo, e tão bom para todos, que eu parasse de reclamar. E insistirá, até o limite do absurdo, todos os dias, que eu devo lhe agradecer por tudo, porque sem suas ordens, como eu iria fazer para simplesmente ser? Eu não sabia distinguir nisto, dele me dar ordens, uma forma de violência psicológica.

Pois eu não o obedeço?! Claro, a estúpida!

Não sei de onde surgia em mim aquela tamanha disposição a me doar sem pedir nada em troca. Exigir qualquer coisa dele seria blasfemo... Agora sei: que se nem um pingo de agradecimento de sua parte eu poderia ouvir, nos cinco anos em que eu me dei para ele, isto aconteceu foi por razões coloniais. Sim: eu fora escravizada[49]. Dói saber disto quando não se pode fazer nada. Se escrever estava nos meus planos na época, aprender a fugir não estava.

Impor-se por meio dívidas, esta era uma estratégia de seu inconsciente. Que essa era a sua "coisa", a sua *Das Ding*[50], em alemão, isso que lhe causava desejo, ou simplesmente, "a forma dele se garantir, lá embaixo".

Eu comigo mesma defronte ao espelho ainda deliro a mais perfeita divindade, e isto me fortalece. Ela se insinua, de longe, nas curvas, e nos aromas, e com voz impositiva:

— Não são encantadores: estes a quem chamo Homem e Mulher? Ao paraíso. Vamos! Porque precioso é o homem capaz de amar, e de fazer-se amar, e preciosa a mulher! Cuide dele, minha pequena, e de tudo mais...

Se eu não a ouvisse, tudo bem, mas eu a ouço! Não seria um sacrilégio desobedecer? Noutro dia:

— Você será bem recompensada.

É só isto o que eu escuto da divindade antes de me submeter a Ela, batendo a testa, e dizendo as palavras "Oxalá, madrinha".

De fato, não tenho como saber se é a Deusa, ou C. quem profetiza esses dizeres. Certa manhã, pergunto-me até: "veja isto, se não é o *sentido da Terra* ele mesmo que se insurge a partir do orvalho, e me diz:

— Eu os faço Homem e Mulher.

Obedeço. Mas não cavalgamos mais na máquina de lavar. Prudente, passo a duvidar de que tamanha devoção pudesse ser boa para mim. C. percebe a minha dúvida, e irá se armar da seguinte estratégia para tentar voltar a me ter.

Numa tarde, ele menciona o advento de *Mademoiselle H.* — o que significa, de imediato: que nós iríamos nos casar de papel passado.

---

[49] Em *Agamemnon*, de Ésquilo, vemos uma sacerdotisa ser escravizada também.
[50] Trago a lembrança de C. que "a noção" de "coisa" é debitária de dois autores. A "coisa" enquanto conceito foi trazida por Freud, em *Projeto para uma psicologia científica*. Primeiramente, quer dizer 'experiência erótica' de nosso "aparelho psíquico" quando sob o jugo da falta de um seio materno. Muito diferente de Heidegger, para quem "a coisa" é a reunião de céu, terra, mortais e imortais. O conceito da Psicanálise e de Heidegger transvertemos e a consideramos enquanto fruto das diferenças de modos de olhar. Amo a *Das Ding*, quer dizer, o olhar masculino... por isto virei filósofa: A minha *Das Ding* é o olhar masculino. Fico doida.

Amuni: — Será possível, eu, finalmente casada? Quer dizer, *nós dois juntos* e casados? Só nós finalmente? Eita, que beleza! Com o consentimento divino nós casaríamos sim, e por que não?

E eu já estava me vendo de véu e grinalda... E as luzes que voltavam a irradiar de meu ser; para as quais não haveria palavras suficientes...

— Madame H.! —

Avati imaginada por Amuni descia do avião já. De óculos, e chapéu.

Amuni: — E alguém para trazer as suas sandálias, mãe!

Egípcia[51]! E aí, só de pensar, me vinha uma tal irradiância... Da coisa... Entende? Mais do gesto do que de algo profundo, como do coração mesmo... Ali estava "a coisa" que me causa desejo — *Das Ding*, em alemão! Imperadora.

Eu mesma, supondo-me descendo do avião, querendo mistificar "a coisa", a fim de que a experiência ficasse mais palpável, tiro os óculos, e coloco Heidegger na jogada. Digo para mim mesma que agora "a coisa" iria enfim ser outra, qual seja: entre mortais e imortais, o renascimento do amor pela virtude (no grego *arethe*) em forma de quem assumi os sacramentos.

Uma vez que o casamento da "quadratura dos quatro" — céu, terra, mortais e imortais — já se passava há tanto tempo conosco, vi que a lua de mel na qual eu viria a ser sereia permitiria o nascimento de um coração assim, passível de se derreter e também como na cama chegamos ao ápice:

— O que você quer de mim, homem de Deus? Fale, que eu faço.

— Não sei... Deixe-me pensar.

E quem responde?

É o seu Superego.

Avati: — *Ai, de você...*

Pois é... Aí, tive tempo de realizar: que "a coisa" que *a ele* maravilhava não era a coisa que *me* maravilhava. A mim era a "quadratura dos quatro" — possibilidade de me deixar tomar pelo pensar (no grego, *nous*). Por isto, aquela coisa toda, feito dois animais, não me seduz tanto quanto pode ser que seduza os leitores. Apenas o lume de um pensar

---

[51] No Antigo Egito havia uma pessoa só para carregar as sandálias do Imperador.

corajoso capaz de se atirar à totalidade mantendo próximo o distante me tira do sério. Com isto eu piro! Porque dispara o processo erótico.

Sei bem que não tinha *como* eu esconder esta "coisa" que livremente se desbundava em mim, na real: que a ideia do matrimônio soasse coerente. Mas eu me esforçava. Já que a verdade não é a gente quem controla. E se ela súbito quase pula em meu coração é porque ela é de origem erótica:

Amuni: — Um casamento?!

Avati: — A fim de reunir tudo e todos de uma só vez e em definitivo!

Amuni: — Por que não?!

C. não fala comigo, mas eu posso ouvi-lo:

— Ué, por que não? *Qual o custo?*

Avati: — Um casamento no qual mortais e imortais, terra e céu voltem a comungar? Tudo partindo desta emergência de comunhão entre Gaia e Uranus, imagina! Tudo gratuito... *Ci, ci,* boto rosa. Êh, meu dois de fevereiro. Como resistir?! A luz do luar fica sempre mais clara sob a luz de seus olhos!

*

Amuni: — Mas e os raios voltariam a ser?

Avati: — Por um dia apenas, ou dois. A concretude cotidiana, minha filha...

Amuni: — E as grinaldas?

Avati: — Ah, essas nem por um segundo. Não fui eu que fiz dele um porco. Ele já era em essência um porco. Eu apenas tornei evidente aquilo que já estava presente em seu espírito...

Primeiro, ele veio tentar me convencer a virar comunista. Vejam vocês. Diz-me que filósofa que é filósofa tem que ser comunista.

Amuni: — Como assim?

Não eram insinceras as suas intenções, e cândidos os modos... Mas para ele vir a ser um homem, de verdade, ainda seriam necessárias muitas celestes rotações... Isto sim. E se ele me pedira para eu virar comunista, dizendo que, aí sim, ele seria *meu*, e eu, enquanto rio, mais costuro do que rezo, isso só chegou a acontecer porque eu era estúpida. Mas muito estúpida. Tampouco eu sabia da guerra que separa homens e mulheres desde *priscas eras*... E da impossibilidade de ele me amar, e de amar a qualquer mulher. Isso estava fora de cogitação: fora inscrito de modo bárbaro nele, antes mesmo de ele nascer, e no mais profundo de seu coração europeu... Foi aí que me dei conta: de que tudo fora apenas uma ilusão. Quem iria cuidar de meu coração ferido, não havia ninguém lá. Eu não sabia que existia o movimento feminista.

*

Sabe quando é que eu fui perceber que o "todo divino maravilhoso fruto do mais puro ventre, Jesus, de nós dois juntos" *sequer existia para ele*? Apenas seis anos depois de ele me devassar por completo. Pois ele impunha que eu não desse ouvidos para ressentimentos, e que mantivesse meus olhos abertos apenas para o divino, "todo maravilhoso, que se realizava em nós".

Fui burra. O porquê de eu não conseguir excomungar a ideia de virar *Madame H.* nesse tempo, vocês já sabem; mas aqui, eu o reitero: a minha estupidez, e a minha real impossibilidade de me saber *enquanto* estúpida aluna negra de um país já tão pobre, e ainda separado por castas. Por que e em que momento pude eu chegar a acreditar na possibilidade de nos casarmos? Que súbito as desigualdades sociais severas pelas quais eu passava viriam a ser superadas, como mágica, a fim de tornar aquele casamento viável... Óbvio que não.

Dignificada sim, mas a uma espécie de Quasímodo, o corcunda de Notre Dame; e os sonhos de casamento?! Nós duas, Avati e Amuni, aprisionadas na torre como um Kaspar Hauser, os sonhos? Soterrados.

É, ele impunha. Vejamos agora a questão sob um prisma diferente: o matemático. Calculem comigo: eu — atijolada na parede. Ele — desprendido, solto, com as asinhas de fora, os *balangandans* todos em exposição. Ele apossado de meu espírito e, logo, 20 anos mais novo, e súbito dotado dos mais de 20 anos de estudos filosóficos aos quais eu me dedicara. Ele, já reconhecido franco-atirador no cortejo de mulheres, as mais lindas do mundo, em especial as aspirantes a bolsas de estudo. E eu, naquela camisa de força chamada subdesenvolvimento condenada ao ostracismo de uma Penélope cujo rei, feiticeiras e latófagos (os que se alimentam de alucinógenos no caminho da *Odisseia*, e que terminam presos em uma ilha) terminariam por fazer usos luxuriosos.

Avati: — É... complicado. Mas, pelo jeito, ele estava cagado, e não apenas cego. Todo cagado o bebezão. Minha querida, não faça caso, ele sempre fora um frouxo, e quem foi cafajeste um dia, sempre será.

Amuni: — Eu sei mãinha... O mundo está mais infestado de cafajestes do que o Egito de gafanhotos sob as ameaças de Moisés.

Avati: — Pois é: nós é que não poderíamos ficar limpando as fraldas dele!

Mas a perspectiva, que depois eu viria a chamar de "bárbaro-civilizacional", e que andava acoplada a ele, transformava-se rapidamente em lentes esquecidas em sua face, por isso da cegueira, e da caganeira. Eu, a incivilizada, e ele, um ser meticuloso que demorará muito a perceber o quanto nadava na merda que é o neo-colonialismo... Tudo questões de metafísica. E de álgebra: ele passa a desvalorizar a experiência que nos atravessava. Passa a tomar a experiência do divino em nós como algo corriqueiro, ou pior, apenas um dos subprodutos de suas virtudes fálicas.

Avati: — Causar-lhe-á, "a coisa", demasiado estranhamento, a ponto de cegá-lo, como os deuses fizeram com Tirésias e com Homero[52]...

Amuni: — Sim, acreditara tanto que o fenômeno era, não uterino, mas fálico, que C. começava a virar um estranho molusco, no cotidiano.

Durante o Carnaval, o meu inferno é quintuplicado: já estão meu filho, minha mãe e C. me dando ordens. Aí, chegam, no plano transcendental, as filhas dele, e, atravessando tudo, fulgurante, o meu sobrinho de um ano e meio, filho de meu irmão doido. No domingo, eu já havia mandando tudo às favas. No quarto de serviço, escondida, estudo Hegel.

---

[52] Tirésias, feiticeiro famoso por ter sido mulher e, quando perguntado como teria sido ser mulher, tornado cego pelos deuses. Homero teria ficado cego por maldizer Helena de Troia.

PARTE IV

Dioniso, o duas vezes nascido

12

Vaidade

Descubro *nesse tempo* que *um homem* pode se apoiar sobre os ombros de uma mulher, por muito tempo, com base nesses ombros, escalar uma alta montanha, e depois jogá-la lá de cima — como a um saco de arroz, do qual se livra para se tornar, a um só tempo, rico, e célebre.

O homem de classe média alta, branco, quando cogita a hipótese de perder algo, logo busca se assegurar de que nada de mal poderá lhe acontecer. E tem ligeireza nisto: afirmar-se perante quem quer que seja para provar novamente a própria masculinidade. Para que nada interfira em seus planos de supremacia ou chegue a tornar evidente a sua falta de ética efetua com violência a manutenção do Outro em perpétua subalternidade. Para isto não medirá esforços, tampouco as consequências de seus atos.

A sua falta de ética me transformará no público para aonde o meu corpo, até então firme, será jogado. Na hora, pela dor que sai de meu coração, desconfio de que da senzala, meus bisavós talvez tivessem feito mal em sair. Ao menos lá, eu estaria livre. Livre de bárbaros como ele. Apenas entre selvagens incivilizados como eu. Dentre iguais, enfim.

Se minha infinita paciência rui no instante em que descubro que C. continua casado, depois de seis anos *sendo* sobre mim, não sei se fiquei louca, ou se morri. Sei que meu coração parou. Morrer deve ser mais fácil do que aquilo. Descoberta a verdade, e, sendo eu filósofa, o que me restaria a fazer, a não ser, pensar? Muito trabalho a fazer eu tinha... De imediato, apenas tento ficar de pé. Quando vejo que não vou conseguir, xingo "seu merda", e caio desmaiada.

*

Ao acordar: chorar eu não podia. Tampouco sucumbir. Eu tinha de ser forte. Reerguer-me por conta própria. Seria preciso recomeçar a rezar a novena. Peço ao meu anjo protetor que não me abandone.

Avati: — Não se desespere com a solidão. Logo haverá alguém para aprender com você, minha pequena. Vamos, levante-se, e anda.

Amuni: — Não. Melhor não. Para cair de novo?

Avati: — Para cair, sim, mas para levantar também. Olhe nos meus olhos. Olhe nos olhos da morte. A alma é eterna. Nós somos eternas, agora, desanuvie-se de todo mal. Pense! Há muito o que fazer. Assuma isso: que nossa incivilidade é apenas reflexo do egoísmo dele. Recuse esta Civilização que ele propaga, e que te faz tanto mal a todas e a todos. Não se deixe vencer. Ao menos, não sem contar a verdade para todas. A fim de não deixar ninguém pensar que o problema são os povos que sofreram a colonização, escute. As divindades vão voltar a falar em você.

E era já a deusa a falar comigo: querem ver a gente sem história. Não permita. As culpas pelos milênios de servidão e ladroagem impostos à nossa gente ele terá de assumir. Agora vá! Levante-se, minha pequena, porque a morte é a nossa maior companheira. Sempre foi assim, e sempre será. Ela *é*, porque *nós somos*. Não os deixe respirar sem que antes não tenham pedido perdão. Perdão às nações quilombolas e indígenas.

Não sei se a Deusa, ou se a égua da minha infância era quem me convocava. Sei que ouço o trotar, e permaneço no chão. Eram muitas, quando apareceram.

*

13

Superando o trauma do abandono: Éguas[53]

O barulho do trotar é... de muitas éguas. São transparentes, e surgem, enormes como um tufão, no além do trovão, no mais pleno da atmosfera. — Somos capazes de livrar a terra de todo mal.

Comigo elas falam?

Amuni: — Já estou entendendo. Vieram nos buscar?!

Éguas: — Sim, Amuni. Nós, deusas, quando no pleno de nossa inteireza, somos translúcidas e invisíveis à maioria. Você quer vir conosco?

Em uma Grécia mais arcaica, também deuses puderam vir buscar as grandes heroínas.

Amuni: — Chegou minha hora, mãe.

Avati: — Claro que não menina. Fica quieta.

Amuni para as Éguas: — Foi na Terra assinado um decreto que prevê a morte de todas as quadrúpedes que dão liberdade ao homem. Muito coice já foi tomado por aqui.

Avati: Vejam esse decreto, vocês com base nele podem supor os quantos coices eu já tomei, e aí, decidi lutar — lata velha na cabeça, ir e vir é sina, é sina de sinha, sinhazinha. Porque se tiver cavalo bom, agora vai ser marinho... Apenas quem tem os olhos límpidos de uma criança, ou o coração selvagem de um felino, conseguirá ver-nos. Daí ordenei: — Vai Amuni. Suba aos céus com as demais. Eu vou depois.

Sobrescrito no decreto assim: que todos os povos que sofreram tiranias possam ir-se, cuidar de si, para voltar depois e, mais fortes, no

---

[53] "Éguas", primeiro, chama Parmênides. Assim nomeadas — "Éguas" — porque a imagem não dá conta de dizê-las.

oportuno de um respeito mútuo livrarem a terra de todo mal. A fim de que a Deusa possa voltar a se manifestar, ficarão todos em suas casas.

A Égua que me levou a sobrescrever essas palavras no decreto era gigantesca, colossal. Quando se dispôs para que eu pudesse senti-la — fez-me saber também que sua presença era possível apenas e tão somente porque Ela fizera o bem em várias reencarnações. Por isso aquela Deusa pôde escolher *onde* baixar. Quem sabe, todos poderemos um dia escolher, onde reencarnar, ou onde baixar... Que haja lugares auspiciosos para isto! Assim é o ser da verdadeira filósofa: na e por meio da criação de lugares auspiciosos para poder renascer em paz. Amuni subiu na garupa daquela sabedoria pura em formato de ser fenomenal, e se foi. Montada no pelo daquela que me abriu os caminhos.

Quando a vi, essa Égua maior, ative-me rápido à ela, para não perder o fenômeno de vista: aí, a vi atravessando a atmosfera. Ia junto a outras duas, menores, que iam reencarnar na Floresta da Tijuca, eu acho. Não sei se conseguiram. Tinham todas as três uma força descomunal. Vi-as, soube raciocinando, depois, no momento exato em que reencarnavam.

Era símile a uma porta-estandarte, a que me atravessou. Depois que estas éguas atravessaram a atmosfera, vi, ao fundo, nove sereias. Elas cantavam uma harmonia doce. E não eram marinhas, aquelas sereias, mas entidades aéreas. Portavam asas, e pés de galinha para a energia do divino melhor guardar. Dentre aquelas entidades evoluídas, ganham esta possibilidade: de escolher onde reencarnar — apenas as que estão a morar na sabedoria plena que apenas a onisciência é capaz de consubstanciar.

*

Mas C. não resgatou os seus ancestrais, tampouco entendeu o aparecimento da Deusa. Desejou que se desse, o acontecimento, mais vezes para que ele pudesse entender. O que significava para ele apreender a substância da coisa com acuro. Depois, foi mais é a subalternidade, o que ele voltou a querer ver. C. na TV, e depois, eu. No espelho, despedaço de gente, mas não morta. Aquele espelho não me traria a morte: que é poder desrealizar o Mal. Todo o Mal. O espelho apenas ampliava o Mal, pois lá, o perdão jamais poderia ser dado. C. me deixa no chão, pela primeira vez. Por isso, a criança que ainda habitava dentro de mim teve de ser sacrificada. À vertigem que dura um instante, sucede-se o trauma que jamais me deixará. Como foi mesmo que aprendi a me levantar?

De imediato, pego uma almofada, e soco: soco com violência. Imagino ver C. na almofada. Soco e dou pontapés. As mãos ensanguentadas, mas não paro. Agonizo, por ver nascer em mim aquele ódio de morrer e ver o horror, ódio maior que há no mundo. Procuro pisar firme no chão. Pego uma tesoura. Ele quer conversê. Igual minha mãe. — Amuni está morta, grito. Corto os cabelos. Bem curtos. Já sem cabelo, tiro o esmalte. E as unhas, deixo-as bem curtas. O tremor toma conta de mim. O arcaico feminino poderá resistir àquela tortura?

Decidida: — Frágil, inocente, eu *não vou mais ser*. Nunca mais. — No espelho, um sujeito, ainda que ignóbil, viril. Ainda que incapaz de amar, assustado. Disfarço para nem o espantalho me ver. Lágrimas, nenhuma mais, não. C. me olha? Não sei. Não quero ver. Pede clemência? Não quero saber.

Cabra safado, miserável, há de pagar caro o filho de uma figa. E isso foi há quatro anos já.

*

Era como se ele pudesse usufruir de mim por eu ser negra, e ele romano. C. não consegue entender, e talvez não consiga jamais: o fato de ter me escravizado, impedido a minha carreira acadêmica, usufruído da minha juventude o quanto pôde. Não consegue entender o peso de seu racismo na criação e recriação desta instituição a que chamamos colonialismo. Assim, todos os dias serão dias de luta. E luta de filósofo é *capinagem* — fui escrever este livro na esperança de renascer Amuni mais forte. Um livro que pudesse livrar-nos de todos os tormentos. No cotidiano, os colegas do trabalho, minha mãe e meu filho notam a diferença: que eu me escondo nas vestes de um homem. Na prática, era como se todos os dias eu planejasse um assassinato. Em silêncio ajudam-me meus amigos e parentes a superar o trauma. Não preciso dizer o que se passa em meu coração. Eu fora enganada, surrupiada no mais íntimo de mim mesma. A minha carreira acadêmica nunca mais seria possível. Nós negras sofremos caladas, por isso das altas taxas de suicídio. Deus meu.

*

Desde um planeta chamado "Aterrados pela Civilização da Maior Barbárie", fui estudar o *porquê* de nós termos de ser, em pleno século XXI, instruídos pelos povos europeus a respeito de como agir.

Se os pajés e as magias desde as florestas sobrevivem em minha alma, por que ir e voltar da Europa para poder dar aula nas Universidades Brasileiras? Eu deveria agir nos conformes deste legado sempre, mas como ingressar na política, *como* organizar a pólis *como* a uma oca? Faremos irmãos, filhos, sobrinhos, com base na telepatia uma grande revolução. O plano transcendente poderá nos salvar.

Reviravoltas marítimas: a fim de promover a Luz, será suficiente rechaçarmos esta civilização que rapta sagrados femininos[54]? Europa cujos crimes, os mais pérfidos, hediondos, raramente ou nunca são admitidos como parte de um mesmo legado civilizacional. Onde e para quem saber virar onça é ruim! Pare, continente colonizador. No mais: cachimbo e fumo de rolo.

Como superar o mal-estar de uma civilização que não abre mão da crença de se crer superior?! Catimba neles. Este modo de organização que termina incapaz de testemunhar o nascimento do divino não deverá mais ser o padrão de nossas ações. Nunca mais. Não queremos essa m*** racionalista. Também não queremos dizer que devemos abandonar o que fora conquistado, por exemplo, o rabo entre as pernas, deles. É preciso ainda nos utilizarmos desse modo de ser. Cônscios que esse modo de ser inviabiliza o desvelamento, e a valorização de outros modos de ser na Terra, os ensinamentos deverão existir na base do respeito ao Outro.

Se isto de que mais precisamos — a fala sagrada — os europeus não têm para dar, é porque disso, eles mesmos estão carentes. Se o niilismo graça, é por conta do desejo. Preferem o nada a valorizar-nos, pombas gira. Precisamos ficar sábias. É preciso aprender a ouvir o silêncio. Respeitar e dar escuta. Avante, sacerdotes de todas as religiões!

Porque a vaca já foi suficientemente para o brejo. Por 500 anos exploraram terra, e exploraram a gente. Por 500 anos! A solução tem que ser esta: investimento maciço em tecnologias de escuta dos animais. Todos colaborando em projetos de despoluição. Eis o corolário de meu ensino.

Avati: — O respeito mútuo e a autoestima, necessários para a superação da cruel barbárie em que também soçobra a civilização europeia,

---

[54] Referência ao rapto de Europa.

não se sustentam frente à ganância propagada e referendada por essa civilização. Desde priscas eras, o homem branco prefere a mediocridade. Este homem que faz da criação de abismos o seu principal instrumento de poder deverá ser defenestrado.

Eis o porquê de termos de permanecer na lama enquanto o homem vai e volta de Marte.

As expectativas de C. são: 1) garantir o direito de subjugar as comunidades não europeias; 2) assentar-se nos poderes já ganhos, a fim de melhor fazê-lo; e 3) quando a minha sabedoria feminina não for mais possível, voltar para a mulher e procurar outra amante.

Oh, miserável! Pagarás, ah, pagarás. Pelos deuses! Pela exploração de nações inteiras, esta exploração que persiste na minha carne. Mas precisa é a luta. Na sabedoria de nossos ancestrais, e só nessa reside a potência de ouvir os deuses; em contraposto ao tédio profundo em que soçobra a chamada Civilização. Eu vim de lá pequenininha, alguém me avisou para eu pisar nesse chão devagarinho, mas a estrutura patriarcal promoveu o meu tombo. Tombamos. Mas aprendemos a pisar mais devagar, a fim de assistir a mim mesma servindo ao fortalecimento epistemológico de homens brancos?? E à criação e recriação de almofadas muito confortáveis?

Se por um lado, a manutenção da estrutura de poder em que vivemos se dá junto a almofadas onde apenas alguns sentam, por outro lado, o ato de sentar talvez seja capaz de promover nossa saída do lugar de propagação desses colonialismos aviltantes. Pois eu digo que essa perspectiva tem origem na Grécia Antiga, sim. Na criação da epistemologia, o exercício de transmissão do machismo, e o temor bifurca, e passamos a pregar o Mal inconscientemente. O pior mesmo foi o colonialismo, que levou à morte de líderes espirituais. Pois aprendi: que o "basta" gera atitudes violentas também por parte daqueles que visam garantir o costume (ethos) de abusar do poder herdado por via do colonialismo.

Conclusão: Será preciso o uso de violência.

*

C. silencia. Eu grito:

— Fala, seu merda! O que você tem a dizer sobre o ato de me manter, uma filósofa, como sua concubina, concubina! Por seis anos... Seu molusco. — Um zumbido ensurdecedor se instala em minha cabeça.

Comer qualquer coisa se tornará impossível por vários dias. É no estranho onde fico instalada: a perda de apetite se dará porque passo a encontrar na comida lagartas, moscas, formigas, mariposas.

Aí se torna uma obrigação xingá-lo, mais de um quilômetro de xingamentos depois, percebi: que se xingar de "merda" e de "filho da p***" fosse mudar alguma coisa... Se ao menos depois do "filho da p***" eu pudesse fechar a porta na cara dele, e sumir da sua frente ... Aí sim, seria útil. Se for verdade que todos os mamíferos trabalham com a hipótese de que quando eles fecham os olhos, o mundo deixa de existir, o homem é o único a quem esta possibilidade faz trabalhar.

C. toma todas as medidas possíveis, e inimagináveis, para eu deixar de existir. Toma todas as medidas para que minha fala nunca chegasse aos ouvidos de ninguém. Isso é o que o fará trabalhar. Sua insistência em me manter subjugada, a esta "formação de compromisso" que se chama em psicanálise, e, desde bem antigamente, escravidão, perdurará por muito tempo ainda. Por quatro anos, pelo menos, o regresso aos mais bárbaros estágios da civilização avançará incólume.

Chega hora em que duvido até de que conseguiria existir. Armada? Apenas de pensamento. Por que aquele Outro não está nem aí para a terra afinal? Seria preciso algo mais radical é a conclusão a que chego ainda naqueles idos de 2016, dois meses depois de C. aparecer na TV, brindando com a sua mulher o fato de terem saído da pobreza onde estavam antes de C. me conhecer. O neocolonialismo propagado por C. havia os deixado ricos, e eles, hipócritas, comentavam o trabalho de um artista brasileiro que morreu na pobreza: Arthur Bispo do Rosário.

Enlevada pela ira, sofrendo horrores, tiro de não sei onde as forças para travar a luta mais acirrada que já tive de enfrentar: a luta por minha própria existência.

*

Assim que me dou conta da escravidão em que era forçada a permanecer, passo a correr no calçadão, em todos os lugares, e a realizar práticas de meditação e de artes marciais. Passo a estudar textos sagrados com afinco. Tibetanos, bíblicos, de mitologia africana e Platão. Muito Platão. Às vezes, acho que ainda consigo me deixar enlevar pela sabedoria dos gregos, mas não é mais como antigamente. A sacerdotisa que há em mim se esconde, horrorizada. Não demorei muito a chegar na *República*, onde descobri escrito o seguinte: uma vez reunida a psiquê de duas almas, escolhido o *daimon*, como acontecera comigo e com C., estaria fora de cogitação separá-las, pois o *nó* feito por mãos divinas não pode ser desfeito por mãos de mortais. A Deusa lá recomendava que as almas reunidas não brigassem.

Aí, eu respirei fundo, e perguntei: "mas, quem me dará paciência para suportar este escroto que só sabe existir por ocasião das aparências?". Após a revelação de que eu não poderia mais deixar de ser uma alma congênere à daquele merda, juro, não me bateu um desespero. O desespero veio só depois.

Em estando a Deusa no comando, ela logo seria capaz de prover uma solução. C. toma a presença da Deusa como mais um delírio, uma estultícia minha. Eu já decidida: seria preciso voltarem a atuar *Avati* e *Amuni* juntas. Eis a solução antevista: chamar a atenção para os crimes cometidos por C. em Amuni. Assim, crente no poder transformador da verdade, passaria a andar ao lado do Senhor ele também. Creio. Palavra da Salvação.

Assim, reunir-me-ia ao movimento *#Metoo*, e quem sabe capitanearia o movimento na América-latina *#Eutambém*, ou *#Yotambiem!* E aí? Ele ficaria ferrado. A primeira edição on-line de *Avati Amuni*, é um fracasso, contudo, ninguém acredita. Ninguém quer saber de minha história. Um espírito ruim, mentiroso, que seduz alunas de pós-graduação mundo afora para depois, enfim, escravizá-las...

Meus parentes passam a rezar por mim. Isto até passarem a julgar que a endemoniada era eu... *Ai, de mim...* Aí, C. deu muitas gargalhadas. Atestaria até quando, ele o homem branco colonizador saindo vitorioso?

Durante o primeiro semestre de 2016, e a partir da reação de meus parentes, aprendo tanto por acurada e detida dedicação aos estudos, quanto por experiência, que, sem uma disposição prévia ao pensar, o pensamento é inviabilizado. C. é uma toupeira. E sua burrice parece piorar quando evidenciada.

Verei C. começar a achar mais vantajoso que eu deixasse de existir mesmo, e quanto mais me movimento naquela areia movediça, mais me afundo. Aí, em sendo mais fácil e tão acessível para todos fingir que eu não existia, como eu faria? Miragem. Imaginem. Que os céus me ouçam se eu estiver errada: da crueldade das tentativas de aniquilamento pelas quais passei. Para voltar a existir na verdade não descansarei. C. era humano, eu não. O fato de ele fechar todas as portas para mim só reiterava a minha condição de negra em um país colonizado. Fazer filosofia ficara sendo assim fora da lei, para mim. Hoje, só quando ouço a voz que fala sobre os sacrifícios de crianças humanas em documentários norte-americanos que eu consigo sentir algo parecido ao que passei a sentir. Protegido pelo meu anonimato, vejo-o crescer. Suponham uma pedreira gigantesca, as falésias de Utah, e você com um martelinho, tendo que transformar tudo aquilo em reflexão filosófica, mas ao mesmo tempo, sendo-lhe impedido o acesso ao martelinho. Aí está. Esta era a minha situação: pensar eu não podia, porque C. não deixava.

Quem poderá antever o que ainda me acontecia? Sentia ele que tanto o meu coração quanto o meu espírito estavam dispostos apenas para o usufruto dele, e aí, águas paradas. Não havia nada além do movimento *#Metoo*, cujo valor era, aliás, negado por C., que me facultasse acesso ao saber sobre a minha condição àquela altura.

Assim, se progressivamente fomos perdendo a consciência, é possível afirmar que este livro é um ato da mais pura e venturosa divina graça — um atestado mais do que um testemunho, de que o pensamento filosófico, apesar de se pautar pela repetição do possível e do já realizado, ainda é capaz de, num instante a que chamamos de "Epifania dos Encantados" causar de novo o milagre grego, ou seja, o pensamento capaz de a tudo superar. Tudo é muito arriscado, e não é. Sigam-me.

No mais espontâneo, a expressão filho da p*** se torna bastante corriqueira, e nem a expressão "livrai-me Senhor" conseguirá dar conta da monstruosidade daquele que se dizia, ainda em palestras pelo mundo afora, um misto de *show-man* e palestrante da ciências políticas. Quando cheguei a ver o afeto que me corroia diariamente, aquele desespero, já contumaz, percebi que estava a me boicotar, foi quando abri a Bíblia.

Aprender a ter mais fé e a perdoar era preciso. Mas como realizar este grande milagre sem voltar a ser inferiorizada por ele? Cada dia que consigo pensar, nem que seja um pouco, vejo-me tornar outra espécie de fêmea, diferente, do tipo onça. Isso era um milagre.

O verão de 2016, antes de terminar, me faz concluir que há nestes seres com os quais C. se identifica, uma necessidade *real* de manter o outro — o estrangeiro, o exótico — em perpétua subalternidade. É nisso, repito, que C. irá despender a maior parte de suas energias, por uma década. Perguntam-me, os meus botões, a cada dia menos floridos:

— O que ele ganha em te manter em perpétua subalternidade?

E Avati mesma responde aos botões:

— Tempo, meus pequenos, tempo. É o próprio tempo o que ele imagina ganhar nos ludibriando.

E o tecido puído não contente com a resposta:

— E ganhará?

Só ganharia se a injustiça fosse imortal, mas toda injustiça morre, e com ela os demônios. Só a Palavra é testemunha do milagre da salvação eterna. Amém.

A crueldade personificada por C. começa a fazer coro com uma depressão:

Os botõezinhos: — Sua velha, vai ficar aí resmungando, e ele lá, cada dia mais jovem?! Remoçado. Revigorando-se...

Mas o tecido puído tem piedade e vem em meu auxílio:

— Nós que sabemos a verdade, nós podemos te ajudar. Digo apenas isso.

Depois desse diálogo voltei a me dar conta de que o habitat natural de C. *era* a minha desimportância. Desimportância que aumentava na mesma velocidade com que uma fruta bem madura ao sol de meio-dia apodrece. Quando o seu costume de me desprezar se faz cotidiano, ele chega a duvidar de ter sido diferente um dia.

Minhas críticas àquilo que ele toma como seu direito de se apropriar de meu corpo e espírito serão rechaçadas por três anos consecutivos. Ô martírio. Os instrumentos que invento para me defender e protestar, tudo junto, ele mistura, joga fora, e começa a se drogar. A valer. Até organiza um congresso em que defende o uso de drogas e eu vestida de monge.

Que inferno... Como peixe fora d'água, tento pensar naquele retrocesso, ainda formas de demovê-lo da certeza de que o uso de drogas iria me permitir sair da depressão. Ao mesmo tempo, ele me culpa, e volta a me prometer rios e fundos. E no diário? Cruel, hostil. Vejo-o apropriando-se dos conceitos filosóficos e psicanalíticos que eu trabalhara no doutorado, e que, para ele, inexistiam até então. Sim, senhores: apropriação intelectual. Denuncio. Ele dá de ombros. Para ele, os conceitos teriam virado "coisa em si" cuja existência permitiam-no realizar malabarismos filosóficos muito rentáveis na Europa.

De início, até tomo a apropriação intelectual que ele realiza como um elogio. A palavra "apropriação" não existia em meu vocabulário de então. Quando vejo, sete anos se passaram. Ele, cada vez mais remoçado, a viajar pelo mundo, a cortejar mulheres, e eu sem nenhuma chance de continuar minhas pesquisas ou mesmo trabalhar com um salário digno... O pão que o diabo amassou comi. Por me deixar ser abusada por ele ainda iria pagar muito caro.

Há quem pense que a mulher, quando é abusada, o é porque quer. No âmago de meu coração, começa a nascer a seguinte certeza: de que só para os que estão preparados os deuses aparecem. E que apenas para os que se compadecem do sofrimento dos outros, há libertação. A víbora que existe no coração de cada homem branco, se transformada em compaixão, haverá de libertar todas as nações em vias de extinção, para que voltem a poder ser. Para tanto, eu tinha que descobrir: "qual seria o calcanhar de Aquiles daquele homem?".

À medida que estudo para concursos, na hora das provas, C. usa drogas, fico atordoada, aí o fracasso é inevitável. Não consigo raciocinar, e novamente fracasso.

— Por que não me deixa fazer as provas? — Faz eco a minha voz nos seus ouvidos. — Ô, tortura sem fim! Mais uma reprovação...

Tem uma noite, ainda em março de 2016, que o humano em mim deixa de me habitar, e surge um abismo, para onde me atiro. Na chuva, eu e o abismo não dançamos, mas buscamos nos afundar nos seres catatônicos que surgem. Em ruas escuras, invisíveis nos tornamos. "Abandono" é palavra pouca para dizer o que passamos. Como dizer: o suicídio surge como ideia fixa. Quando saio de casa, ando pelas ruas de Copacabana sem rumo. Às cegas, sem querer voltar, vejo que a chuva que cai é grossa. Encharcada, na escuridão, sou parte do mundo — subterrânea, espero que a agilidade dos corredores sem fim de Copacabana possam me livrar de mim mesma madrugada adentro.

C. é uma presença sorrateira, ameaçadora. E eu preciso escapar de suas garras. Por um instante, é certa a minha morte. Os carros passam rentes; minhas lágrimas amornam a chuva fria. Eu era um réptil que precisava perder a cauda. Ser apenas o que desaparece entre os carros, posso? No momento em que a palavra "respeito" deixar de existir mais uma vez. Vejo-me supor que a chuva talvez tenha me tornado invisível. O coração me lança em um passe firme rumo ao desaparecimento. Vejo um carro passar bem rente, mais do que os outros, e buzinar bem alto, e já são dois, três, quatro carros buzinando. *Uhêom, Uhêom*. Comovem-me. Tenho medo. Um motorista grita: "Sai da rua, sua maluca!"... expulsando-me da rua.

C. tenta ajudar-me, mas tem medo também. Pede desculpas, desculpas, desculpas. Vertigem. Pede que eu volte para casa, diz que se arrepende por tudo, que vai mudar, que não vai mais me atrapalhar nas provas, que vai ser gentil dali por diante. Entro na primeira farmácia que vejo. Quero remédios, dopar-me. Não tenho receita médica para tarja preta, e o farmacêutico não vai com a minha cara. Com Merthiolate eu ia poder me matar? E se eu ingerisse 10 cartelas de aspirina de uma vez? Será que morria? Mal consigo segurar as aspirinas na mão. Elas caem na tremedeira que me dá, o coração gélido. "Cartela de m****, para de tremer p****". Desalento, torpor.

C. ri. "— Filho da p***", grito com toda força. "Ladrão de merda!" Nem escrever mais ele me deixa, por isso, eu desisto de viver. Sua especialidade: o ato analítico — ele me xinga de volta.

Penso no meu filho, e nele sozinho. Como ia ficar ele sem mãe? Choro convulsões. Deixam-me mole, as lágrimas, e aí, acalmada, repito para mim mesma: "Anna, tens que morrer." Sem encontrar solução, o desespero se manifesta: sou a escuridão da noite. A chuva torna-se minha amiga mais forte, e um ônibus me lança lama. C. já não ri.

Chego em casa. Há ali um anjo que dorme. Aqueço a janta, e a sopa me acalenta. O banho deixa-me limpa por fora, mas por dentro ainda sinto pena das pessoas que vi na rua, e que não podem fazer isso que eu posso fazer. Por fim, agradeço pela cama, rezo uma Ave-Maria. E durmo.

*

Embora permaneça impossível separar o ser que me xinga diariamente de mim mesma, dou-me conta de que continuar respirando ódio e raiva não iria me ajudar a sair da situação de tortura psicológica em que me encontrava.

"Pense, Anna, pense!" Apenas assim poderemos dizer 'liberdade'. "Lutei e venci". É... Após assistir a um filme sobre o holocausto, e realizar a proximidade do nazismo com o que eu sofria todos os dias, grito. O grito desagrada a C. que não me dá sossego. Passo a ter aftas. Ao ver-me sendo desaprovada nas bancas de concurso, ele diz que: 1) se eu alisasse o cabelo, e fizesse uma cirurgia plástica no nariz, aí talvez parassem de me identificar como fracassada sempre; 2) pensar estava fora de moda, logo, os meus poemas-filosóficos nunca fariam sucesso. Ouço gritar no peito: "Liberdade, liberdade, quando voltarás a abrir suas asas?!"

Tem dia que receio ter perdido o direito de ser, até sair na rua vira um tormento. Porque lá todos me veriam feia, com aquele cabelo pixaim incorrigível. Quando invento de falar, ele inventa que é melhor que eu pare de falar, pois as pessoas nunca iriam se esquecer de que falei besteiras. Sem dinheiro, às vezes, sem um tostão... Emagreço. E ele? Forte. A sua força é para me silenciar. Que opção tenho?

O meu coração parece que seca. Definho. A minha feiúra incurável é a lástima mais nítida deste horizonte de realidade que se chama solidão. Aí que eu vejo chocar: o ovo da serpente. Tem dia que eu me levanto, e ele está a me xingar. Luto contra o meu corpo, a fim de impedir que nasça novamente o desejo de não mais ser. Se poeira eu não levantasse, como iria me fazer viver? Como sair daquela arapuca?

Carta à filha de C., Charlotte I

Recrudesço a leitura da Bíblia. Ainda que sincrética, evangélica. Em uma tarde amanheço, e as águas fecham o verão. Em meu ser repercutem as seguintes palavras bíblicas:

"O que fizeres de mal findará na terceira geração, o que fizeres de bem perdurará até a décima".

Entendo, com isso, que o processo de ruindade espiritual e de decadência ética a que alguns chegam leva a família toda a se perder. Esta ruindade deixaria rastros até a terceira geração somente; na terceira, todos morrem. Palavra da salvação. Dedico estas palavras a uma das filhas de C.

Rio de Janeiro, 12 de março de 2016.

Charlotte,

Desejo que aprendas a reverter o processo de degenerência que vejo implantado no seio de sua família. Preocupa-me sobretudo a herança espiritual que lhe está sendo legada por seu pai, a você e a sua irmã. Caso obtiveres sucesso, com a reversão espiritual, todos os seus ancestrais poderão adentrar no reino dos céus. Eu lhe garanto — basta que estejas aberta para a sabedoria em jogo nesta Filosofia que a ruindade espiritual de sua família, quiçá da Europa, poderá ser revertida em luz. Com isto, todos os seus futuros filhos serão abençoados. Que a chaga daquilo que seu pai pratica em todo o mundo deixe de recair sobre você, é só o que desejo.

Aqui lego a decisão sobre o seu futuro a você: se sobre você recairá o retorno desta maldita herança espiritual, legada por seu pai, lhe impingindo, para todo sempre, apenas vergonha, ou se passarão a baixar em você apenas Espíritos de luz a fim de te guiar.

Que os mais divinos estejam convosco. Eles estão no meio de nós. Amém.
Anna Perena.

No verso da carta, pinto a imagem Sagrada do Polvo Africano. Esta imagem tem o poder das sete águas sagradas. Salve Xangô meu rei senhor, sete águas, sete cores, sete dias. *Kawó-Kabiesilé.*

Suponho que Charlotte tenha ficado muito impressionada com a carta. Isto não apenas porque senti o tempo parar, mas porque ela não sabia português. Suponho que a imagem do polvo tenha a ajudado a sentir a presença de palavras sagradas, mesmo bíblicas, misturadas com o Axé de nossa ancestralidade africana. Ela também desconfia de que a mensagem diga respeito a seu pai, não apenas porque ele sempre vem ao Brasil, e o selo da carta era bem uma bandeira de festa junina, mas porque se trata de uma mulher a lhe escrever. E a fama do pai não lhe devia ser despercebida. A imagem do polvo era para afastar todo mal, e isso ela entende mais rápido que o seu pai poderia entender.

A leitura de imagens em seu coração já era presente. A leitura de imagens, pelo menos, nunca lhe fora negada pelo pai. Assim, as tintas fortes da imagem, à primeira vista, conseguem realizar o meu intento: livrá-la de todo mal.

Além disso, o meu projeto, de livrá-la do patriarcado, vai bem além do que eu imaginei ser possível. Sinto uma abertura tão grande vinda dela que acredito ter a mitologia africana aberto à Charlotte a possibilidade de pintar o reino dos céus. Agora, em quase nada ela lembrava aquela adolescente que dançava nua em festas para maiores há cerca de quatro anos. Menos de um mês após o envio da carta, chego a visualizar o *Poder ser Livre*, uma tela magnífica que me inspira a continuar lutando pela liberdade de todas e todos. Passo a crer na multiplicação do sagrado feminino africano como o meio da grande libertação.

15

O Polvo Leviatânico

Para as escolas nas quais trabalho, levo a imagem Sagrada do polvo, e aí têm lugar também muitas realizações. Sob a influência da pictografia africana, o Polvo parece dançar — e meus alunos dançam junto. Penso nas curvas que a vida dá.

*

Já no plano etílico de minha relação com C., a coisa não melhora, mas piora: Apolo, e o *daimon* saem de jogo. No lugar deles, fica apenas a arrogância do homem branco — e me pergunto até quando esta cobra sairá vitoriosa. A erigir todos nós — Não Hippocrates, o médico que cura, mas Ares[55], o anão da guerra e da competição, mas até quando?

C. diz que vive subjugado por obrigações acadêmicas. Mas quando olho, não é isso que eu vejo. Procuro lhe mostrar a essência do que ele vive, e que me inspira o poema *O Polvo Leviatânico*. Isto que alguns alemães chamaram de reflexo da *Época da Técnica*, eu vislumbro na forma de um polvo não sagrado, mas europeu. A guerra entre esses polvos não é novidade. Trata-se de uma guerra milenar, e covarde. E eu só queria chamar-lhe a atenção para este acontecimento.

Traduzir o real que ele vive soa fácil: mesmo a leitura do *phenomenon* que o cega e que lhe rouba todo o tempo, ele sentirá, não como libertador, mas como um problema a mais no já avantajado universo de problemas que só se avoluma para ele. Certo apenas não ser da ordem do humano o que dele se apodera.

C.: — Como assim?

Avati: — Tudo aquilo em que você vive é uma máquina que se autoengendra — uma máquina maléfica, cruel, criadora de aparências, que funciona para mim como um moedor de carne, e que você acredita existir independentemente de você. Mas não.

---
[55] Ares, deus da guerra.

E ele? Arrogante:

— Move-nos a ambos, minha cara, só que você se recusa a ver.

Quando eu mesma tenho a cabeça decepada pelo polvo, pergunto-me se ele não terá razão. Ainda no começo de 2016, gastarei parte de minhas economias fazendo a tradução juramentada de todos os meus diplomas para o polonês.

Sim, nós pesquisadores quase todos somos vítimas deste desejo: de sair de nosso país, e, de preferência, nunca mais voltar. Fugir, para nunca mais voltar. Para os EUA, para a Europa, ou mesmo para o Brasil, ou para o Oriente: isto é um dos reflexos da Era da Técnica que se concretiza em ato em cada um de nós. A interpretação do fenômeno: em um âmbito televisivo idealizamos algo que não existe. Mas, sobretudo para nós brasileiros é preciso lembrar: que o real é sempre aqui. Por isso desta sabedoria: de que podemos até tentar fugir, mas estaremos apenas adiando o necessário embate conosco mesmo, e com uma dívida história. Fugindo, perdemos a nossa essência, que é algo que esta terra nos dá. Temos, inconteste, muito mais da solidariedade cubana do que dos artificialismos de Miami.

Amuni: Você ficou tão linda agora Mãinha ...

Avati: — Você por aqui, minha filha? E o céu cheio de estrelas?

Amuni: — Mais amplo do que nunca.

Avati: — Mais do que na Grécia?

Avati: — Muito mais. Não sei até quando, e mesmo se ele voltará a existir: se haverá solução para este sono com o qual a maioria está, e nunca acorda.

É preciso dizer a todas e todos: que quanto mais julgamos ascender neste octópode, quanto mais julgamos participar disto que outros chamarão de "sociedade" mais ajudamos o polvo, que é a técnica a se articular. É na vaidade e nas raivas habituais que se encontra essa coisa a que chamo o pior de tudo. *Pulsão de morte*[56] é o que é isso. Isso, em um cenário catastrófico, a maquinaria da crueldade pautada pela morte do Outro, redunda no início da Tragédia, mas também em seu final. Revertermos esta danação é preciso! Voltarmos a reconsiderar cada minúsculo ente um ser em processo de aprendizado. Não pode ser difícil. Todas

---

[56] Conceito freudiano enunciado na obra *Além do Princípio do Prazer*.

podemos ser super-humanas. De modo inconsciente, capturadas pelo polvo que trabalha de maneira autóctone, desejamos alienação. Eu sei o que é isso. Livramo-nos do trabalho de pensar. Quando menos nos damos conta: foi-se a serenidade. Moribundos do Leviatã e de seus cães, podemos nos sentir um pouco órfãos. Eles aparecem para nos acossar, e latimos junto com eles, transformando-nos também em cães, lobos, serpentes... Acossados e cegados pelo ato de ver.

Olho C., e ele dorme. Acordo-o serenamente, e lhe dou uma chamada. Ele me confessa que seus olhos doem. Como conseguiremos tirar as lentes deste ser em que as atrocidades do polvo parecem se esconder? Daí, vejo-o cabisbaixo, como há cinco anos, quando em presença de sua mulher. Essa espécie de Homo sapiens quando chamado na xinxa em público apenas que dá um tremida.

E eu me decido: que só uns tapas na cara dele resolveriam o problema. Mas não deixo que ele me ouça. Quando ser um povo de heróis tinha deixado de ser necessário? Como? Por quê? Para quê? Impossível saber: minha decisão, por isso, foi que, para a realização de uma comunidade ética, será preciso o uso de violência.

C. pensa de outro modo, sua ética se ancora na ereção dos próprios desejos, e não na liberdade. Espalhava pelo mundo afora, dentro de Atlântida, e fora dela, a pergunta: "Agiste em conformidade com o teu próprio desejo?". Era só nisto que ele pensava todos os dias: nos próprios desejos.

Faço-o notar:

Avati: — Pare de trabalhar, homem, e vá tomar um banho. Seu umbigo está sujo. Você saberia me dizer, *Herr Professeur*, por que o seu umbigo está sujo?

Na hora, ele desconversa. Mas, na calada da noite, vai lavar o umbigo.

Amuni: — Com isto ele pretende assumir, de vez, que ele *também* pode ser filósofo?

Avati: — Sim. Não vou dizer que a roupa de filósofo não lhe cai bem. De imediato, todos passam a respeitá-lo... Até os homens passarão a tê-lo como um *Gran-Duque*. Para o seu inconsciente, o hábito de filósofo lhe cai muito bem: significa o fim da época de vacas magras! E voa pensamento, na boiada.

*

Ao final, ele volta a gritar comigo:

— Tudo o que você tem, você deve a mim!!!

A bicha louca.

Mas até os maiores beneficiados com a imagem de filósofo que ele prega, obtêm apenas aprisionamentos. E quando convocado a pensar, buscará se desvencilhar de mim, nova e reiteradamente:

— Eu não tenho tempo para reflexões, minha cara, vivo é numa guerra! — Outra vez, volto a insistir com o 'conceito-imagem' de polvo leviatânico, e ele:

— Me dá este polvo que eu vou é fazê-lo fritinho, e em lascas.

E eu me pergunto: Deus por que me abandonaste?

Constatada, mais uma vez, a sua cegueira: vejo como ele, na verdade, alicerça-se mais e mais apenas nas repercussões identitárias que as mídias lhe oferecem. É um vício, e ele mesmo o admitirá algumas vezes. Mas eu não arredo o pé de lhe falar a verdade:

C., você age apenas com base naquilo que lhe causa prazer, Narciso, o espelho da hipocrisia é o único que lhe resta.

Mas minhas reflexões não o dissuadem... Não é bizarro? Ele até tenta esconder o prazer narcísico, mais aí piora tudo, pois a sugir-lhe como deveras irresistível passa o tal prazer, e afunda-se de novo, junto ao polvo, no mar de areia movediça que é... A China? C. em viagem à China, e eu ouço vozes:

Da atendente chinesa: — Seu sofá está confortável, *Messier*?

Da outra recepcionista: — O cafezinho está quente, *Messier*?

Ainda de mais uma: — Quer biscoitos? *Messier? Messier? Mêsieu?*

Depois teve o *Mister*: *Mister* para cá, *Mister* para lá.

Está vendo? (Ele para mim) É assim que uma mulher deve se comportar. Em suas viagens *ele* não recusará as bebidas quentes, e se demorará nas coxas das mulheres e na predisposição dessas a se submeter aos seus comandos. *Mêsieu? Mêsieu...* Aí, faz as contas, e pensa ter alcançado a aritmética lacaniana, quando lhe sobrevêm os perfumes.

Acreditará se realizar, à sua vocação de filósofo, quando, em verdade, é movido pelo orgulho e pela vaidade do espelho que a mim, sufoca: autocontenta-se. E concluo, pelo papel de Eco em que sou colocada que, se esse papel é o que me cabe, é melhor fazê-lo bem; assim não medirei esforços tampouco para realizar esta minha pesada destinação: peixeira do polvo europeu.

Além dos palavrões habituais que volto a ouvir, voltarei a ouvir que eu só sou quem sou por causa dele. Eu sorrio. Isso não o demove de me habitar, ou de procurar outras em quem habitar — mas a água vítrea que são as paredes da China pioram tudo. E quanto mais narcisista ele se torna, menos apto a pensar, e mais apegado ao real que é me subjugar. Esquecido do que foi fazer lá na China, volta-se para as minhas pesquisas, meus pensares, meus artigos acadêmicos e minha tese de doutorado, e daí, volta a se mostrar um exímio pensador.

Note-se que isso aconteceu bem antes de C. se esforçar para organizar uma palestra na qual Judith Butler iria falar. Paris.

Aí que me vem certa tendência a perdoá-lo: usa antolhos, o coitado, mas eu também não sou obrigada a usar? Quem sabe, sem reclamar tanto, e com ajuda e apoio mútuos, conseguiremos cortar alguns tentáculos do polvo europeu, impedindo-o de nos alijar por completo?

Aí C. para Amuni: — Doce de coco, vou te deixar grávida. Logo, logo. Mas agora, poupe-me. Essas críticas de sua mãe não procedem. Que eu trabalho sem pensar, isso eu não aguento mais ouvir. Vá dormir, vá.

O samba era mais ou menos esse. Infeliz. A palavra "inescrupuloso" é pouca para o designar. E "deixar grávida" é a vovozinha dele a quem ele iria deixar.

Esquece-se de que somos tempo, e de que logo estaremos mortos. Não se cansará nunca de angariar mais e mais prestígio social, e permanecer infeliz? Não sabe que tece a Teresa onde vai nos enforcar a ambos[57]? E quando o cotidiano se aventa insuportável, por ele não parar de trabalhar, ele novamente dá a entender que joias, penduricalhos, cartões de crédito, poderiam fazer com que eu o perdoasse. Ele não sabe que os deuses não aceitam oferendas para desfazer o mal.

Mesmo quando tudo de melhor *não* acontece, voltam suas promessas. Não posso dizer que não haja também um cuidado terno, e até excessivo da parte dele. Mas quando me esqueço de alguma mínima

---

[57] Teresa é uma expressão popular e designa o lençol usado por parte do suicida para se enforcar. Também pode designar a corda feita de pano útil para quem quer fugir da cadeia.

recomendação sua, ele se torna agressivo. Sim: vivo em uma masmorra. Ele me retaliará, chamando-me de feia, dizendo que a minha aparência não está a sua altura, de sua infinita superioridade.

16

Escarafuncho

C. insistirá em não me deixar ser, para *ele* apenas ser, e isso por mais quatro anos ainda. O martírio daquela existência dual não pode ser colocado em palavras. Numa noite, no plano onírico, surgem, em meio a mais pavorosa escuridão, lagartas e vermes que se misturam ensanguentados no obscuro de um poço sem fundo. Um zumbido e um brilho horríveis repercutem da cena. Acordo no limite. O sentido da terra — o porquê de o sentido auditivo ser o que mais nos aproxima da loucura.

Por ocasião da imagem dos vermes ensanguentados será anunciada para mim a figura de Dioniso — misto de inocência e de truculência, causa de medo e apreensão. Um mortal medíocre, ou um deus autoconfiante, seu destino desconheço, mas sei que sem sua presença, este livro não teria sido possível. Se escrevo, é para excomungar aquela coisa de dentro de mim. Logo após a aparição dos vermes, dou voz de prisão. Minha repulsa pôde ser colocada em palavras: "Monstro! Facínora! Longe de mim!".

Mas quando noto, C. está com insônia. Nos olhos que atravessam a escuridão há apenas insanidade. Estará morto?! À pictografia africana e ao terço me apego. Sussurro ao final da primeira Ave-Maria: — Sucupira me acuda. C. abaixa a cabeça e me diz que sua filha caçula fora atropelada. Só depois entendo que a filha não havia morrido, mas sim estava na UTI (Unidade de Tratamento Intensivo) passando por uma cirurgia delicada no útero. Na hora eu achei que ela estivesse morta.

E este não era o seu único problema. Confessa-me que o "suado" fruto de especulações financeiras na América Central — 100% de lucros mensais — ele não poderia mais acessar, pois a senha do cofre tinha sido roubada.

Sobre os meus fracassos em concursos ele não quer ouvir. Ele lava as mãos, exime-se de qualquer responsabilidade. Insistirá em não ver violência no ato de tensionar minha cabeça com os medicamentos de que faz uso. Mas eu tinha que ouvir da filha problema e da possível falência das suas falcatruas, de suas jogatinas. Até quando? Ele não consegue relacionar o fato de ele me impedir de me realizar profissionalmente ao acidente da filha. Mas a crueldade que eu vejo em sua cara, ricocheteara na filha. É claro. Em especial por conta de ele não se ver vendo, que sua visão ficava sempre obliterada. Enquanto isso, ele se articula academicamente, sim, mas como? Com o objetivo explícito de me deixar de fora. E para que? Para poder azarar a vontade outras pesquisadoras, mais novas e mais brancas.

Em estado de zumbi, assisto C. voltar a sair com a burguesia parisiense assim que a filha sai do hospital. Extenuada, vejo as saídas dele como uma injustiça, mas quando reclamo, ele logo concebe uma forma de eu *parar de reclamar*. Faz-me dormir. Em outras palavras: ele me aplica o famoso "Boa noite, Cinderela"– por ser contra a minha vontade que ele me faz dormir. Seria levada a descobrir isto a que chamo de "o mais horrível" em muito pouco tempo.

PARTE V

Vítima Sacrificial

Banhos

Ainda a fim de evitar o pior, banhos de ervas tomei, benzi-me.

*

Vocês, vejam o maior mal. Lá onde a razão não alcança, C. concebe, mais ou menos assim: "crápula mesmo, eu sou, um monstro nojento". A sua falta de escrúpulos, ao invés de estar relacionada à ruindade e à perversidade, nele, vejo rápida ser tomada como a condição de seu existir. Pois é: até onde consigo antever, começará a soar bem, para ele, *ser* um crápula.

E não será comigo apenas que ele decidirá ser um crápula, não. A sociedade parisiense como um todo vira palco para ele criar e recriar uma aparência de si mesmo como um crápula. Símile aos porcos que Cristo manda se afogarem no rio, ou aos políticos brasileiros desde antes de Machado de Assis, alcança C. com isso a perfeição da arte de portar-se como um medalhão. Um verdadeiro, insofismável medalhão.

18

Uma suicida

Avati: — Não sei quantas aspirinas, nem quantos goles tomei. Rapaz... Eita, que o pior foi ter de, ao voltar a mim, saber como ressoantes ainda as palavras: "sua estúpida". E eu, esperando a morte chegar, sei os porquês das ânsias, dos vômitos, mas não tenho acesso ao remédio que seria verter em palavras aquele ninho travado na garganta. Só rezas e banhos. Daí, de relance. O filho da p*** comendo alcachofra. Filet mignon. Manga. Fico ausente, e me certificando de estar perfeitamente ausente, em cada segundo daquele *repas*[58].

Amuni: — Mas o filho da p*** não se arrepende em nenhum momento do atijolamento que realiza com o nosso ser, mãe?

Enfim, não sei exatamente quando foi que eu descobri que C. tinha várias amantes. Sei que não foi só em um só dia não que, enquanto eu dava aulas, ele dava no coro.

E num dia, não veio ele me dizer que estava com crises de inspiração? Não entende o que se passa e me acusa, a mim, de ter roubado o gênio dele.

Curiosa, voluntariosa: — A sua demência, você quer dizer. O meu coração novamente em depressão, atijolado o pensamento, e ele acha que poderia sair livre leve e solto pelos quatro cantos do mundo. Mas também o que adianta a minha fala? Sei que ele se transforma num robô. Aí, vejo o alemão de dentro dele se transformar num autômato; realiza-se no mando e no mandado; incapaz de pensar. O que o faz trabalhar é a velocidade, e a consequência é a sua total incapacidade de reflexão. Antes tivesse ficado em crise de genialidade por mais tempo. Nada nele é humano: aí, o desespero e a angústia se alargam.

---

[58] Lanchinho em francês.

19

Denúncias no vazio

Certa vez, decido denunciá-lo. Daí, ligo para a polícia francesa. Não seria difícil para a polícia comprovar o porte de drogas nele. Mas sou informada de que, no caso de *eu* apresentar falso testemunho, seria *eu* a obrigada a pagar caro — pelo crime de difamação. Procuro, então, professores que nos conhecem, a ambos, a fim de situá-lo, e àqueles atos absurdos no meio social de onde nós provimos. Mas eles ignoram: à minha declaração de que eu vinha sofrendo violências — as mais atrozes —, eles tampouco conseguem dar ouvidos. Não apenas porque, para ser ouvida, eu deveria dar dinheiro, que eu não tinha, mas porque ele era famoso, e cada um tinha uma história com ele, ou um trabalho para realizar com ele, e não queriam ter esses negócios colocados em dúvida por causa de uma aluna filósofa. Alguns, conforme cheguei a perceber, também vinham sofrendo pressão psicológica da parte de C. À diferença de um pesquisador que fosse tranquilo, C. enchia a todos de trabalhos "a toque de caixa". Os professores terminavam se sentindo reféns daquilo a que chamo o "Universo da Técnica". Escravizados, pela lógica acadêmica, ou pelo caráter de C.? Eu já não tinha condições de pensar em como me contrapor àquela sua lógica que a mim se colocava como uma escravidão que tendia a se perpetuar. Se ao menos eu fosse reconhecida como filósofa...

Mas naqueles dias eu era uma mula mesmo. Uma mula carregando um orangotango. Era bem pesado.

Concluo que, dentre os homens, C. ganharia sempre. Enquanto eu estivesse viva, ele usaria de minha força, de meu pensamento até, apenas para me maltratar. Que eu seja, pois, esta kamikaze, este alerta, este farol em tempos de tempestade. Porque o tempo do pensamento é outro que o do cotidiano em que o meu corpo é feito refém. Se ao tempo do pensamento não posso chegar a ter acesso, por ser acossada pelo espírito de Orangotango que é o dele, cabe esperar.

Sei que por ele precisar me tomar como inimiga é que mais sofro. Lutar contra a manada em que ele é: eis o meu maior desafio. Por fim, descobrirei que, fora um suposto Outro, seu feminino calcanhar de Aquiles, não havia nada, nem ninguém que o fizesse desistir de ser tomado pelo desejo de me exterminar. Ao feminino calcanhar de Aquiles, conquanto, eu raramente tinha acesso. Ele buscará escondê-lo a sete chaves enquanto me maltrata.

À medida que não consigo amá-lo, ele passa a exigir de meu espírito o dobro do que eu não consigo mais dar: minha luz, meu pensamento, minha energia. Não sei se ele se esquece, ou se finge que se esquece das atrocidades que comete.

Às vezes, assisto calada à distribuição de bolsas acadêmicas. Justificativas suas para me ignorar, ainda ouço: diz que eu não sou bonita o suficiente para receber aquelas bolsas de estudo. Vejo as bolsas sob sua responsabilidade irem parar no lixo. Motivo: ausência de candidatos.

E aí, passo a olhar para tudo como se nada tivesse alma. Perco a noção do tempo. Sob a égide da violência, o raio que somos fenece. Por mais curioso que isto possa parecer, quanto mais violência sofro, mais, no horizonte existencial de C. , aumenta a presença de mulheres das mais variadas nacionalidades. "Cada mulher traz uma deusa dentro de si.", é o que ele diz.

Não sabe que, ao me condicionar àquela situação, repete comigo uma situação pior que a de escravidão?

*

Tive de aprender a me deixar ficar, em atônito silêncio, fingindo-me de morta. Aí o silêncio permitiu-me sobreviver. Há muitos momentos em que escuto os deuses, ainda, a querer me salvar. Eu, por mim, pego em arma. E quererão me matar. Morro. Deixo esta obra como testemunha de luta, e de testamento. Quando volto a ouvir ameaças, dou logo um chutão no espírito que me ameaça. Tive que aprender a ser assim.

O medo do europeu, de ser denunciado, o apavora. Ao tal cidadão europeu peço ajuda. Aí ele se droga... Pega pesado mesmo — é isso o mais insuportável. Quando possesso, me faz desistir até da augusta filosofia. Minto para ele: confissões apenas, mas denúncias, jamais farei. Não sou x9. Além do mais, só o divino quererá me ouvir. E lhe falo desta urgente necessidade: de ensinarmos a música do Atabaque como o lugar de acontecimento do sagrado. Aí ele fica um pouco apaziguado, e me deixa trabalhar.

Poderão ver como, neste livro, a escravidão ainda insiste, me levando a descrer da filosofia como método de libertação. E até a crer em uma sepúlveda existência como saída para a atroz história que nos fez ter que recorrer à denúncia. Poderá ser feita uma filosofia destes escritos? Não sei. Como já dito: passei a descrer da filosofia. Sei que foi em virtude da Eminentíssima Filosofia Europeia, repetida nas Academias Latino-Americanas, que este conceito universal de mártir renasceu. No teatro.

*

20

A escravidão enquanto questão filosófica

A camélia quando se abre em flor lança no ar um perfume suave. Suas flores caídas refletem a humildade translúcida de quem lutou muito para ficar de pé. Árvores cálidas, símbolo da luta abolicionista no Brasil, como o coração de Maria, traz-nos à lembrança, uma chama azul-neve. A partir desta árvore, o futuro já voltou a ser possível algumas vezes. Enquanto perdurar no mundo a lógica da colonização, uma pessoa negra manter-se de cabeça erguida continuará sendo um ato subversivo. Agora, comigo, perdura a mesma lógica. E então o perfume da camélia volta a subir às janelas, lembrando aos atentos o quão dócil o negro teve de ser para resistir às humilhações. Terá sido em vão?

20.1 A escravidão em mim

Se a Abolição no Brasil acontece em 1888, 22 anos depois, isto é, em 1910[59] ainda há negros escravizados. Isto acontece *mesmo* na fazenda de meu bisavô José Félix de Menezes (1870-1942), casado com Josina Pereira Lage (1885-1955), uma pessoa esclarecida, patriarca. Mas é a bisavó (a matriarca) desta família que assumi aqui o papel de resolver as desavenças. Bisavó por parte de mãe, mais conhecida como vó Gina, reputada pelo carinho que destinava aos netos. Curau de milho com queijo, e chá de camomila no fogão à lenha, ou na fogueira, como ninguém fazia. A partir dali, onde várias saias de memória familiar se escondem, muitas camas foram adoçadas. A paçoca e o queijo. A essência das Minas. Seu marido, pai de meu avô — Sebastião Pereira de Mene-

---
[59] Quase todas as datas presentes neste capítulo foram forjadas. Tínhamos as datas de morte meu bisavô José Félix (1942). A data da Lei Áurea (1888), a data de morte de Sedeleudes Campos, mais conhecida como Sedeleudes (1953), a data de fundação de Mesquita, Burrinhos, De Santiago, e Grama (1889) e nascimento meu (1980) e de minha mãe (1951), também eminente matriarca.

zes (1925-1998) — é preciso dizer, também de certo traquejo social era munido. Mas os pepinos mesmo. Os pepinos mesmo era a minha Bisa mesma quem resolvia. Como já dito, perdeu o marido cedo, o Grande Vô Félix. Onça virada. Vó Gina morou na casa do caçula, meu avô, até a morte. Em suas saias brincavam os netos. Este filho, também conhecido como vô Félix, graças a fama de meu Tataravô, o verdadeiro Vô Félix recebe o apelido pela Ação de Graças quando se dedicou à Fundação da Casa São Vicente para indigentes. Assim, a linhagem dos Sebastião Félix se perfaz como uma Linha de Caboclo. O avô de meu avô, Seu Félix I, contrariando ordens governamentais, ao invés de matar, faz amizade com os índios do Rio Doce. Disto, muitas amizades nascem. Adão Pereira Lage (1830-1900) é outro que não aceita a ordem de matar os índios sob nenhuma hipótese. Pudera, a lepra e a malária já extenuavam tanto os homens da região. Em primeiro plano, a saúde, até por causa destes demônios. Que morassem ao largo, mas com saúde. Foi já 1808 que o recém chegado Imperador João VI[60] ordenou a matança. Daí a guerra, daí o extermínio dos índios, e logo, duzentos anos depois do Avô Rio Doce, que, no entanto, sobrevive ainda, só que em baixo. A nossa mais importante ancestralidade: o Rio.

Na Guerra das Emboabas já a tripartição: paulistas, portugueses, cariocas e os das águas de Minas. As tentativas de extermínio da Nação Indígena durou não apenas 92 anos, ainda hoje vivemos em Guerra. Os índios tem a medicina. Mas a arrogância do homem branco mata ainda mais do que rouba. A tudo vi e vou contar parte do que aconteceu. Não é que o meu avô tenha posto fim na guerra. Sua sabedoria, de *Potlatch*[61], o permitiu não apenas vivo permanecer. Foi. A verdade é muito linda mesmo. Por causa de uma amizade que gerou conhecimento para os homens brancos que eu aprendi a virar filósofa. Com os índios aprendemos, assim, em nossa família, o poder da homeopatia, a essência da vida em comum, e a arte de andar em onça.

Aconteceu que meu Tataravô não quis deixar ir embora os negros alforriados de uma só vez. À semelhança do avô de Crítias, personagem do diálogo homônimo de Platão, quando chega a notícia, lá pelos idos

---

[60] A Coroa Portuguesa ordena a matança dos Karnak sob o argumento mentiroso de serem antropófogos. Na verdade, queriam já proteger a terra apenas.
[61] Troca de presentes com os índios. Cama, comida, e medicina. A antiga comunidade recíproca dos sexos nas Tribos Germânicas e Célticas e sua evolução entre 1910 e 1950. Uma geometria harmônica, e desarmônica.

de 1905, ele desconversa com alguns dos libertos, e pergunta se alguém quer ficar. Tardou muito a amanhecer, pois, a alforria no interior de Minas Gerais.

Quando se deu a liberdade, as tarefas domésticas e o trabalho duro da fazenda — o preparo das três refeições diárias para as dezenas de trabalhadores; a ordenha e o trato do gado, a produção de queijo, o cuidado com as crianças, e, às vezes, até o plantio de muitos hectares de milho e de café, além da colheita da horta, e etc. — são transferidas para as mulheres da Casa Grande. Logo, minhas tias-avó ficam a cargo das crianças que passam a trabalhar até mais do que as antigas escravizadas. Tudo fica a cargo de mãos frágeis. Quando alforriados, os negros não ficam nem um dia na fazenda. Vão capinar roça em longínquas moradias — o Quilombo, onde voltarão a ser gente. Lá comerão paçoca com milho na brasa, e dançarão cantigas. Pouca ou nenhuma notícia darão para a gente sórdida que vive a falar mal dos outros na cidade pequena.

Em 1955, os mais de 200 trabalhadores, dão luz ao sol para que este venha a pino. Pagos com parte do que produzem, duas horas antes do almoço na marmita (feijão tropeiro com arroz branquinho e toucinho com couve mineira) conversam sobre o pagamento. Apinhados, esses trabalhadores na fila do almoço, no caso de meu avô aparecer, ouvirão palavras bíblicas. Nos pedaços de madeira milimetricamente distribuídos no chão do quintal é agora preciso achar assento. Os mais chegados sentem-se à sola da porta e aguardem a possibilidade de virar onça. Aviso: a maioria vira apenas réptil.

Não sabem se comprazer com a alegria do trabalho que fica a cargo das crianças e das mulheres. Minha bisavó Gina, se dedica a distribuir tarefas. "Menino, vai debulhar o amendoim para sua tia fazer paçoca". Assombra todos com sua autoridade. Para o trabalho ficar bem feito, é necessária a autarquia das saias de minha bisavó: para si, pois, só o mais difícil. Com a libertação dos negros, esta bisa teve de redobrar o expediente: e assim foi... Morreu sem saber-se escravizada. Movida pela lógica da filharada, e logo da netaiada, não conhece a liberdade, nem tampouco a Lei.

Esta não foi a realidade de minha outra bisavó. A bisa "Ritinha do forró e do Santiago" (1885-1987) como chegou a ser conhecida, não precisou subir montanha para conhecer Joãozinho d'Ogum (1880-1955). Foi este Joãozinho que se viu encantado. "Do Santiago" é o nome da montanha. Ninguém entendeu o porquê de minha bisa preferir ficar sozinha, certos dias, na roça onde a escravidão não podia ter esse nome. A situação das mulheres que era algo ruim passou a ser até boa nos braços de um dos alforriados da Fazenda de meu bisavô José Félix. Joãozinho se depara com uma energia forte no caminho às terras quilombolas. Chama-se Eros. Joãozinho também meu bisavô negro, ao subir a montanha rumo ao Quilombo, nos idos de 1910 ainda, sente o cheiro de juventude madura de Vó Ritinha. E vai atrás desta aventura. Ou não era uma aventura. Sei que terminou em morte... Sobre esta morte temos poucas pistas. O aroma, e um gavião. Quem o levou à mulher de marcas roxas que era então minha bisavó Ritinha. As marcas eram da violência de João Félix de Menezes (1870-1910), primeiro marido de vó Ritinha. Primo de meu bisavô José não era flor que se cheire. Nem teve quem lamentasse a sua morte. Foi perto do Monjolo. Depois de muito violentar minha Bisa, em dia de tempestade, João Félix chegou em casa, e sofreu um rasteira. Caído no chão, no que pegou a arma para atirar, Joãozinho d' Ogum foi mais rápido, e-lhe esfaqueou a barriga. Morreu, pois, nas mãos de meu bisavô paterno, também João. Dali não saíram deuses, como de *Cronos*[62], mas, à semelhança da história de Isaú e Jacó, um espírito de um homem que se bestar ainda me atazana. Este homem que não lia a Bíblia, não dançava, e não participava da banda de Deusdedit de Assis Morais (1879-1965), ele era a morada do oco. Quando batia na coitadinha da mulher, acho que era pra se sentir grande. Ficar com a alma apaziguada ficou foi só depois da morte mesmo. Os hábitos de meu tataravô Adão Pereira Lage (1830-1900), pai de Vó Gina, não puderam servir-lhe de exemplo. As mães de João Félix e de José Félix eram irmãs, mas eles tinham personalidade oposta: um gostava de cachaça, e o outro de sossego.

    Por que um negro alforriado se mete nesta enrascada? Pelo aroma de uma dona branca casada? Só os Orixás podem saber a verdade. A verdade de um homem de cor. O sangue no Monjolo foi lavado. Joãozinho, minha Bisa mandou embora. — Vai, e não volta. E ela não foi presa pelo assassinato. A Lei mandava ir preso o pai, ou o marido. Mulheres não poderiam ir presas. No lugar dela, foi pois o pai, meu tataravô, Santiago Ribamar (1840-1915). O pai de Vó Ritinha ficou preso um, dois dias. Logo meu bisavô José Félix sentiu-se mal com aquela história, e

---

[62] Segundo Hesíodo, Cronos é golpeado na barriga por Zeus, liberando os seis deuses do Olimpo, seus irmãos, da barriga do pai devorador.

foi providenciar para que Santiago Ribamar fosse solto. Tinha acabado de herdar menos terras do próprio pai (Félix I, 1830-1900) comparativamente aos irmãos, e deu sua palavra que nada de ruim desta soltura iria resultar. Levou queijo e rapadura de Vó Gina. Convenceu os presentes e os ausentes de que a prisão de um senhor de idade não estava certa. Depois, conversou longamente com os outros fazendeiros também. O homi. Ademais, as marcas roxas (meu tataravô talvez soubesse que a filha sofria violência? Não é possível saber.) O argumento da legítima defesa terá vencido? Impossível saber. Mas João d'Ogum voltou. Meu bisavô e minha bisavó tiveram doze filhos.

*

Não tinha leituras atentas e perseverantes da Bíblia. Mas se lá vem escrito que estuprador tem de morrer. E diversos são os versículos. Ele cumpriu a Palavra do Senhor. Livrou o mundo de um demônio. Fez bem não. Mas livrou. A perpetuação de uma escravidão "anônima", assim, eu não devo a este avô. Além desta morte, a morte do sétimo filho não nascido o levou às tais leituras perseverantes, creio. A morte do sétimo filho não nascido tampouco foi culpa dele. A Bíblia, a única fonte de aprendizado escrito ... poderia livra-lo dos fantasmas? Depois de 1980 para lá, é que chegarão àquela terra, Freud e outras referências. A morte deu à minha avó, Sedeleudes[63], ares de santidade. Livrada da escravidão, sim, mas tinha de ser daquela forma? Sob as patas de uma égua... As cinco filhas, minhas tias, jamais saberão a verdade: que minha avó morreu para que meu avô aprendesse a cuidar de mim. Isto para fins de eu virar filósofa. A muitos netos, meu avô ensinou muitas coisas. A mim, ele ensinou a pensar, em cima de um cavalo.

Será que nada a gente aprende sozinho? Ou tudo... Sou uma filósofa porque aprendi a ser sozinha. Mas não: foi é porque aprendi a ser quieta como vara verde, a ponto de conseguir escutar o vento como a maior benção. Neste caminho — de solidão, paz, gratidão e liberdade — agradeço pois os meus santos avô, e minha santa vó Ritinha que me puseram num caminho de virtude.

*

---

[63] Ainda jovem, vó Sedeleudes Campos (1925-1953), mãe de minha mãe, morreu, grávida, nas patas de uma égua.

Quase todas as minhas tias e suas filhas passaram por situações de relacionamento abusivo. Que mulher não passou no Brasil? Mas todas continuam a portar no olhar o lampejo da autarquia: Melhor herança de Vó Gina. Nas falas inequívocas quanto à existência de Deus, muitos cafés foram passados. Quando as filhas se foram para a cidade grande, durante 73 anos, cuidará meu avô sozinho de si.

Os abusos protagonizados pelos ex-maridos das mulheres da família tiveram ocasião na escravidão anônima que lhes foi transmitida. Hoje, eu sei. Até ontem, a subordinação, também, para mim, era o padrão de normalidade. Malgrado trabalharem como animal de carga, foram sendo reiteradamente pilhadas por seus homens. Isto não as fez desistirem da luta. Por liberdade, a morte. O reconhecimento pelos trabalhos realizados, esperam já vir não de homens, mas de anjos.

A escravidão estrutural é instalada, entre nós, no instante em que escrevo. Trata-se de uma metafísica opaca que coloca, *a priori*, a condição feminina como subserviente. Aí, o amor perde para a metafísica da testosterona. Obrigações sem fim — parte inerente das coisas que vêm a ser lavadas, passadas, ensaboadas. Desvalorizadas, as mulheres não questionam: se põem a trabalhar mais. Infatigáveis, na esperança de encontrarem a luz do reconhecimento no final. E os homens preenchem o tempo que sobra como? Tempo ocioso é morada do oco.

Adultério e abuso de poder. Deveria ter uma plaquinha em cada esquina do Brasil com os dizeres: "Perigo, homem com status, não se aproxime." Porque a realidade é esta: do cruel ressentimento dos corações masculinos. Os roxos no corpo de minha Bisa aparecem hoje em meu corpo. Joãozinho d' Ogum a livrou dos açoites, mas não a mim do espírito de vingança do defunto. Enterrado o cabra que batia nela todos os dias, noite adentro, Joãozinho volta. Terão 12 filhos, dentre os quais a Vó Carmelita (1930-2002), que se casará com Sebastião Araujo (1928-1982), meus avós por parte de pai. Quanto tempo ainda terei de pagar pela morte do homem que açoitava minha Bisa? Antígona que sou. Até quando não poderei dançar com as montanhas, aonde se chega em lombo de Alazão?

*

As situações de relacionamento abusivo vêm se repetindo em minha família. Uma de minhas tias nasceu em virtude da relação de poder que o meu avô Bastião Félix teve com uma vizinha bem pobre. Cogito como abusivo o relacionamento com a vizinha. C. não pensa. Diz que não foi abusivo, o da moita. Ele sempre pensa diferente de mim. Ele sempre defende os homens. Para ele, basta meu avô ter assumido a bastarda criança, fruto daquela relação desigual, que já está bom. Se meu avô Sebastião Pereira de Menezes fez a boa ação de dar à pobre da vizinha seu esperma, e um nome. Está ótimo! Na cabeça de C., isso faz parte de um ecossistema, onde é natural um exercer poder sobre o outro — e o preço do esperma deve ser pago a prestações — de desprezo, vergonha e inveja. Eis a causa de um erotismo inevitável sobre o qual nada há para se fazer, ou se decidir... Na origem jamais o cuidado mútuo? Eu, no disforme das interpretações dele, recrudesço a penitência, e dou início a um jejum de uma semana. Ele toma minha atitude de penitente como uma punição, minha, pelos maus-tratos que ele performa. Mas eu aprendo. O método pode parecer antiquado, mas são bastante funcionais, a curto e a longo prazo, as penitências. Velas foram acesas, trabalhos foram feitos.

C. pergunta-me se eu queria que meu avô desse estudo, escola para a vizinha abusada. Não, respondo. Tinha que ter dado a cama dele. Mas a atitude de desrespeito que a hierarquia de poder autoriza, não deixa C. enxergar. É impressionante. Tratar um ente humano como uma coisa para usos privados?

Na mesma trajetória abusiva sofre meu pai. Na minha infância, lembro, eu gostava de brincar com a filha pobre da empregada. Embora trouxesse tristeza para a casa toda, a verdade era erótica. Certo dia, a presença doce de minha mãe afugentou a abusada. Senti na pele a ausência daquela cuja a alma eu sempre tentara alegrar. Chorei lágrimas. Daí, minha mãe disse: "Desplante, desfaçatez, deixar-se abusar por um homem casado!". Meu Deus, hoje eu sei: que à empregada era vedado dizer "não". Não é que ela não fosse inocente; ela simplesmente não poderia ir contra a hierarquia de poder instalada. Por que será tão difícil para C. entender isto? Que o fantasma do desemprego, o medo de se tornar indigna, pode fazer com que nós mulheres cedamos. Mas na luta contra o diabo vence o diabo não. Se bem que a gente toma uns prejuízos. Isso que se configura como o abacaxi é apenas mais um dos nomes do diabo. São animais peçonhentos os homens, mas quem ganha a fama de piranhas somos nós, as para sempre depenadas... E os homens se aproveitam disso. Covardes. A vizinha de meu avô, porque não teria forças contra um homem, e a empregada de meu pai, porque se dissesse "não", o emprego perderia. Perderiamos sempre. C. jamais compreenderá isto.

*

Desde o adultério, separam-se meus pais sem nunca achar remédio para a dor. "Ser sem desavença", mas nada é por acaso. É matemática. Na Roma Antiga se torna parte do ecossistema escravizar. Eu digo: a escravidão herdada agora deve servir à libertação. A hipótese de *não* ser abuso de poder o que C. realiza comigo é levantada por ele reiteradas vezes. Somente uma vez por semana, ou duas, ele me ouve a ponto de saber-se um criminoso. Mas ele é criminoso sempre. É a vaidade que o faz se drogar e denegar. A maneira como ele fala buscando me convencer, é para mim, cotidiano martírio. Ele não sabe, ou busca não saber, que seria melhor para ele reconhecer as atrocidades que comete. Somente a longo prazo, ou nem assim, um ser humano poderá reconhecer a repreensão como algo bom?

Se ele mora em mim, como pode ignorar o mal que faz? Ele fica surpreso com as minhas interpretações. Diz-se, ora vítima também, ora corresponsável, e logo devedor de uma dívida impagável. Com os bichos, costuma ser diferente. Eles são mais sinceros. Quem bate sabe que bate, quem apanha lembra que apanhou.

Nesses momentos, acho que serei paga pelas aulas de Filosofia. Pois ele mesmo tem noção de que dá um trabalho danado fazê-lo pensar. E ele sente asco dos estupros que comete. Pergunto-me se não vem a ser uma sina mais minha do que dele, isto dos estupros que ele comete em mim quando durmo. Se eu não existir, não haverá tido estupros. Sob esta hipótese, eu, de novo, na mira dele. E a culpa da escravidão volta a ser minha. Cotidiano martírio.

Questiono, a fim de me salvar, a validade de duas hipóteses que se contradizem: se há antes testosterona como primeiro motor primeiro, móvel fundamental de uma metafísica que toma a servidão como padrão de normalidade; ou se, acaso são a perversão e o abuso cadáveres de uma metafísica advinda do esquecimento do Ser. C. defende ser a testosterona o motor primeiro. Afirma que a perversão existe desde *priscas eras*, e que isto já é parte da natureza do homem. Com isso, despreza não apenas todo o cuidado e o esmero com que busco abrir sua visão para a verdade, mas o advento do Ser ele mesmo. Digo-lhe que a testosterona é importante, sem dúvida, mas que o hormônio só pode surgir mediante o Ser. E que, portanto, o esquecimento desse é um fenômeno que subjaz ao próprio advento da testosterona. Ele diz que eles já sintetizaram todos os hormônios lá na Europa já. Eu digo que ainda que ele insista em escapulir de minhas questões, e negar esse acontecimento, de seu escapulimento, ele é, porque nós somos. A denegação, isto é, o ato do escapulimento, faz dele um ser lastimoso, incapaz de se erigir. Primeiro, o cárater, depois o pensamento. Ele acha que pode alterar a álgebra, e aí nunca chega a ter caráter. Mesmo apelando para este argumento originalmente kantiano — de nós como propriamente partícipes do Ser, antes mesmo de sermos —, não obtenho sucesso. C. volta a reiterar a testosterona como motor primeiro, ainda que por efeito narcísico - metonímico. É preciso reconhecer que ele tem mais conhecimento de causa do que argumentos.

O que, se não a testosterona, surge como protagonista de sua vida boêmia? O que permitirá que ele não reconheça seus os atos — em especial o adultério — como uma doença, e passe a considerar imprescindível se esconder na hipocrisia da aparência de uma ética fajuta? Daí, numa hora augusta matraga, ele aprende a argumentar: diz que a verdade, quando revelada, há de comprovar o seu ponto de vista, de ser a testosterona, o motor primeiro. E que assim, eu terei perdido o filosófico debate. A fim de ganhar o debate, é melhor eu ficar calada! Ele fala. A escravidão em que me encontro surge como consequência lógica inequívoca da testosterona como motor primeiro. A minha escravidão: não tanto por ele se recusar a pagar as aulas de Filosofia ao longo destes 10 anos, mas por impedir-me de ser bem-sucedida nos concursos, além de recusar-se a me ajudar burocraticamente com relação à bendita bolsa. Atazanada, sucumbo, e quanto mais luto para manter o pouco de concentração que ainda me resta, vejo-o saindo com o que ele chama de aristocracia francesa, e eu? Antes de dormir, rezo.

Se negar a escravidão como aquilo a que ele reiteradamente me submete é possível, pelo menos as aulas de Filosofia estão servindo para alguma coisa! Concluo: a testosterona ressurge como motor primeiro. A prova incontestável desta supremacia é o fato de ele me escravizar. Mas a argumentação me deixa com náuseas. Recuo. Depois de algumas tentativas de suicídio, torno ver a motivação que ele finge não entender, a sutura da chaga que é a pestilenta da alma dele sobre a minha. Ele novamente promete me dar dinheiro. Para meu assombro, ele não quer entender que dinheiro não é capaz de trazer de volta os deuses. Assim, se arrepende de ter oferecido dinheiro. Para outros homens aí volta a me empurrar. À diferença de Sarah[64] no Gênesis, eu não fui levada para nenhum Faraó até agora.

Afirmações que me faço durante os momentos subsequentes: é de fato a atmosfera lúgubre da burguesia parisiense insuportável. Daí quase perdôo ele de se apropriar de meu corpo, e quando vemos lá se foram 10 anos nesta lenga-lenga. Tem hora que eu grito: que aquela sua promiscuidade, e sobretudo o desprezo que ele nutre pela Palavra da Salvação, que tudo nele me dá náuseas, e que ele é um bocó, que poderíamos ser amigos, e que ele poderia ser até aprendiz de filósofo.

Aí, ele me pergunta:

— O que faz um aprendiz de filósofo? E o que ele ganha?

— Bom... Ele aprende a pensar. Com isto, ele ganha integridade, e a totalidade.

— E se você já tem a totalidade, por que raios quer o meu dinheiro?

— Sua anta, eu não quero o seu dinheiro, eu quero reconhecimento para podermos filosofar melhor. Sou contra qualquer forma de escravidão. Você pode ficar com o seu bacalhau, e a sua conta na Suíça, eu quero apenas que você me deixe em paz.

Voltada para os trabalhos, rezo.

Só consigo parar de obedece-lo quando aprendo a ouvir o coração. Aí, desobedeço-lhe bem. Não é fácil. Mas cada vez que atento ao Éter, livro-me de suas verdadeiras intenções: não ter qualquer culpa pelos atos de covardia que perpetra. Ele quer se sentir forte lá embaixo, e para isso, ao invés de ter um corpo apenas, deseja ter dois, quem sabe quatro corpos. O demônio em sua existência ganha. Em sendo a liberdade comedida dos homens, e a escravização das mulheres, sempre, o que sobra?

Mas será que ele não deseja, também, recordar-se do Ser? Na medida em que converso com amigos filósofos, porque são para esses que C. tenta me empurrar, surgem questões desse tipo.

---

[64] Personagem bíblica, esposa de Moisés apresentada como irmã deste ao Faraó. Gênesis 0:10 até 13:1.

Mas logo sinto que não há clima para conversas, porque C. passa a transar com mulheres, aí ficar calada é melhor. Sei que é feio, mas a insistência dele é que falar sobre isso é que é o problema. Então eu falo. E em minha fala defendo que feio são os atos, as sem vergonhices dele, e que falar pode ajudá-lo a enxergar sua condição de senhoria para que, enfim, as futuras gerações aprendam com bastante antecipação o que crápulas como ele são capazes de fazer, o porquê deles fazerem o que fazem e, o mais importante, pensar como podemos causar uma evolução da humanidade de C. com o fito de que uma lesma como ele não voltar a acontecer entre os intelectuais brasileiros. É. Está difícil. Eu fico machucada, óbvio que fico manchada, mas não tenho escolha. Atentar à verdade para a salvação encontrar, a não ser isto mesmo. Que minha reputação não é mais ilibada, eu já sei. A fama da família comprometida, o que não pode é a fama dele continuar ilibada. Dou uns murros na cara dele, para fins de ele aprender a filosofar melhor. E com a fama de filósofo dele acabo. Aos frangalhos saio, mas coloco ele no lugar. Há 10 anos ele não sabia de nada, agora ele sabe que o coração é quem comanda. O problema é que o coração dele parece habitar noutro lugar, encaminhado-o fica a cada vez para um *ménage a trois*, *quattrois*[65], ou se sabe lá o *quoi*, digo não. Reiteradamente. Recolhida fico, esmorecida aguardo outros tempos, de volta, os auríferos, quando, meu bom Deus? Devota da escrita, e da esgrima, consigo mais facilmente não ouvir suas exigências. Está bom. Estaria resolvido o problema se não fosse ele também criticar minha devoção à escrita, recrudescendo esforços para tentar me convencer de que eu *devo* dar corda para todo homem que aparece. Ô, inferno!

20.2 Às futuras gerações, no laço

Rezei muito, muito mesmo. Em especial quando acordei, na madrugada do dia 28 de outubro de 2017, nua; e tive certeza de que meu corpo vinha sofrendo estupro. Meu irmão faz 39 anos. Reneguei quando senti as garras de C. sobre mim. "*Vade retro*, seu demônio piorado!", aí gritei reza forte. E puxei foi o meu ser todo para a posição 7 gestos. Fiz sinais. Foram ficando mais fortes os sinais quando eu peguei a Bíblia. No que consigo sossegar, vejo *como* dolorida *eu* estou. E sinto nojo — farejo

---

[65] Uma relação íntima a três, a quatro, ou sabe-se lá quantos.

outra mulher ali. Minhas ancas, e mandíbula frouxas. Certeza tive de que vocação para capataz eu tinha, e ainda tenho. Foi quando viraram patas as garras dele. Foi tudo muito rápido. A bíblia virou uma corda aí eu amarrei as patas dele. E pronto. Os órficos não entendem o trabalho que isto dá: amarrar um porco em dois instantes. Você faz o laço, e o porco vai fugir, você tem que aumentar o laço sem que ele veja.

Não foi fácil, assim como não está sendo fácil. Falar dos estupros sofridos ajuda. Na verdade, falar dos traumas deixa a vida pior. Mas é momentâneo. Nas horas em que nos esquecemos das Ave-marias, fica mais difícil. A ausência, da reza, torna tudo pior. Ainda que o pior, o pior mesmo, de tudo, seja a vida medíocre que C. levou por 10 anos. Agora ele está ali, amansado. O porco amarrado para virar toicinho. Quis o destino que eu conseguisse viver para vingar o ato dele me violentar. Agora fica aí desgraçado, bem amarrado, que você vai me ouvir. Jamais existiu nem existirá alguém capaz de enlaçar, e amarrar um mamífero mais rápido do que eu.

— *Oinc oinc.*

Aí ele se mexe um pouco para tentar sair, e eu dou uns cascudos nas orelhas dele. Ele parado. Agora chora, né, neném? Desgramado. Sobretudo antes das palestras e de ficar com as mulheres, e isso tanto em Roma, quanto na Grécia, Suíça, Suécia, São Petersburgo, Israel, China, São Paulo, Porto Alegre, Rio de Janeiro... Irrompe às vezes, nele, nestas horas um choro. O porquê de tanto alarde ignoro. Sei que tive até de gritar com ele. Tive que gritar — ele próprio viu a necessidade de eu expurgar dele aquilo que, dentro, iria o fazer enlouquecer. A sua consciência de culpa.

*

Amuni: — É melhor ele fechar a padaria, e abrir um açougue.

Eu até o ajudaria se não fosse aquela minha paranoia de verificar se eu estava conspurcada, ou se pura. Todos os dias.

Cafusa é o nome da bola de futebol. Cafusa sou eu. *Cafuso é C.*, jogando-me de um lado para o outro. Sei que um dia, depois dele morrer, vou cantar muitos sambas de roda, para ele se ir com as dançarinas iluminadas. Saberei reconhecer, não só o bonito, mas também o feio. — O seu 'filho da p***' fica calado aí que agora quem manda aqui sou eu.

*

Assim, não me desfiz do poder da fé nem um segundo: apeguei-me ainda mais à minha Virgem Santa. Uma volta no terço, duas, e aí, logo eu com a novena rezada. De tarde já eram outras tantas voltas no terço, e, no que suponho, C. acaba desistindo de minha alma. No que reclama, penso: quem me dera, nessas horas, ter a força bem vetusta de um padre.

Tirar de mim a ideia fixa de suicídio a maneira tibetana, não resolveu o exorcismo. Aí, daqui a pouco vieram as ligações para o Centro de Valorização da Vida (CVV). O apoio das moças me ajudou bastante, mas não resolvia o problema de eu querendo me matar para matar C. Ele, quando voltava a sobre-existir dentro de mim, trazia junto o inferno. De modo que, somente no Carnaval de 2020, o suicídio deixaria de ser uma opção plausível para me livrar do desespero que era C. naqueles oito anos.

Fui ao terreiro de Umbanda, tentar livrar-me de C. Lá, São Miguel disse-me que estava difícil desatar o nó que unia nossas almas. E repetiu palavras:

— O que os Orixás juntam, mortal nenhum separa.

Entendi que a aclamação pela separação de nossas almas tinha de partir do divino para ele mesmo. E eu pensei em fazer isso, mas, na hora, cadê o poder de chamar os espíritos? Eu mesma não conseguia era deixar de olhar para o chapéu do São Miguel, pelo azul que brilhava com a purpurina, pronto para a Avenida! Enquanto para o chapéu eu me orientava, para mim eram dirigidas palavras sábias:

— *Ocê está praguejando contra uma benção, mia fia. Anote, vosmicê, suas lembranças e escreva um livro mió. Para mó de fazer-nos todos aparecer.*

O que faltava para mim, segundo os santos do Candomblé, era "completar a missão" — pois, bem.

Eu esperei ainda, para ver se eles — São Miguel e C. — chegavam a se combinar no plano espiritual. Mas nada.

20.3 A Camélia - Nisto superemos os gregos!

Se não ter a sabedoria da governanta de "Amar, verbo intransitivo" nos torna pior, a Alemanha já me é intragável... A sabedoria de se postar obediente, de novo, jamais! Chamaria de diplomacia, aquilo em mim, se soubesse etimologicamente o que essa palavra significa.

E estávamos em Copacabana. Bem cedo, no cantar de um galo que se fez escutar, as vacas dão leite. Vejo nascer o malandro.

Avati: — Aonde?

Amuni: — Na praça Marielle Franco.

Morte vetusta: em pele de um leão. A descoberta: de que só *Santo* pode *não* ser. Exorcismos? À Era do canto voltamos! Atrás das montanhas, o toque do Atabaque. Em alto e bom som — Dona Ivone Lara.

*

Ouvir ofensas, e não me calar. Ver experiências de prisão, mas a prisão ser perpétua desde dentro. Saber-se desejada e alijada por causa do desejo suscitado. Quando um negro pega em arma, ele já sabe que vai morrer. E empunha por isso mesmo a bendita. Quando a esperança é finda, a morte é um remédio que se toma rápido é como um gole de cachaça: arde, mas é no quente que se morre.

Nisso superemos os gregos.

Armas, sim. Pegaremos em armas, sim. Para impedir que a pérfida escravidão aconteça de novo. Sim. Ao invés de atos que alimentam uma estrutura de escravidão, deverá ser tornado obrigatório o significado da palavra amor. Para sempre, e em todas as línguas. E que o ensino disto que nos faz livres, e que em grego se chama *ágape, eros, philia, storge,* realize-se a cada vez para um número maior de pessoas. A fim de que ninguém se arvore senhor de ninguém, esperanto!

No amor não se "usa" nem se é "usado". O fim último, sendo o aprendizado mútuo, atenta-se para o que acontece no meio: onde é mais precisa realização de nascividade. Todos nós somos de origem afro-brasileira, e condenando essa origem, estaremos condenando a nós mesmos.

*

Condenados à subalternidade, estendem-me as mãos, e suas mãos são ternas. Trata-se de uma experiência junto a qual nunca viverá quem não vive. Em meio ao Polvo Leviatânico, quem tenta ser é morto. Já aqui, onde a fraternidade é cotidiana, a terna devoção à experiência de se ouvir o coração é o que ainda pode nos salvar. Essa experiência, e tão somente ela, permitirá nos livrarmos de dois dos piores monstros da contemporaneidade:

1) A falta de tempo. Porque ao ouvirmos o coração, ficamos em contato com o seu ritmo. Sei que se errei foi por não saber enxergar em C. as artimanhas de Exu.

A Deusa que, por hábito, manda-me ouvir música, com ela aprendi a ouvir o que agora posso ensinar.

2) O colonialismo. Saber que somos tempo, permite-nos apreciar tudo como temporal. Matamos com essa prática a crença de que algo seja permanente. Agora, a fim de que possamos perseverar na investigação do motor que gera escravidão, leiamos Hegel. Começarei a leitura, e C. a prosseguirá. Amuni, tire a mordaça da boca dele para ele poder falar, por gentileza.

20.4 A Negritude em mim

Convido C. a refletir sobre a questão da escravidão e da libertação: O escravo nunca será reconhecido pelo senhor. Digo a C. "O negro de caráter que se casou com a minha Bisa, alforriando-a dos maus tratos de um branco colonizador, e que me legou fortes traços, meu bisavô paterno, Joãozinho d'Ogum, logo enriquece e, com pendor para as matemáticas, não deixa registrado como os seus pais, meus bisavós, conseguiram a alforria".

Quando enriquece, o negro no Brasil vira "branco". Isto é, não sofre tanto preconceito quanto os que permanecem pobres. No entanto, o negro rico traz consigo as misérias dos "outros": meu avô será para sempre tido como tendo enriquecido do "nada". É preciso nos despirmos desses olhares maldosos. Seu trabalho, seu suor, e suas lágrimas são reiteradamente tomados como inexistentes, posto que provindos de um negro. A cada vez desprezados, esses significantes aguçam a curiosidade da citadela: não chegam a fantasiar que ele teria achado, em uma caixa de sapatos, o dinheiro que lhe fez rico? E divulgam isso até hoje na cidade!

Trabalhou, sim, este bisa, por toda a vida. Pode até ter achado um dinheirinho, sim, mas se achou, foi pouco, e devolveu, na forma de hortaliças. Pois era comerciante. Logo, sabia da mais valia a fama de honestidade enquanto verdadeira *agalma* do desejo. Mais vale a honestidade do que tudo no mundo. Caixeiro-viajante. Ele era tão bom que logo se tornou dono da loja de inutilidades mais central da cidade! Bem no centro de Mesquita.

Minha memória é forjada em parte por preconceitos herdados, e que apenas me deixam só. Por que afinal o ex-pobre suscita inveja, não apenas nos ricos, mas também na classe média, e mesmo nos outros pobres? Quem inventou a estória da caixa de sapatos, inventou-a com qual objetivo? Bom, o objetivo está claro é desmerecer os esforços de um negro. E isso também acontece comigo... Minha luta pela liberdade eterniza-se à medida da resistência de reconhecer a própria ignorância de C.

Retomemos a questão a partir da matemática do tempo: o senhor, C., não quer o tempo, que transforma tudo, ele quer apenas tornar eterna a sua senhoria. O escravo, por sua vez, é possuído pelo tempo. Ele deve saber que o tempo está a seu favor, sempre. O trabalhador, demiurgo de si.

O tempo não como um fenômeno a-histórico — como quer a Física moderna —, mas como o tempo da história se fazer, isto é, ser experimentada, aí, ele, o escravo se recordará talvez das reiteradas faltas de reconhecimento, assim como talvez dos tapas na cara, do azulejo frio da cozinha *et cetera*. Nisso pode se evidenciar para o escravo o seu tempo como, apesar de precioso, desvalido reiteradamente pela autonomia do senhor, que deseja apenas eternizar-se na senhoria.

Trata-se do movimento da dialética do desejo.

— Enquanto provedora da memória, e do esquecimento, a história é que tece a realidade; a identidade das coisas? — C. é quem pergunta. Respondo:

— Não, C., não necessariamente. — Digo. E assim: — Há dois caminhos: o que pode considerar o ser como divina realização da Deusa *Aletheia*, e o caminho que não considera o primeiro caminho. O primeiro caminho divino se tece junto a festejos atrás dos quais habita um silêncio sossegado, o segundo, ao contrário, tece-se junto a uma eterna balbúrdia. Agora temos oportunidade de falar um pouco sobre *o segundo caminho* — *o do histórico avanço da burguesia*.

21

Medalhão: ô, teoria persistente!

Após estudar por cerca de quatro anos as minhas reações ao receber presentes, bijuterias, por exemplo, C. realiza que a forma mais fácil de se ganhar uma mulher é lhe dando presentes. *Potlatch*. E ele se transformará em um *serial gift* (quem dá presentes em série): algo entre Don Juan e Papai Noel. Com o fito de obter a confiança das mulheres da mais alta sociedade, investe pesado. Serão joias, chocolates, enfim... *Souvenirs*[66] de todas as formas, uma infinidade de inutilidades — dentre *gadgets*[67] e produtos de delicatessen que parecem não ter fim. Trata-se de uma moeda "espontaneamente" trocada. Em jogo: a confiança das mulheres da mais alta sociedade.

E o que mais? Ele não mantém o hábito de ler com acuro. Basta um olhadela nos livros que eu escrevo, por exemplo, *Avati Amuni*, ainda quando se chamava *Naukratis*, para considerar-se não apenas um intelectual, um erudito, mas um gênio.

Por que Amuni foi desamarrá-lo? As mulheres que recebem seus presentes se esforçam para retribuir as delicadezas. Daí, ele rapidamente ainda mais famoso, e volta a decidir-se pelas mulheres mais bonitas. Matemática. Ele me falou certa vez, para que eu parasse de querer denunciá-lo. Mas eu não desisti da verdade nunca.

Para receber financiamento graúdo, C. enumera as lições importantes. A número um: ter status e *faltar* com a verdade com frequência. Pergunto-me: a quem ele quererá convencer, afinal? Se possui a capacidade de conquistar umas 40, 50 mulheres de uma vez, por que se preocupar?

---

[66] Lembrancinhas.
[67] Apetrechos.

Ele só tem que dar um jeito na minha matraca e... E se dedicar a investir bem o dízimo que o fortalece. A glória dele é isto mesmo... Justificativas para o champanhe não faltarão. Para o champanhe, e para o uísque. As mulheres dedicam-lhe mais do que atenção — o adoram. A ele, elas dedicam-se como se fosse ele parte de si mesmas. E não faltarão mulheres!

Dia e noite, assisto às saídas noturnas de C... Paris. Nunca uma cidade foi tão cheia de luzes. Admirada fico. Sobretudo com o modo *como* ele faz com que as filhas adquiram uma identidade burguesa que ele considera perfeita. Aos melhores restaurantes, aos desfiles da mais alta costura, quase todos os dias, irão juntos: ele e as filhas. Da mais fina estirpe se trata, ele fala, e voltam a brindar todos os dias. A mais alta nata da intelectualidade internacional é sua coisa, o seu estranho... *Unheim*[68]... Ele afirma. Mas não: eu sei que o seu estranho é ainda me manter subalterna. Ou eu tiro dele outra libra de carne, ou eu não me chamo Avati Amuni.

Quando vejo a academia restringindo-se a nichos de professores previamente alocados que se reconhecem mutuamente, e que não permite que nós, os estranhos, subamos ao pódio, não me irrito. Rezo e aguardo o tempo da verdade. Viver aquele retrocesso eu sabia como necessário para ele se dar conta de que me escravizara. Novamente. Até quando eu iria suportar o desrespeito é que eu não sabia. Novamente. Só escamoteia o bichano. Impressionante. Ah, se eu te pego, eu te castro de vez, agora. Se nós estamos, sobretudo em matéria de politeísmos, muito mais próximos dos gregos, para que terceirizar a Filosofia?! Aqui, os poliedros! Abaixo à ditadura de valores!

Diz ele que, ao contrário das mulheres com quem ele convive, que têm status, eu sou uma Joana Ninguém. Dirá que *eles* sim, os europeus, têm o direito de compartilhar daquela *belle vie*[69], do hábito de tomar vinhos caros, e de fumar charutos cubanos. Insiste que tudo aquilo nunca seria para mim. Insiste, não, constata.

Certa tarde, a principal mulher de seu séquito fiel, o vê saindo com outra. Daí, ao invés de puni-lo, passam a lutar entre si. As que *não* são d'Angola.

---

[68] Estranho em alemão.
[69] A bela vida.

Amuni: — Por ele?

Avati: — Sim!

Amuni: — E ele ficou se achando todo gostosão?

Avati: — Sim.

Amuni: — Ave!

Certo dia, ele diz-me, orgulhoso, que irá para São Paulo. Fico apavorada, pois quando ele vem ao Brasil, desde o dia de uma surra que levei dele na cozinha, ele sempre volta a se tornar superviolento. Busco dedicar-me à leitura, e não pensar nele. Mas a violência piora, e a minha condição também. Novamente.

Antes de tomar muitos comprimidos de Diazepam, questiono C.: aquela sanha dele, por conhecer mulheres — "De onde veio isto, afinal?". Ignorada fico, mas ignorante não permaneço, investigo. À tarde, ele me confessará, dizendo que fora uma criança muito mal criada, e que o tratamento aplicado por seus pais fora levá-lo a um bordel. Isso quando tinha ele apenas 9 anos de idade! Foi assim então que fora aninhado o ovo da serpente...

Numa noite, ele descobre que a mulher com quem ele estivera na noite anterior deseja processá-lo por abuso sexual. Penso: justiça será feita! Ao menos agora conseguirei ter algum sossego. Ele será condenado!

Nossa história tinha de ter acabado com um acidente há seis anos é o título do livro de poemas cariocas que aprecio na livraria onde vou tomar chocolate quente para comemorar.

C. ainda não sabia que, distribuindo presentes para a burguesia francesa, perpetuava-se na lógica da burguesia. Em função do efeito narcísico, escraviza a si mesmo.

O efeito narcísico, Hegel

22.1 O efeito narcísico

A verdade sobre *como* e *por que* C. me manteve como escrava é que, às suas próprias perspectivas, ele não consegue enxergar. Avilta-se o olhar dele para si mesmo no momento em que tenta se enxergar nestes cujo desejo é escravizar o outro. Eis os mais cruéis motores do capitalismo burguês: o medo da morte, e a conspícua recriação de distrações.

Avati: — Debulhemo-nos da tendência ontológica dele de não pensar.

Investiguemos: *efeito narcísico.* O que o ego mais deseja é velocidade. E daí, à recriação de recreações, no fundo, exasperantes, pautadas na certificação prévia e posterior de uma *imago*[70] ele vai. A prevalência do umbigo como fator preponderante na doença de requerência de reconhecimento, em detrimento do pensar... Eis tudo, e nada. O gozo que nos remete senão à primeira infância, isto é, aos primeiros "eu" e aos primeiros "eu-não"... A urgência de "ser-se" apenas no agradável.

O *efeito narcísico* tem dois nascedouros: a infância e a sociedade burguesa. A primeira é criada pela segunda. Acreditar-se em meio à totalidade, como único detentor do direito de ser: eis uma doença abundante. O cume dessa hierarquia, por sua vez, permanece reservado a uma elite política cujo principal traço é a crueldade.

Se os projetos políticos – comunismo e anarquia – irremediavelmente fracassam, por outro lado, também a burguesia soçobra, entediada, desejosa de cada vez mais velocidade.

---

[70] Imagem de caráter estruturante que pode redundar tanto na formação de compromisso quanto na formação de esteriótipos úteis para o traquejo social.

22.2 Hegel

C. cresce, desafia-me:

— E você acha que os séculos de repressão da sexualidade promovidos pelo cristianismo terão remédio por meio do pensamento e do diálogo?

C. impõe a bandeira do descontrole das vergonhas. Como um *pharmakon*, remédio, em grego, às vergonhas tomadas agora seriam como uma chaga. E se erige no lema: "Desvencilharmo-nos de nós mesmos, isto é, despudoremo-nos!" Paris. Pombas.

Aí, tem lugar: uma servidão consentida e autoimposta. A sede de sangue que essa guerra gera não terá fim?

*

A Hermenêutica, iguala todos os pensadores em uma mesma linha de tiro: a Grécia.

Foram necessários sete anos para C. se dar conta da importância teológico-histórico-filosófica de um pensador do calibre de Hegel. Sete anos.

Para C., até então, Hegel era tão somente um aristocrata, *tout-court*[71], e eu teria "viajado na maionese" ao interpretar Hegel como um abolicionista.

— Sob nenhuma hipótese — diz C., — um filósofo alemão pode enxergar-se na pele de um escravo. Impropérios fala tu, tatu. (Ele para mim).

Quando o povo judeu é condenado ao trabalho escravo no Egito Antigo, por exemplo, e a libertação se dá por meio da Palavra que Deus coloca na boca de Moisés, estas palavras têm propósitos abolicionistas. Aliás, a escravidão no antigo Egito era muito melhor do que as atuais... As bíblias, todas elas, o que são senão odes à libertação, e votos de cuidado? Somente quando se arvoram sobre o pudor dos fiéis são os textos sagrados lidos equivocadamente.

*

---
[71] Simplesmente isto.

Eu mesma tento pensar com base em Hegel, preciso reconhecer que faço uma defesa tosca deste autor. Aí, com base em minha defesa, C. se apropria do que eu pensei, e vai para bancas de doutorado se considerando um exímio hegeliano. Sinto na pele as consequências deletérias de se defender um autor machista como Hegel.

Hegel precisaria dançar numa festa bonita de São João, tomar quentão, comer salsicha, e dançar com Sinha, sinhazinha para ser meu aliado. Os analfabetos são os que mais sabem, porque estão na Palavra de Deus, ou seja, mais próximos dos bichos.

22.3 A Cobra

Logo, o transe divino é a única forma de combatermos a metafísica desgraçadamente patriarcal.

Aí, no que anoitece e, ao entardecer, sinto a presença de algo sinistro no ar, e é bem perto de mim que sinto. Tento escrever, mas algo me impede. Minha concentração se volta para a montanha. De lá, algo infausto chama-me a atenção. Aguço a visão, e me vem um calafrio. Uma cobra? Sim! Menos de três metros nos separam. Na varanda, observo... Ela se camufla no musgo, mas posso vê-la. Num gesto de apavorante nitidez, ouço os guizos.

Venenosa... As pupilas em fenda vertical. O olhar da ciência de congelar os movimentos. Ela cria uma atmosfera estática cuja densidade é silêncio e atenção plena. Só sei que eu não sei nada sobre ela.

Diante da cobra, minhas pupilas se dilatam; e os membros de meu corpo parecem congelar. Desfoco a visão. As cores ficam lentas. Em transe, eu e ela. Poderíamos dançar, e dançar, e dançar. E ela me mataria.

Na totalidade, em sincronia com a danada, entro em outra realidade?! Venenosa, concluo, por serem retos os olhos, e não só pela cabeça triangular, mas pelo guizo que chacoalha. É uma cascavel, com certeza. O que me induz ao transe? Será o seu chocalhar? Talvez a sua língua, ágil, bífida, e que encomprida. Faz-me lembrar das bandeirolas de festa junina um beijo, e já era. Arroboboi Oxumarê! Oxumarê. Se eu tivesse uma espingarda, eu não atirava? Atirava. E morta seria eu também.

Da realidade onde sou pura e fresca, ela me tira. Por que me causa estranheza o seu caráter? Por causa do horripilante em si. Ela parece me convocar a ser, e não só *com* ela, mas *como* ela. Para o outro lado da montanha vou, como ela ser. Comeremos pássaros, e ratos. Posso confiar-lhe a vida?

Não, nunca, jamais. Mas o transe me indispõe à linguagem dos homens: inocência nenhuma, não, só maldade. Neste ausentar-se de toda inocência, o barulho do "S" por trás do silêncio faz com que a realidade se fragmente em uma miríade de vitrais. E chacoalha o rabo. Ouço gritos? Dançamos na atmosfera? Num rompante, fecho a janela, com medo daquela coisa metálica se instalar mais e mais.

Em definitivo: uma cascavel é sempre uma cascavel. Nunca é convidada a festas. Verifico se fechei bem as janelas, e se ela pode pular o abismo que nos separa. Cuido para que meu filho já grandinho não seja sua vítima. Na varanda, suponho que ela irá comer os ovos dos passarinhos. Desprotegidos, morrerão. Eu não. Só porque sou amiga do gavião de caráter estridente. Agora eu sou uma cascavel.

Isto me dá certa tristeza: o desamparo dos passarinhos me comove. Mas se eu não os comer, vem o gavião e come, então, minha melancolia dá lugar à seguinte certeza: de que os pássaros precisam ficar mais espertos, por causa do gavião também. Não posso ser uma cascavel para sempre. Lá do alto, vez por outra, desce o gavião, também disposto a me comer. Não quero ser uma cobra para sempre. Não: mas agora, lembrar-me de que sou mamífera se tornou difícil. Mamíferas ensinam a pensar, concentre-se, Anna: para que jamais voltemos a conviver com a pérfida escravidão é preciso voltar a ser mamífera. Comigo ninguém quer mais ficar! Agora, uma mulher já volto a ser. Já posso *saber* me transformar.

Minha esperança agora é que a cobra possa desejar-me, de modo a deixar os passarinhos em paz, livres, para que possam crescer, e trazer a primavera e o Carnaval de volta. Em minha maneira de ver, no caso de haver uma luta entre o gavião e a cobra, os passarinhos é que sairão vitoriosos. A cobra fede, e o seu fedor é metálico. É extático, como C. ao ver as minhas fotos nua. No que sinto o cheiro, tenho curiosidade, e ao mesmo tempo repugnância. Desejo aprender a comer carne de cobra. Mas os bombeiros dizem que não pode. Que ela poderia me comer, mas que eu não poderia comê-la.

Voltada para a Bíblia, rezo. À memória vem o primeiro acontecimento sobre o qual versa a Palavra Sagrada. Não é a serpente quem traz o desejo pelo fruto proibido? Alimenta os olhos de Adão e de Eva, que se abrem. Depois do transe, nasce a vergonha. Veem-se nus. Distinguem o bem do mal: mal é verem-se nus. Eternizada, a vergonha desmerecerá para sempre o saber, ou se alimentará dele?

A vergonha eternizada. O fruto dessa árvore não leva à virtude, mas ao vício. Virtude seria não ter vício algum. Um dia nascida, a vergonha não nos deixará nunca? Nunca mais. Respondo C., e pergunto a ele: se ele tem vergonha de mim. Mas pergunto tão em silêncio que não deixo que ele me ouça. A vergonha dele me sufocaria tanto, que eu teria vontade de me matar. É uma das experiências pelas quais passo àquela altura. Busco evitá-la. Esquecê-la. Mas o sangue na maçaneta não deixa.

PARTE VI

Poros e Penia dormem juntos

Poros dorme

Antes de se completarem 10 anos de escravidão, ainda em outubro de 2017, as primeiras notícias de estupro coletivo chocam. É macabro que meninas sejam violentadas por 10, às vezes 20 homens... Submetidas a drogas, acuadas por outros adolescentes, ou mesmo por homens adultos. Às vezes, são os próprios familiares que trazem as meninas cativas. Como abutres, rasgam-nas. A maldade estampada será ainda fotografada, e exposta nas mídias.

Neste dia em específico, 28 de outubro, faz sete anos que eu e C. nos conhecemos. Lamento a notícia do estupro coletivo, mas sei que a minha realidade não é muito diferente da delas. A notícia de que o processo por abuso sexual contra C. veio a ser arquivado tampouco me choca: é um cisco momentâneo nos olhos dele. Ao ver o que se passa em nosso horizonte existencial, nem choro mais.

O sociopata com que divido o destino ainda iria ficar um bom tempo impune naquela vida de solteiro adolescente. Lembro-me dos quatro projetos de pós-doutorado que eu tentei levar adiante, e de como o sobre perversão foi o mais difícil de ser escrito. Serei levada a desistir. A cobra que habita em C. me levará a desistir. Visa com isso poder me maltratar sem que eu pudesse fazer nada para o impedir.

Passo a vagar, sem mais ser. Tanto que até *ele* se desespera. Aí a compulsão dele, por drogas, aumenta. Antes que eu pudesse perceber "o que" estava se passando, sinto em minhas veias algo metálico, quente, que julgo ser heroína.

Durmo com dificuldade e, pela manhã, C. diz que *eu* não sei 'de toda verdade'.

— A verdade do que acontece enquanto durmo? — Pergunto a ele. Mas ele se recusa a dizer o que entende por "verdade". Sei que *ele* mente. Já à noite, não sei mais o que acontece, mas sei, pela repercussão dos fenômenos em meu ser, que ele mente, e muito.

Dado o caráter esdrúxulo da situação — por eu dormir, e não poder saber o que se passa realmente —, tento investigar. Atento-me aos sinais refletidos em meu ser. Estes ficam gravados como signos; marcam o meu ser como se *eu fosse* um tecido.

Quando atento, contudo, na maioria das vezes, leio, e vejo, houve abusos sexuais. Ele tenta se defender. Mas sei que ele mente. Neste "sabe-se lá quem" é o meu ser que ele possui — e isso deixa marcas.

— É? Ele mesmo *num* via não? — Esta voz de quem devia de ser?

*

Certo dia, ele volta a aparecer raivoso: "nada de gritar." Sequer eu tivera tempo de abrir os olhos.

Na madrugada de quinta-feira, Dia das Crianças, acordo, e vejo o meu corpo sendo possuído. Fico com raiva, e logo tristíssima. Por ciúmes; e raiva, porque o sangue que corre nas minhas veias não é movido por amor. Os meus seios, útero, ovários e vagina não tinham sido meus durante mais aquela noite.

Tente entender leitora, leitor: vi que o meu corpo fora servido a orgasmos que *eu* não pudera sentir. Volto a rezar o terço. Peço ajuda para todos os santos. Rezo tanto e tão profundamente que caio no sono de novo. De manhãzinha, quando acordo, estou mais tranquila, mas sinto meu útero largado como se fosse uma fruta comida.

Nos jogos eróticos nos quais C. se joga em Paris é... Sobre mim que ele estava, afinal, compreendo. É do meu ser que ele se apropria.

E Gaia, assim como Reia, mães, todas também usurpadas de suas essências, livrai-me daquele homem, Senhoras! Deixem o Cronida nascer, mas também morrer. Tento enganar meu desespero com o canto de mantras.

Amuni: — Daí, "eu" não *estava* no corpo que flutuava. Quando volto a mim mesma, dou-me conta de que...

Avati para C.: — O que exatamente você estava fazendo? — Ele se silencia.

Avati novamente para C.: — Eu vi que você enfiava a cara em peitos, e em bundas! Ou negará isso também?

A policial número um:

Avati: — Não te faças de dissimulado...

E a policial de número dois:

Amuni: — Seu horrendo.

Antes que ele pudesse pensar em se disfarçar, como acontecia há já um bom tempo, mais de seis meses, matá-lo-ia — e pronto. Morto o seu ser no modo como ele habitava dentro de mim. Até noutra vida, zé mané.

Amuni: — Daí, ele até nos ajuda a planejar o suicídio. Atiraria o carro no primeiro barranco que aparecesse. Na direção do mar.

Avati: — E daí pensei que se nós, em matando-nos, não conseguíssemos nos desvencilhar dele ainda? Você nunca pensa na pior das hipóteses...

Acordo. O que me causa repulsa não é o obsceno, mas o inumano. "Ô, caráter de lombriga, seu platelminto, hiena, pior bicho do mundo! Verme!" Serão só esses epítetos os que eu conseguirei repetir por meses a fio.

Avati: — Isso não será construção de sua mente, Amunizinha?

Amuni: — Pode *inté* ser, mas eu mesma não conseguiria mais parar de gritar.

No espelho, a beleza de mim desaparece. E ele? Não sei se por brincadeira, mas chega a pedir que eu o deixe abusar de mim!

Avati: — Que consentindo, dói menos, não é?

Amuni: — Filho da p***. Tem dia que, quando termina, diz que me dará dinheiro pelo meu silêncio. Ao descalabro, procuro não dar atenção, atenta à maior das resiliências. Seria esta enfim a única forma de eu me libertar: seguir os Dez Mandamentos. À Bíblia e à novena, ora pois.

Apegada ao silêncio, vejo-o: bêbado, voltando a me xingar: "estúpida, vou te deixar herdeira!"

Do vantajoso para mim eu não vou dizer, do vantajoso. Vantagem, nisto quem vê: não apenas a lata d'água na cabeça, mas os cacos de vidro... E para tristeza e sofrimento? Estas ervas aqui, Sinhá. E o Atabaque, e mais orações. *Axé Babá.*

Acho que foi isso exatamente o que nos levou a um terceiro ciclo, ainda mais mortífero. Pois quando vejo que ele vai usar de violência, já parto para cima também. Foi quando passei a jogar a minha cabeça contra a mesa de cabeceira violentamente, a fim de atingir-lhe. Por três vezes, acordo no meio da noite, e dou uma cabeçada nele. A cobra em mim nascida que dá.

Ficam uns galos enormes, mas de uma certeza não abrirei mão: ah, que eu dei uma surra nele dei. E adquiro o hábito de plantar bananeira: fico de ponta-cabeça, para evitar que ele se apposse de meu útero, e durmo no chão, de calças apertadas, vez ou outra. Com pouco, também adquiro o hábito de voar contra o armário, para efeito de dar-lhe outro safanão. Aí: "êpa, êpa, *Epa rei*". Cobra cascavel, Belzebu. E quero lhe dar um tiro na cara, ou uma facada no estômago. Mas são desejos etéreos... E quando vejo que fui atingida, rapidamente, antes de ser rotulada de piranha, de puta, à batalha. Novamente. A exemplo de Moisés luto com Deus.

Se pego o rabo dele e puxo seria brilhante. Uma gritaria danada!

Quando acordo com a mandíbula dolorida, e inchada, sinto que exagerei. Mas ainda assim grito, berro, choro, arrebento-me... Mas não deixo de lutar.

É para se livrar do tédio que ele faz o que faz?

Ignoro. Já eu, tento postar a seguinte notícia no site de notícias do Instituto Lacaniano de Psicanálise, nos blogs de psicanálise e no caramba a quatro:

"*C. H. est un violeur. Je suis une Cassandre brésilienne.*[72] Todos vocês vão morrer, e sem a mãe-terra, com o vírus, esse caminho rumo à morte será horrível; e gesticulo sinais: a morte ficará bem mais difícil, a travessia, insuportável, sem o aberto!

Dra. Anna Perena."

De repente, escuto uma voz:

— Erva clareira, sinhazinha.

— Se esta erva é boa mesmo mãinha, vice, tomarei!

---

[72] "C.H. é um estuprador. Eu sou uma Cassandra brasileira."

*

Os alemães, então, olha aí, dando continuidade à saga dos colonos europeus, que já nos estupravam, nos comiam, e a nossas frutas, tomavam nosso ouro. E agora novamente ainda: por conta de um mísero de um espelho, chamado até agora de efeito narcísico, tudo nos é roubado novamente. Os colonizadores e seus gozos gangrenosos, e eu com o meu corpo ainda adormecido, ensinaram-nos o que, hein?

— A esconder as vergonhas. A partir e por meio de reiteradas humilhações.

24

TV-onírico

Numa noite, acordo no abrupto, e me apalpo: o corpo revirado; os órgãos internos expostos. Os ovários, e o útero ainda com efluvios vitais, mas poucos. Impossível entender o que se passa. Quando lanço o olhar em volta, eis que me vejo numa festa. Mas eu estou de pijama, e as pessoas estão vestidas com requinte. Serão pessoas mesmo?

Divertem-se? *C.!* Olha C. trajando esporte fino, ele tem ao seu lado uma atriz famosa.

— Bebem champanhe? Estão em Paris?

Não entendo o que se passa, mas quando olho, vejo que estão à mesa, e que há certo entusiasmo no ar. Aí, sei o porquê de eu não conseguir dormir. O meu ser vinha sendo usado para abrilhantar a festa deles.

Grito, mas nada acontece. C., sobretudo, sorri, recusando-se a me dar atenção. Aí, eu rasgo as cordas vocais, mas não choro não. Pego a sarabatana, e fico, só no *krav maga*, por uma hora, pelo menos.

Muitos chutes e pontapés no ar, depois, sento e volto a escrever este capítulo:

— Se certo o naufrágio, naveguemos em busca de uma ilha.

— Naveguemos em busca de *Naukratis*, a última e derradeira parte deste livro! Lá, onde a Encantaria apenas há de voltar a reinar, a fim de fazer milagres, a prática do exorcismo é fundamental. Apenas esta prática será capaz de favorecer o tempo.

C. fala: "*é uma* questão de ponto de vista, *cara mia*, de interpretação."

Divagando junto a Protágoras, pois: "já pensou, se a medida de todas as coisas vir a ser você, seu bosta?"

No caminho para a Grécia, sento-me um pouco na proa do navio, já com as velas no alto. Alto mar. Do alto do navio negreiro, ainda pleiteio a possibilidade de lhe provar que podemos pensar juntos.

Tendo demonstrado, com os meus gestos e sinais, como o de subir na proa, ver superado o mais alto de meu desespero, fica tudo mais fácil. Faltava fazer apenas com que C. reconhecesse o demônio que habita dentro dele. Para tanto é que voltaram a serem necessárias as filosofias alemã e grega.

Mostrar-lhe que podemos pensar juntos, e mais: mostrar que *ele* pode pensar, torna-se a minha principal frente de batalha. Quando fez-se o milagre, acho que eu estava na cozinha: o título *Naukratis, o Portal* me veio. *Êpa rei.*

Charlotte II – A sobrinha do Tonico

Na semana seguinte, surge no ar um cheiro de hospital, e vejo C. surpreender-se com uma garota sentada no corredor. Ares de menina. Em frente a ela, o quarto de um amigo seu: o milionário Tonico.

— É — C. volta a constatar.

Um redemoinho surge.

— O que uma menina daquela idade estaria fazendo ali?!

Tonico era o maior herdeiro da indústria da mineração da Europa. C. ficara sabendo que este seu amigo estava hospitalizado, e foi visitá-lo.

— Seria sua filha?! — Sou eu quem pergunta, imbuída da mesma curiosidade mórbida de C.

— *Enchanté*[73].

Ele não desafina, o canalha. Erigi-se mais rápido que a lei da gravidade. A coisa fingida de Homem com H maiúsculo. Um segundo, e o paletó bege claro reaparece enorme, tão claro em seda e em linho, as calças voltando a ser pura sedução. Bípede, empluma-se em frente à sobrinha do Tonico.

Amuni: — Emplumado? Por quem mesmo que ele volta a perder a cabeça?!

Avati: — Você estava dormindo? Ué, pela sobrinha do Tonico no hospital.

O grupo de amigos para *la fiesta com la sobriña del Tonico*[74] organiza-se como que espontaneamente. Chanel, tudo perfeito.

---
[73] "Encantado".
[74] A festa com a sobrinha do Tonico.

Quem abre a porta?

Ela — Charlotte II. Num *tailleur* elegante, marrom. Não deixa a mais ninguém ver o *collant* rosa que traz por baixo, só a C. deixa ver, o que ela é por baixo.

C. —- Filha da p***.

Amuni: — É a resposta dele ao convite?

Avati: — Sim! E ele pensa ainda: o tio no hospital, e Charlotte... Né? Soltinha no mundo.

Todos se despedem, e a menina simplesmente não me abre a porta da *Cave*, a adega de Tonico, para C. Eu: embasbacada. Um sofá só era pouco para as tantas drogas que eles tomavam.

Segundo C., Tonico havia sido impedido judicialmente de ter acesso à sua fortuna pela família. Mas agora que ele precisava de dinheiro, a sobrinha tinha de fazer valer de alguma forma os cuidados despendidos com ela até ali. E a conta do hospital já somava milhares de euros. Por isso, Tonico ainda "dá festas", ou melhor, aluga sua casa para festas, e C. é quem fica responsável pela venda das drogas.

A menina que abre a porta não aparenta mais do que 14 anos. Sapeca no olhar, e C.:

— Seus olhos são tão brilhantes quanto as estrelas do céu.

Não é retórica não.

Amuni: — C., deveras apaixonado de novo?

Avati: — Deveras.

Não menos do que 40 anos os separam. Quando vejo, o gosto metálico volta: é gosto de lobo que vê a presa e se sente livre para julgar. Eles estão sós, e se sentem livres para julgar esta possibilidade: das vergonhas da menina serem uma delícia.

C. de vento em polpa: mais leve, e rejuvenescido *a cada instante* que dela se aproxima. Termina por concluir que:

— Na madrugada, todos os gatos são pardos. Para o titio aqui, vem, belezinha, vem...

O sofá branco com pele de Puma, e a sobrinha do Tonico, recusa-se a transar com ele?

Sei que permanecida, no espaço-tempo, apenas a leveza de uma flauta de 2 mil compassos: Charlotte II. C. persegue mais é um estalo — e são brilho nos olhos, e o metálico nos dentes. Descansava nela a sua alma? No etéreo, vai até a menina. Sua língua quer pular, gigantesca, dentro dela! Ele sente o cheiro dela, e o cheiro o contenta. E ele não consegue reconhecer pecado nisso.

A inocência... Livres de todo o mal. É lépido, e fagueiro? Ao apaixonar-se pela sobrinha de Tonico... O sentido da vida aflorado novamente. No descaminho, um tornado, a sua memória, uma varredura completa. Tirar, ao menos um pouquinho, daquela inocente falta de inocência: daquele serzinho que tanto o exaspera...

No abrupto:

Em vez da língua, a mão vem a ser miserável... Hum, belezinha... Os tentáculos, na altura da face dela.

Acariciam-na? Realiza que não pode ver a inocência sem o desejo de conspurcá-la. E como Charlotte se recusa uma vez mais, ele vai até a mala dele, e pega um frasco.

Destruindo a si mesmo, ele tentaria suplantar mais uma vez a maldade que traz dentro de si? Como evitaria, afinal, aquele mais-gozar que se aventava tão pedófilo?

Pergunto. Não, matar não, somente pegar na mão dela... Enquanto ela estiver dormindo, e ver o que aquela mão é capaz de fazer... Dormindo. Aí sim, dar-lhe-ia apenas um beijo. Um beijinho só.

Foi tudo muito rápido, e eu não soube o que pensar. Apenas depois de escrever este capítulo, compreendidas foram as razões, de ele me maltratar tanto naquela noite: o senhor, quando almeja outra escrava, sempre maltrata as demais, as já adquiridas. Aprendida a lição: que apenas o ódio podia estar mais uma vez no âmago do desejo erótico de C. Ele se nutre dos maus-tratos perpetrados em quem ele acredita já possuir.

Amuni: — Venha a mim, encarnado de Deus, por quem me derramo em lágrimas. Sofre comigo, e no que me dói, lembro das dores equivalentes que também sofreste.

Amuni apega-se ao Pai Nosso...

C. não amassa Charlotte contra a parede, como eu estava habituada a lhe ver fazer; ao invés disso lhe dá um veneno com champanhe.

Penso: "no que pego, é para capar".

Com uma das mãos, seguro um caco de vidro, com a outra, meus pulsos expostos. Aí, eu já estava possuída:

— Se você botar *um dedo* nesta criança, eu me mato.

Tento acessar o espírito da pequena, a fim de lhe fazer fugir:

— Corre, corre, pequenina. E você, C. cascavel, afaste-se! De uma vez por todas! Não vê? Eu me mato, hein! — Aí, sinto que a pequena me escuta. E que para de se oferecer à C., mas era tarde demais, ela já tinha tomado o sonífero:

— Você está achando que eu vou deixar você tocar nela, seu facínora? — Mas aí, ele nem me olha. Com pouco, não consigo mais me concentrar. Antes de perder a consciência, ainda vaticino: "maldito sejas".

Súbito, não vejo mais nada. Uma estafa me toma.

*

Acordo só no dia seguinte. A fim de saber se C. abusara, ou não, da pequena, analiso as marcas em meu corpo.

Amuni — Filho da p***, pedófilo de m***! — É apenas o que consigo dizer desde aquela condição em que, digamos, tantas Heras subiam, pelas paredes afora. Palavrões precisavam sair de minha boca ainda, depois de explodir. De meu ventre possuído, soube enquanto ele estuprava Charlotte II.

Ao meu ódio, dou a última oportunidade de fuga: que este livro sirva de manifesto.

Ele sorri para mim, e diz:

— O ódio é a face mais explícita do amor.

Filho da p***.

26

As ameaças daquela Charlotte danada

O manifesto ficou mais ou menos assim:

"Seja Bendita a Fruta, para que uma miríade de super-humanas ainda aprenda a ouvir isto: que aprender a se defender destes bostas que estão no governo é preciso. Aprendei a nadar contra a corrente, valorosas, cantando".

C. riu um riso largo, no qual, no entanto, habitava a mais completa tristeza. E me disse que Charlotte II ameaça-o com chantagens, e acrescenta:

— Mas, felizmente, todo mundo tem um preço...

Então ele dá a entender que tinha dado dinheiro àquela Charlotte, para não ser denunciado por estupro. Irrita-se:

— Anna, você vê anjo até em porta de cadeia!

Desconfio de que esteja bêbado, pois também o vejo tombar. Termina por acrescentar que nem um dia eu aguentaria no mundo real, sem seus infindáveis conselhos, sobretudo os de como conservar melhor a honra.

A condição prévia de sua metafísica: para melhor nos explorar, separar a nós, mulheres. Inseto. Eu desafio:

— Você não conhece o *tino* que tem esta Charlotte, a sua determinação para mandar toda esta metafísica da testosterona à merda. — Daí sou *eu* quem lhe dá a notícia: que Charlotte embolsara o dinheiro dele, e que conseguira processá-lo também por corrupção de menores... Ladrão que rouba ladrão...

Confesso que Charlotte me encanta. No tribunal, a vejo, vitoriosa, em terno preto, olhos de águia, um luxo! Move contra C. um processo por abuso sexual seguido de estupro, danos morais e corrupção de menores. Sei que, quando vejo isso, dentro, sinto uma força ... que me faz chorar. Um sentimento de satisfação indescritível me toma conta de meu ser. Abro uma cachaça para comemorar, quando me vem outra notícia, ainda mais esplêndida: que junto a Charlotte, várias mulheres somavam-se a fim de processar C. Aí, o peso de C., que até então se fazia sentir imobilizando-me, súbito, deixa de existir. A energia que sai de meu coração quase me faz levitar. Justiça seja feita. Respiro naquele mar de satisfação. As palavras que saem de minha boca são auríferas:

— Charlotte fez exatamente como você faria, C.: embolsou o dinheiro, e se foi. Não para a galhardia como você faria, mas para lhe denunciar como toda mulher tem que fazer. Aliás: risos foram feitos para transformar a atmosfera em cristais de luz. Ainda segundo a filósofa Anna Kálister Perena, o exorcismo por ser uma técnica muito boa para épocas medievais como a nossa teve que ser retomado.

No final das contas, C. ainda demorou para ser preso. Pagou uma fiança milionária, e pôde responder em liberdade ao processo que Charlotte II movia contra ele. Eu, mesmo estando lá no alto, bem no meio da construção do navio a que chamo *Naukratis*, o portal, não pude deixar de tirar um sarrinho de C.:

— E as evidências, hein?!

— Que evidências?!

— Todas, ora! Em especial aquelas que eu conto no livro.

Segundo Sócrates, só erramos por ignorância. Nisto o maior pecado. Só praticamos o mal por desconhecer a real fonte de força que é a sabedoria. Agora, C. chega a seu destino: a fraqueza. Não podemos ter pena dele.

Já, bem contentes, fora da masmorra, somos concebidas a partir de um princípio chamado: *Avati Amuni. Nele, a força de uma nave.* Gaia, a titã ia voltar a ser Lei Divina. Realizar-se-ia, esta passárgada egípcia: *Avati Amuni, em direção ao Portal Naukratis* — é para lá que eu vou!

Parte VII

EPÍLOGO
O Triste fim de C.

27

24 de outubro de 2018 - O Jornal de Paris

"Paris — 24 de outubro de 2018 -- O acidente envolvendo o caminhão da empresa Manhoff no *Quartier Notre Dame de Paris* esquina com a *Rue d'Arcole* foi cercado de mistérios. O caminhão que atingiu a Catedral de Notre Dame terminou no atropelamento de uma jovem ciclista e de um senhor.

Segundo relato de uma jovem senhora, na mesma hora em que a jovem foi atropelada, bárbaros passavam no local. O grupo de mais de dez rapazes jogou no Sena o corpo adormecido de Charlotte Mann Hoff — protagonista do filme *Charles, o urso*. Pelo que informaram as autoridades, a jovem teve o corpo arremessado no rio por ser identificada como a prostituta que deu a volta em todos, mas sobretudo em C".

O acidente aconteceu às 6h00 da manhã desta sexta-feira dia 13, entre a praça *Point zéro des routes* e a rua *Toilette*. O grupo ainda teve a ousadia, ou a impiedade, de gritar palavras de ordem em alemão depois do ato bárbaro. Mesmo tendo o fenômeno acontecido algumas vezes na história da humanidade, a consternação foi geral: ninguém acreditava que um professor pudesse ser atropelado junto a uma prostituta. Apesar do caráter sanguinário do ato, e da repercussão na imprensa internacional, os movimentos feministas de todo o mundo resolveram guardar silêncio. Todas as testemunhas supuseram que o senhor atropelado tentasse salvar a vítima. Esta que morreu, não se sabe se atropelada ou se afogada, ainda deveria, segundo uma testemunha ocular, agradecer-lhe pelo salvamento. A atriz pornô que fingia ter 18 anos foi imediatamente identificada, por um passista de escola de samba que lá passava, como sendo capaz das maiores impiedades.

*

Quando descubro que só eu sei a verdade: que foi o vitral de Nossa Senhora Aparecida que salvou C. da morte, acho curioso. Tendo escapado por um triz de ser esmagado pelo caminhão na parede da igreja, permanecerá ainda um bom tempo caído no chão. Passado o susto, as beatas chamaram o padre da Santa Igreja que, por sua vez, chamou uma ambulância. Na UTI, C. foi submetido a uma cirurgia de nariz.

Com base nos dados trazidos pelo Jornal de Paris, a verdade aparente é que os verdadeiros assassinos de Charlotte foram não C., mas a moral e os bons costumes. A verdade é outra: C., já quando se sentia ameaçado com o processo de calúnia e de difamação que Charlotte e tantas mulheres moviam contra ele, decidiu matá-la. Foi ele quem contratou o caminhão da empresa Manhoff, e o grupo bárbaro para isto. Ele pensou ainda: "vou lá para garantir que ela seja morta. E se eu for atingido irá parecer um acidente".

Por fim, a interpretação de que ele tentara *salvar* Charlotte foi uma surpresa para ele também. Ele ainda sairá do acidente com fama de herói. Depois de tudo que fizera sofrer tantas mulheres, aquele imundo, um herói, vejam só! O senso comum deduziu que Charlotte foi acossada pelo caminhão, e que ele se atirou para a defender. Ninguém pôde saber a verdade: que ele a teria empurrado contra a parede. Desacordada, depois de ser acossada pelo caminhão por uma distância de cerca de cinco metros, ela ainda bateu em C., que, em frente ao vitral de Nossa Senhora, a aguardava. Estava muito frio. Esmagada pelo caminhão o corpo nu foi pega pelo grupo de bárbaros fascistas, e jogada no Sena.

Os passantes viram o raio do corpo afundar, e nada fizeram. Assim, a verdade é que ninguém queria descobrir a verdade. Habituados a um cotidiano banal não ousariam sair do plano onde dormem para descobrir a verdade.

Seria preciso que fossem encaminhados em meio à ficção mesmo, à redescoberta, de si mesmos, como entes musicais. Talvez porque Charlotte fosse uma prostituta, ela pudesse fazer isso mais do que ninguém.

Terei que ir à Paris esclarecer a verdade inteira, sem fissuras. Esta precisará ser revelada, ainda, novamente.

28

Carta ao jovem Tonare Osotam

Carta de 28 de outubro de 2018:

"— Caro prof. Tonare, não se assuste com minha carta. Por receio de que aconteça algo comigo, lhe escrevo: lego aqui, nesta carta, e no livro em anexo, a experiência da verdade tal como a vivi entre as décadas de 2010-2020. Todas as informações reveladas também o foram para o Padre Notleh, sob modo de Confissão. Antes do Padre me ouvir, eu tinha medo. Tudo contado até aqui é verdade. Depois, alguns fatos foram inventados, mas como o senhor é mais do que sábio e inteligente, saberá distinguir o joio do Trigo. Invenção é realização de desejo. Já a verdade é bem outra.

Independente do que venha a acontecer comigo, saiba: que agora estou em paz, pois consegui revelar a verdade assim como o conteúdo filosófico nela a cada instante manifesto. Não se preocupe comigo — me preparei para isto por toda minha vida. Peço, ao final, um favor, e sei que posso confiar em você. Como você é sagaz saberá distinguir, nesta obra, a verdade. Pois me ajude a revela-la como se um segredo fosse. Agora, se fores passível de ser junto ao genuíno amor ao saber enquanto um acontecimento de entrega à totalidade, peço, se disponha também a ser guardião dos mais divinos Mistérios.

Agora, que sou luz, e que talvez tenha tido o prazer de te conhecer no mais alto das ambiências celestes, ou das águas oceânides, posso ensinar que as asas nascem mais fortes por duas causas: por causa do amor, e por causa da morte. Para mim, estes dois nunca estiveram separados.

Houve em Paris um assassinato, e eu apenas sei o verdadeiro culpado. Terei que me ausentar de suas aulas por uns dias. Por fim, talvez nunca mais volte, receio que a minha vida corra perigo. Neste caso, estejas pronto, para o caso de ter de descrever a minha morte aqui. Não há outra forma de acabar este livro.

Não se preocupe: não há de ser difícil — Bastará ouvir o seu coração. Esta tarefa ainda há de se transformar em uma aprendizagem, ou em um livro dos prazeres. Isto é o que mais desejo: que possas aprender a ser, mais do que simplesmente humano, super-humano. Saiba: a Deusa pode ouvi-lo agora. A todos de bom coração ela pode ouvir.

Como os Antigos já sabiam: quando os anfitriões provém boa acolhida, dão-se livramentos.

A você, e a todos que tiveram coragem de me acompanhar até aqui, tudo de bom.

Com muito amor, Anna Antígona.
Rio, 27 de outubro de 2018."

*

Tonare Osotam é o seu nome. Eu fui sua aluna na pós-graduação de Filosofia há cerca de um ano. Quando fiquei desnorteada pela morte de Charlotte, ele me ajudou a me reestruturar. Eu não teria conseguido sozinha. Ainda demorei uns dois dias para entender o que se passara, e o que eu deveria fazer.

*

Só o professor Tonare ficou sabendo que eu iria para Paris. Caso eu viesse a não ter sucesso em minha empreitada, a partir do livro, ele teria podido deduzir as causas reais do acidente que terminou com a morte de Charlotte. Quando ele ficou sabendo de toda verdade, matou-se também, com um gole de cicuta. Era muita responsabilidade para ele. Que este livro seja uma homenagem póstuma também a ele.

No hospital, Jesus

Fui, enfim, visitar C. em Paris. Quando o vejo no hospital, ainda tenho ódio dele. Por todos os seus atos de covardia, por tudo que ele me fez passar, e à Charlotte. O meu único desejo ainda é vingar-me. Mas suas filhas vêm me receber. Aí, eu já... dei uma balançada. Porque me recordo de quando elas eram pequeninas, e eu conheci C. Agora, elas viraram mulheres. Junto a ele, e não mais sozinhas.

Em Paris, pude ater-me a sua convalescência naquela cama de hospital, e ao instante em que sua mulher trouxe uma sopa que parecia conter vermes. Ela empurra a sopa nele goela abaixo. Eu tenho nojo, mas penso: "bem feito".

Além de se desfazer de minha perspectiva, e da estória que nos permitiu chegar até aqui, C. desfaz-se da esperança que lhe trago. Ele renegaria ainda mais uma vez Jesus? Sim, mas enfim, eu termino por perdoá-lo também por isso. Aprendi a diferenciar o sintoma dele do meu, e a perceber que ele morreria com aquele sintoma pérfido: de crer-se superior. Mesmo tendo sucateado o mundo com o lixo, e no limite da morte, a arrogância do homem europeu terminaria vitoriosa, mas isto só em seu coração.

No término, vejo como a metafísica da testosterona se transmuta num velho decrépito. Com medo da morte iminente só, que ele termina por me pedir perdão, mas não consegue abandonar a certeza de que estará sempre certo. Confessa, por fim, que fora usuário de crack a vida toda, e que se *eu* nunca decidi perceber isso, é porque fui cúmplice. Ave. A culpa pela mediocridade dele, por sua vez, não deveria ser creditada a mim, mas a uma vida condenada pelo uso de drogas.

Ainda diz ter o desejo de deixar registrado que eu salvei a sua vida, e a de sua família, e que, *se* ele não conseguiu salvá-la, à Charlotte, foi porque *ele* nunca se decidiu a salvar si mesmo. Sei que quando levada às últimas consequências, essa metafísica sempre, inevitavelmente, termina assim: na decrepitude e no desejo de transformar o próprio sintoma em religião.

*

Apesar de C. pedir perdão, a lembrança da morte de Charlotte, das humilhações e dos estupros ainda me dói. Se isso foi bem antes de eu saber que ele iria para o Quinto, sei que o meu destino envolvia também ir além de perdoá-lo.

No meu corpo, a chaga aberta ainda pesa. Dez anos de subserviência não são 10 dias. O mais importante era que eu não poderia ajudá-lo a deixar de ir para o Quinto se a estrutura colonial por ele propagada persistisse. Isso era certo. Não sei se por conta do risco de ele me vir puxar a perna de madrugada; ou se por me vir dentro do peito esta necessidade. Sei que rezei. Confesso até que, por um segundo, ainda pensei: "não posso me rebelar, matando-o", daí, rezei mais um pouco. Só Jesus me salvaria daquele desejo do ato final: de enfiar uma faca no pescoço dele.

Foi quando se deu o milagre:

Atrás da janela, vi uma luz que emanava muito forte. Era um homem. Mas não era um homem comum, era um homem negro enorme, e muito iluminado. "Quem és?", perguntei a ele. E os seus olhos grandes me dizendo ser Aquele que diz somente a verdade. Deus?

O mais divino só pode ser assim, minha filha: pleno. E ele não falava com a boca, mas com o pensamento. A experiência da morte e da vida Nele se misturavam. E no modo como eu concebia, a coisa vinha se realizando assim:

Amuni: — Ele toca as nossas mãos?

Não. Só pensa em fazê-lo, mas eu já fecho os olhos, consentindo. Ele exige de mim apenas calma? A sua calma diz que somos tempo.

Ele se aproxima, e sussurra sâncrito em meu ouvido, ou qualquer coisa que eu não entendo. Tampouco quero que ele me explique. Desejo apenas que me deixe ser junto à sua alma. Apenas ser já está bom. Seus olhos me ensinam que ele existe agora por minha causa. Sinto-o. Essência de sálvia húmida. Vejo-o: parece flutuar... Ou flutua mesmo?! Diz, por fim, ser imperioso que eu seja feliz, e balança a cabeça. Meu Senhor.

*

Com a visão dEle, aprendo a ser feliz. Agora, a felicidade que é ser junto ao divino Espírito Santo não pode ser medida em palavras... Ele ainda me pergunta: agora, não mais com os olhos, mas com a boca, se está bem, para eu virar presidente. Eu: presidenta?! Não, Senhor, não teria tanta ousadia, nem capacidade. Mas posso e devo continuar sendo sua ministra.

Então, ele me pergunta se o acidente... Se eu inventara o acidente, para Ele vir estar comigo. Se eu inventei o acidente? A princípio, soa absurda aquela Sua pergunta, que teria vindo diretamente de Deus. Inventara o acidente? A facada que eu quisera dar em C., ou o caminhão Manhoff que matara Charlotte?

Só sei que era extraordinariamente delicioso aquilo: que desde pequenina, eu sinto de vez em quando — cheiro de cavalo... Ou era do burrico de Jesus? É cheiro de suor, esterco e lágrimas, de modo que soaria herege de minha parte, mesmo em pensamento, contradizê-lo. Aceitei que o acidente pudesse ter sido inventado. Enquanto isso, pensava: que se eu pudesse, baixava as orelhas somente para quem tem esse cheiro. E a fim de levá-lo aos céus, não mediria esforços.

Por isso eu termino por aceitar: sim... E digo mais: que seria capaz de inventar qualquer coisa, só para vir ficar ao lado dEle de novo.

À medida que eu me aproximo dEle, tudo fica suavizado. Para poder vir aprender comigo, ou melhor, para Ele vir me ensinar a ser, sim, o acidente poderia ter sido inventado... Claro...Tudo poderia ter sido, não sei se invenção, mas algo que servirá de ensinamento para todos, se ele quiser.

Sei que para me aproximar daqueles olhos que dizem sobre a Idade de Ouro como um agora, assim, na minha frente, eu inventaria qualquer coisa. Tudo, qualquer coisa, de novo e de novo, só para estar em condições de... Sentir-lhe o cheiro, e apenas isso.

Avati: — Agora em uma, e mesma morada, Amuni. Nesta em que não há diferença entre nós.

Amuni: — Amém.

*

Liberta de todo mal, eu não sabia como me conter de felicidade. Porque voltava a ser possível ser livre. A Mãe toda superiora e verdaderia, e o Pai todo poderoso vieram a mim a partir do Filho para me fazer refletir sobre a minha responsabilidade nas atrocidades que eu mesma sofri.

Inocentemente, aceito qualquer coisa também no instante em que ouso pensar isto: "e se Ele me beijasse?". Aí, sim: eu até lhe prometeria dedicar-me mais, muito mais, à Vulgata e a divulgar as benesses do Paraíso. Com aquele Homem? Uh! Qualquer coisa! Inventada, ou não. Para mim, já estava bom.

Mas não... Se ele era Jesus, de fato, Ele nem me beijaria, nem ficaria comigo de abraços. Também esses pensamentos blasfemos não me ocorreriam. Por que Ele teria me curado disto tudo. Ainda assim, pergunto-me se eu havia cometido alguma blasfêmia quando Ele se distancia, e vai falar com a freira.

*

De imediato, nada parece fazer sentido. Ao final, decido que o importante é o modo como Ele me ensinara a ser feliz... Na descoberta do tempo como lugar de acontecimento da mãe-terra em consonância com o céu, Uranos. Ele era Deus, sim! Mas não um deus qualquer. Era um deus cujo apogeu não apagaria mais o advento de outros, em seus devires históricos, e nem por isso, viriam a ser menos adventícios. Eu não tinha respostas para todos os problemas, mas de uma coisa eu sabia: que para estar de vez ao Seu lado, eu faria qualquer coisa. Fazer tudo certinho era pouco. Eu tinha era de despertar a humanidade toda, e também os animais para o lugar de acontecimento do sagrado: o cuidado tinha de tomar lugar, o que, até então era obliterado por interesses pecuniários.

Amuni: — Mas o que Ele queria saber de você mesmo?— Minha alma pergunta para ela mesma.

Avati: — Ele queria era me ver superar tudo — os acidentes, as atrocidades. Em suma: tudo de mal contra mim já acontecido. E que eu superasse por mim mesma, sem a ajuda dEle, até.

Amuni: — Mas isto não faz qualquer sentido... Sem Ele, você não conseguiria ter superado não... Então foi Ele quem te fez superar... Bom... Por enquanto, uma coisa é certa: daqui para frente, apreendida está a necessidade de nos responsabilizarmos senão por tudo, ao menos pelo que nos acontece. Nada de fotos nuas mais: é imperioso apenas o bem fazer. E pronto. O resto, a gente vê na semana que vem. Ouviu, *seu* C. sem cedilha! Nada de idolatria. *Mimesis*, não mais. Caverna, nunca mais.

Quando termino de realizar tudo — que Jesus me ensinava apenas com sinais — consigo planejar-me para, afinal, não sujar minhas mãos com figuras como C. Não. Nunca mais. Casar-me-ia com um homem da cor de Jesus.

30

A morte de C.

A facada que foi dada em C. foi filmada pelas câmeras do hospital. Quando eu fui taxada de terrorista, e levada para o manicômio judiciário de Bangu, não havia ainda ninguém para solicitar o vídeo com as filmagens.

Avati: — Mas na delegacia já era para terem pedido isto, não?

Amuni: — Sim. Mas era o meu advogado quem tinha de abrir a solicitação, e quando me vejo, na maior delegacia de Paris, a de número 7, ainda estava sem advogado. Apenas sob a Aura auréa de Nosso Senhor: não consegui ter a destreza de solicitar um advogado que fizesse a solicitação das filmagens de eu tentando matar C. quando Jesus me apareceu. Já o processo de extradição correu rápido, mas tão rápido, que quando vi, já estava de volta à Bangu I, agora *não* na condição de professora, mas na condição de presidiária.

Numa sala reservada a pessoas com formação superior, um padre vem falar comigo. Pergunta-me:

— Por que tantos jornalistas te solicitam entrevistas, Sra. Perena?

— Os jornalistas procuram a doida varrida que deu uma facada em um *Bam Bam Bam* doente em Paris, padre. Eu não sou essa, padre.

No manicômio judiciário, o padre é careca, tem a voz do Drauzio Varella, e me diz:

— Eu presto minha solidariedade a você. E quero te compreender para poder te ajudar: por que uma filósofa teria atentado contra a vida de um um *Bam Bam Bam* da psicanálise francesa, filha?

— Padre, não fui eu.

— Quem foi? Então. Você sabe?

*

O padre, e uma jornalista chamada Monalisa não tinham muita agilidade para pensar. Sobre a urgência de solicitarem o vídeo com a prova do crime não atinavam! Queriam apenas melhores detalhes da estória de Jesus Cristo. Ajudam-me a entregar os originais de *Avati Amuni* para uma editora muito boa: a Appris. Assim que leem os originais, autorizam a publicação. Quando *Avati Amuni* vem a público, no entanto...

Fui taxada de puta para baixo... Até pela aparição do Homem, no livro, criticavam-me: diziam ser impiedade. Vocês não sabem o que é: o agente carcerário te perguntando se você vai mandar umas fotos para ele também. Só Jesus voltando, para me ajudar. Na reza, quando adquiriria aqueles seus poderes?

No final, não foi ruim aquela atmosfera, para quem sabe fazer limonadas: porque *aí*, eu me vi na necessidade de sair da cadeia para poder escrever outro final. Isto para que, no final de *Avati Amuni*, não ficasse só a execração de minha pessoa. Faltando um dia para completar um mês de aprisionada, ganho liberdade. A minha família teria solicitado a prova de minha inocência no hospital, sem dúvida... elucubro.

Katabasis

Para que o navio que é este livro ganhasse força, seria preciso mostrar como acontecera, afinal, de C. morrer, e eu ir parar no manicômio judiciário. Prendo então C. no mastro do Navio, a fim de que ele falasse somente a verdade.

C., *no mastro, busca* defender-se ainda, como sempre, no seu habitual. Diz que não fez nada por mal, nunca. Compromete-se ainda a ajudar, no que for possível, para o esclarecimento de tudo. Diz até que o mastro o ajudava, que ele precisava mesmo de dar uma esticada boa, e tal... Pra você ver... Quem te viu, quem te vê. E sorrio. Já era possível ver uma pequena mudança no seu caráter, quando...

A Baía de Guanabara renasce em águas límpidas. Ela, majestosa, senão o nascedouro de golfinhos. Nem foi preciso pensar numa ética onde as atrocidades cometidas por ele se transformassem em benesses. Isto já era acontecido: revertidas, as atrocidades, de novo, eu com asas no Trovão.

Amuni: — Aos milagres, Mãe, como antigamente? Rezadeiras! E nos cantos, os encantos, junto a golfinhos, voltar a Ser! Só quem tem a visão poderá dançar!

Re-invenção de brasis, é fumo de rolo e paiol.

*

Amuni: — Passemos a discutir se iremos comer o corpo dele em fatias, ou no espeto mesmo. Porque se ele fala a verdade, ele deve servir à verdade: e temos fome. A música estava boa. O surdo esticadinho comendo solto.

Avati: — Amuni, agora é preciso voltarmos nossa atenção para algo mais urgente. Se ele continua a mentir, como vamos comê-lo? Até do outro lado, não é que ele buscava manter escondidas, mais uma vez, as maldades cometidas?!

Fui deixada no vácuo porque, neste momento, Amuni desejou. Minha cara, desejo não é amor. Eu ainda não sei como se deu o milagre das maldades de C. serem transformadas em benesses... Só pode ter sido Jesus!

Amuni — Sim... Mas não, Mãe. Tenhamos paciência. Ele há de ter coragem, já demonstrou ter coragem agora a pouco.

Avati: — Quando?

Amuni: — Quando estava só eu e ele, tendo um dedo de prosa lá com Santo Antônio. Você viu não, Mãe, implorando ele até por meu amor lá para o Santo? Tudo confessado, e assumido, tudinho, ele me pediu em casamento para os santos todos. Foi.

Avati: — Sua tonta! Porque o caso era... Deixe-me ler aqui: de ele ter de se decidir, não, isso está errado. Deixe-me corrigir. O caso era de *nós* termos de decidir por ele o seu destino: se ele seria destinado para o Quinto mesmo, se ele poderia aprender a ser neste lugar onde estamos agora, entre o Purgatório e o Paraíso, ou se ele poderia afinal sonhar com a Ilha dos Bem-Aventurados. Sonhar com a Ilha? Não, isso também está errado. Ele não tem esse direito. Agora? Longe disto. Trata-se de um homem que morrerá sem haver experimentado nem a filosofia nem a autêntica emoção provocada pela arte, minha querida. De um energumeno se trata. Ele, de prosa com Santo Antônio, e a dívida conosco? Ele tem de falar primeiro conosco! Ora. Depois de tudo o que ele fez, você acha que basta umas orações para Santo Antônio, que ficará tudo maravilhoso? Ora, me poupe. — Um minuto depois:

Avati: — Mas pelo que estou vendo... ele teve a Ideia Iluminada de te pedir em casamento. Está escrito no seu corpo, sua tonta! Aí, ele foi encher a paciência do Santo, da mesma forma que faz com a gente. E foi você quem achou que ele tinha até condição espiritual de sonhar com a Ilha dos Bem-Aventurados! Valha-me, Deus! Isto que levou o Santo a baixar neste "meio do caminho" aqui que é o Purgatório, foi você! Quem está precisando de tratamento, pelo que vejo, é você! Certo é que ele não passa de uma alma penada. Você não pode se deixar ser engambelada por ele. Acorda! Se eu tiver de dar umas chamadas nele ainda, vou dar em você também. Porque você tinha que dar um jeito em tudo... E está piorando as coisas ao invés de melhorá-las. Veja bem: vá até lá, e lhe diga a verdade. Coloque um ponto final nesta história, está bem? Dê duro nele! Diga-lhe que você não conseguiria amá-lo vivo, quanto mais como alma penada. E que, a exemplo do acontecido com Alcebíades, de quando este, nos espelhos da Grécia Antiga, implorara a Sócrates por seu amor, a verdade agora ricochetea apenas, sem reluzir. Por fim, está decidido: ele vai para o Quinto, e que lá ficará por, pelo menos, uns 100 anos, ou mais. No mínimo, 100 anos. Pode falar.

Amuni: — Cê-cedilha (ç) você está mal na fita. Sua vida apegada ao status lhe custou a santidade das filhas, e o coração ferido de uma filósofa. Por isso, agora você vai ter... de... ir para... o Quinto...

C.: — Nêga, você não está exagerando, não?

Amuni para Avati: Irmã seja dulce, irmã, dulce[75]. Ele argumentou. Então, eis a minha ideia: que se deixarmos ele lá no mastro por mais algum tempo... você não acha que, num instante extraordinário... pode se dar o milagre que se deu com os outros?

Avati: — Jesus e Buda? Não, minha filha, não acho. As evidências são incontestes. O eterno retorno dele é outro, e não há mais tempo para evoluções espirituais agora. Lamento. Se tiramos ele do Quinto, e ele nem agradeceu por isso... Ele já saiu como? Achando-se o mito. Se não pisar em moças inocentes de novo... Por mim, já estará bom. Na boa, credo em *et cetera*, mas acho que a ele não será possível mais salvá-lo não.

Amuni: — Que a Senhora a todos pode perdoar, ele aprenderá, Mãe.

Tão logo passado um dia, depois outro, fazia-se novamente a carne crescer, e no Purgatório voltava aquele tédio de quarentena... mas Amuni entendeu, e não se deixou engambelar não. Que quando ele não aguentou mais olhar para a nossa cara, ele danou a gritar:

— Eu desisto. E me arrependo.

Confessou então os seguidos estupros, tanto quanto a manutenção de Anna, jovenzinha ainda, por 10 anos, em situação de subserviência e de escravidão, para efeito de usufruto de sua Filosofia. Então ele diz, por fim:

— Mas eu achava que agia em proveito do Vosso fruto, mãe.

Avati: — Mentiras. Deixemos ele aí por mais uns 100 dias.

Como tínhamos outro navio, que vai sempre à Grécia com Teeteto, baixamos a vela, e deixamos ele lá, preso. Comida, só de vez em quando.

---

[75] Doce em italiano.

Para sair do Purgatório, faria-se necessário falar somente a verdade, e na harmonia das sereias.

Quando voltamos, ele, em desespero, buscava falar a verdade. O seu discurso já tinha melhorado um pouco:

— Eu *jamais* cri que agisse em proveito do Vosso fruto. O Vosso fruto sequer existia para mim. Eu nadava em pecado. Perdão, Senhoras. Engana-me a boca. Ele existia sim, mas eu não era capaz de reconhecer em Anna a presença de Jesus... Anna amada, eu reconheço que tentei amontoar tudo embaixo do tapete. Recusando a ver, eu não poderia saber que causava o mal maior, o pior de todos! Foi só isto.

Aí, deixamos, eu e as demais Irmãs, ele lá por mais um bom tempo. Acho que foi por mais de um ano desta vez.

— *Donni mie*[76], tirem-me daqui. Por misericórdia. Eu não aguento mais. Pensei muito, muito mesmo. E vi que sabia perfeitamente que fazia o mal quando fazia o que fazia. E em fazendo o mal, eu sabia que isso iria causar dor. Mesmo assim, eu fazia. Por pura e gratuita maldade. Agora me arrependo, do fundo do coração. Nada no mundo justifica o que eu fiz. Livrem-me de mim mesmo, Senhoras!

ÇE escuta Avati Amuni em uníssono: em *Diálogo com Hegel, o chamamos de anta, você assume agora esta alcunha?*

ÇE — *Sim*. E também de jabuti podeis me chamar, se for de Vosso agrado.

Amuni para Avati: — Deixe o homem ser homem, Madre.

Avati para C.: — Índia nenhuma vai te comer. Enquanto for você este osso duro que acredita estar sempre certo, ninguém aqui vai te desejar. Assim, decretado: ninguém vai comer C. A carne não vai mais crescer. Nunca mais.

Amuni para Avati: — Mas ele já assumiu, Mestra, as maldades que fez!

Avati para Avati: — Pois é pouco. Será preciso que ele pague penitência. Posso até permitir que ele saia, e ande pelas matas, mas só não quero ver as carnes deste anti-herói de araque na minha frente. Portanto, que ele saia com uma plaquinha: "Trata-se de uma ficção ambulante."

Amuni: — Nu ou vestido, Madre?

---

[76] Minhas senhoras.

Avati: — A placa a tampar-lhe as vergonhas.

Amuni: — E a quem mais ele deverá pedir indulgência no seu sagrado ponto de vista, Madre?

Avati: — Indulgência?

Amuni: — É a palavra católica para a descoberta de que vida é ritmo.

Avati: — Ah, sim... Ué, deixa o leitor decidir. Para o leitor mesmo, que ele peça: indulgência pela hipótese interpretativa deste livro ser, história mudada. Tornada possível com a realização de um corno manso como ele. É. Não será fácil ainda não. Se a escravidão deixar de existir, para mim, estará bem. Transmita-lhe a minha indulgência, o meu ritmo e o meu "muito obrigada" amém. E desde o púlpito:

Psicografamos, Avati e eu, a carta de C.

Amuni: — Nela, ele diz *quem* foi que lhe deu a facada final?

Avati: — Não, mas ele se compromete. Diz que reza muito e sempre, e que rezará mais. Que continuará rezando todos os dias para que, nós não soframos mais qualquer preconceito, e que jamais, *jamais*.

Amuni: — *Hamais*[77]?!

Avati: — *Hamais! Voltemos a ser* relegadas a papéis sociais inferiores na estória. Se C. se apossa de meu corpo e de meu ser, agora que está morto, será para nos ajudar a superar as condições de precariedade históricas que o permitiram fazer o que ele fez no nosso passado histórico. Assim, ele se aproveita dessas condições, mas agora é para *NOS* perpetuar no poder, e perpetuar a Senhora.

Ambas satisfeitas e em uníssono: — Amém!

Ter o poder de descobrir tudo o que aqui foi, e que será, é de pouca monta. O que eu pretendo é, tendo vestido o rabo, mudar o caminho para onde vai a Hu-ma-ni-da-de. Descobrir em *Avati Amuni* a Atlântida perdida não teria sido possível sem a coragem que um ÇE. Se um dia tornou a ser este Navio o Negreiro d'Ogum foi porque Jesus nos legou esta tarefa. Onde outrora fui estuprada de verdade, tão somente amada serei a partir de agora. Sereia, sereia. Sereiamos nós, sereiardes, vós, serenem também aquelas pequeninas ali.

---

[77] Gíria para jamais. Amuni usa bastante gírias.

Onde quer que mulheres, ao invés de erguidas ao poder, sejam relegadas à subalternidade, será realizada forte esta mesma mais augusta transformação. Que se possa fazer ouvir o canto do Navio a partir do qual apenas almas de luz sejam! E jamais ninguém vá pensar em nos pegar para passar batom[78]. Sejamos nós, mulheres livres. Livres, livres, livres! O Coro corre o Universo. Como e quanto quiser, as mulheres são convocadas ao poder de ser só luz. ÇE erguido e sereno.

Amuni: — Amém!

Avati: — Alguém me chama?

Amuni: — Dizem que o seu melhor armador morreu, na hora de passar o batom. E que foi encontrado sem vida em *Avati Amuni*.

— Filha, mãe, irmãs, deixemos este homem se ir!

*

Ele estando morto, o tema de sua morte pôde servir a um colóquio. A primeira palestrante toma a palavra, e tem como tema a questão dos estupros sofridos por Anna:

Amuni: — Lá, onde não faz sentido algum chamar C. de homem, não poderia vir Anna a ser estuprada. Desde nossos ancestrais, de nossas linhagens mais arcaicas, aquela que engravida de um *daimon* é e será sempre sagrada. Na lógica do matriarcado, a mulher é sagrada, e se ele não pôde reconhecer isso no devido tempo, é porque ele não era homem de verdade. Era *o sem nome*. É por portar a gênese do universo que todos os umbigos apenas de agora em diante deverão serem considerados: sagrados! Amém.

Avati: — Em palavras que o Ocidente possa entender, minha filha!

Amuni: — Desculpe. Em virtude do capítulo "A Camélia — Nisto superemos os gregos!", podemos afirmar como nas comunidades africanas arcaicas, onde não há diferença de gênero, a prática de nomear mulheres, homens, a partir de um dualismo não se fez existir[79]. Da mesma forma, nunca, sob o nosso reinado, diferenças que levem a subalternidades voltarão a se repetir. Assim, sendo Anna quem posicionou C. lá,

---

[78] Referência à música *Fricote* de Luiz Caldas, lançada em 1985, ano em que Anna fazia cinco anos de idade e sofria bullying dos irmãos mais velhos.

[79] Agradecemos esta leitura colhida em uma das maravilhosas traduções que o pesquisador Uã Flor do Nascimento (Nkosi Nambá) realiza do legado africano, seguindo a linhagem das grandes matriarcas florescidas sobretudo no matriarcado da Nigéria.

ela também capitulou. Assim, deste ângulo de visão, C. não pode ter realizado estupros. Não fecha, a conta.

Avati: — Amuni, Amuni, já vi você... você é daquelas que defende que talvez tudo não tenha passado de um mal entendido, e que da série sempre renovada de tentativas, evidentemente canhestras e desprovidas de qualquer sabedoria, houve ao menos a possibilidade da descoberta da afrodescendência dele também.

Amuni: — Sim, por isso é que pleiteio: que ele possa vir a ser erguido senão ao panteão dos seres sagrados, ao menos como servo das sociedades matriarcais. Isto depois que tivermos feito muitos trabalhos, evidentemente.

Avati: — C. pôde ver, e registrar o modo como a mulher africana é: muito superior a ele, e isso poderia contar pontos em sua trajetória rumo ao "sabe-se lá onde". Bom, uma coisa é certa: para sabermos, era preciso avançarmos ainda, sempre juntas, na leitura dos hieróglifos sagrados. Será assim preciso que o mais avançado Mundo dos Imortais volte a ser!

Amuni: — É isto, Madre Superiora. *Um, dois, três, quatro não precisa!!! La vie c'est le rythme*[80].

Avati: — Sim: talvez você tenha razão, minha pequena. Talvez seja mesmo isto, que ele possa vir a ser sagrado quando morto, depois dos devidos funerais. Sem dúvida, Exu fê-lo-á subir uns degrauzinhos na caminhada rumo à Ilha, se ele aceitasse a mão pesada dele!

Amuni: — Pois é, e se ele, a abdicar do prazer até aprendeu, não foi?

Avati: — Bem... Há controvérsias quanto a isso ainda, minha pequena. De qualquer modo, a fala dele anda repercutindo bastante nos terreiros de Umbanda. E apesar de eu não querer ir lá para ver, acredito no que dizem: que ele está estudando com o nosso Senhor Jesus Cristo a fim de aprender a baixar só na hora melhor das festas.

Amuni: — Dizem, é?

Avati: — Assumida, a culpa pelos 500 anos de colonialismo, ele não convenceu o Papa a devolver o ouro?

Amuni: Mas este Papa é Pop. E o que disse ele sobre os espelhinhos? Podemos ficar com eles?

---

[80] Lema de Aruanda, moumoudou 'mansa camio' camara, e significa "a vida é ritmo".

*

"Você que nos dá o pão que comemos, faça com que este pão cause saciedade. Que o pão não seja apenas fruto de sua perspectiva ou imaginação, mas de sua crença". Era ÇE., pastor não, profeta. Consegui amarrar esse bilhete no pé de uma pomba, sem que a Madre Avati visse, e enviar a pomba para o Mundo dos Mortos, onde C. tentava convencer Perséfone[81] a voltar. A própria primavera, ele se esforçava para trazer para cima, como presente, para mim, Amuni. Vejam vocês, não é supimpa?!

Quando C. lê o bilhete, se surpreende; e tem prazer na leitura.

ÇE: — Apenas aos deuses compete decidir este destino. Não deixaste de ser uma sonhadora! Posso rezar, e rezo, mas não posso nem sonhar em me aproximar de Perséfone. Imagina, nada. Deliras. Apenas revelo o tecido, e o desteço, para que o seu marido, o que se aventurou a desejá-la não me castre ainda mais.

Amuni: — O medo da morte ainda passas aí, é? Mas mesmo depois de morto?

Ave. É no que penso quando percebo que é mais fácil, sem dúvida, fazer o bem em vida, do que quando morto. A morte: esta que se dá não apenas nos piores momentos, mas também nos melhores... E a resposta veio na mesma pomba:

— Se decidires me perdoar, colherás apenas primaveras. Ao menos vou fazer o melhor que posso. Já me organizei por aqui.

ÇE, em última instância pôde ler as suas chagas, expostas no livro. Ele, deixava afinal a carapuça de lagarto. Que possa agora a sua imagem simbolizar apenas amizade e benevolência. Que agora, como mensageiro, até do Papa, foi autorizado a ser: intercessor entre os deuses e os homens a fim de uma vetusta iluminação evolução espiritual, de todos para todos, possa ser. Amém.

Percebo agora, discípulas minhas, que, em verdade, eu nunca interpretara as loucuras de C. corretamente. Que ele sempre foi um verdadeiro trabalhador, neguei. Neguei, incansavelmente. Também, naquele lugar, onde eu mais sofrera... e em que ele foi a causa e o propósito de tantas dores mas também na realização que é eu estar aqui agora, terminando este livro. Realizo, sobretudo, que enquanto

---

[81] Deusa esposa de Hades, e deusa da primavera.

ele trabalhava como um búfalo, ele também estava lá me orientando. E, saibam todas, que quando ele pôde estar em festas, era também em minha companhia que estava, e que foi ao beijar tantas mulheres com beijos que deveriam, pelo certo, apenas em mim serem dados, que ele causou não apenas danação mas sobretudo um cruel ressentimento em mim. E se lasquei em fatias, as libras de carne, foi porque ele mereceu.

Perdoado. E quando perdoado... Destemido, desgarrado de qualquer sofrimento, bateu forte as asas, e vira, virou: C., não mais de Cafajeste, nem de Cedilha, mas de Condor. E aí, foram só atos de coragem. Na exposição como capaz de libertá-lo, ele confiou. À mãe África, em última instância, ele pôde dedicar-se. Isso porque pôde também voltar a ser o som do Atabaque, a partir do qual ele passou a manifestar só: *Exu cavera.*

Condor para Perséfone — O aprendizado que diz do amor como uma força extraordinária aprendi, Senhora. O seu sofrimento jamais terá sido em vão. Pago todos os meus pecados, e mais alguns... se preciso for. Permita-me: de Condor, e não mais de Capataz aparecer no final do colóquio — Para todas e todos:

Condor para todas só — Se aprendi, *mes ladies*[82], a superar tempo e espaço, foi a fim de que o meu coração pudesse estar sempre convosco.

— Ele está no meio de nós.

Avati: — Oh, soldado, não precisa beijar-me os pés. Afinal, o que há no erro, senão inocência?

Condor: — Antolhos... E eu os portava. Agora, tudo ao teu amor serei atento, pelo bem das abóbodas celestes voltarem a ser *não* mais abóboras, mas cinza-golfinhos somente. E saber do mais bonito como o poder de se empoderar bicho-da-seda para que vire borboleta.

Amuni: Isso.

Condor: Podereis falar que eu estarei lá, a ouvindo, e a farei ser ouvida. Para que, no ágil, e nunca mais no ignóbil, possam transformarem-se em muitas e muitas bênçãos as canções. Na pedra-do-Sal, como foi o meu sonho de um dia de verão. A fim de que o meu habitat pudesse ser de novo esta árvore de nome amoreira, e sua Filosofia de Maria, farei qualquer coisa.

---

[82] Minhas queridas.

Agora, Nossa Senhora:

— Todas e todos, façamos das tripas coração! Pelo poder de revelar a verdade, qual seja: no-nada apenas, há amor, amém. Sob a sua sombra, hei de renascer filho do mato, antes de tudo, para nos salvar a todas e todos, e a Amazônia.

Agilidade na reza, esta era a Nossa Senhora.

*

Leitores, para que este livro possa ser um Navio junto ao qual uma miríade de experiências de verdade surjam e ressurjam, ajudai na divulgação da ciência aqui propagada: a escuta dos atos de coragem, e da existência das Éguas e das Amazonas que trabalham pela possibilidade de ver uma Baía de Guanabara limpa.

32

Em casa, depois do coma

Quando acordo, e vejo que verdadeiramente estou em casa, me surpreendo. Vou ver o céu. Mas quando chego na varanda, no que atravesso a porta, não encontro impedimentos para a atravessar, à porta com o meu corpo. Daí, penso: morri. Mas quando olho para trás, vejo o meu corpo, estendido na cama. Foi aí que me lembrei: disto ser desdobramento de consciência. E não tive mais dúvidas. Na varanda, o gavião. Aquele com quem posso voar.

Sei também que demoro a perceber que na verdade faço isso várias vezes — vou até a varanda, e, a fim de saber se estou morta, olho para trás, vejo o meu corpo na cama. Daí, vou até o gavião. E *viro* o gavião. Daí voamos. Voamos juntos?! Sim. Sei que acontece isto, a repetição do mesmo, várias vezes. Até que, na última, vou à varanda. No que passo pela porta, pergunto-me se estou morta, e não viro o gavião. Eu sou o gavião, e nisto consiste o estar acordada.

Voo leve. Daí, tento descobrir o seu destino, mas ir em sua direção me é impossível. Foi então que lembrei de que ele estava morto.

*

Primeiro, surpreendo-me com algumas lembranças. Pergunto-me se a ida ao mundo dos mortos teria de fato acontecido, ou se eu delirara… E me vem a palavra *Katabasis* que, no grego, significa a " ida ao mundo dos mortos, ou onde moram as almas desencarnadas". Não sei como, mas sei que consigo me lembrar de tudo o que se passara quando eu virava Gavião.

Do que mais consigo me lembrar é da ciranda das almas de luz que vieram me buscar, e da dança circular que dançamos. Sei ainda que isso foi só porque eu não quis estar morta. Por isto, me deixaram ficar bem viva. Foi-me portanto autorizado dançar com elas, e voltar. Elas que fizeram de mim uma espécie de Er[83]. Erotizada na luz.

Lembro-me da última imagem que vi enquanto dançava: na ciranda das luzes, Charlotte eu vi. Ela estava atrás da ciranda, mas eu não pude falar com ela. Não me fora autorizada a fala, mas eu bem que tentei. Ela me fez lembrar do quadro *The Lady of Shalott*, por causa de seu completo desespero... Daí eu quis tirá-la de lá, mas não pude. Gritei ao menos com toda a força que tinha: "Reze e dance!" pois só *isso* irá te salvar!

No que ela levantou os olhos, no entanto, já estávamos distantes uma da outra. Aos outros muitos e diferentes espaços daquele enorme espaço que se chama Mundo dos Mortos, não me foi autorizado ir. Lembro-me de ter visto, no longínquo ainda, um lugar que se abria mais luminoso que os demais, e que, por isso, concebi como sendo "A Ilha dos Bem-Aventurados". Soube rapidamente que eu não poderia acessar aquela Ilha. Ainda não. Também soube o porquê: porque eu tinha de voltar.

*

Daí, eu cai em mim, e vi chegarem, em minha casa, perto de mim, meu filho — crescido bastante —, e minha mãe, meio acabadinha... Ela fez como toda mãe faria: apenas sorriu, e chorou lágrimas. Já meu filho quis saber o que tinha se passado comigo. Mas antes disso, por eu estar viva... Ficamos todos bem juntos e felizes.

Fomos jantar, e daí eu contei o que se passara durante o coma de 10 anos, e da necessidade minha de publicar tudo o que se passara em um livro, na forma de memórias de um Naufrágio.

A respeito do Mundo dos Mortos eu conto, para ele, e sobre as dançarinas etéreas que me autorizaram a ficar viva como sendo o mais importante. Só então falei de Charlotte. Por ser uma história bastante triste, preferi utilizar-me de eufeminismo[84]. Isto é, falei como se tudo fosse um conto de fadas. Das experiências de *déjà vu*, do gavião, também falei. Eles se sentiram abençoados.

---

[83] Referência ao mito de Er situado ao final da *República de Platão*.
[84] Trata-se de um neologismo: eu (bom) + feminismo. O sentido lembra o de eufemismo, que significa uma figura de linguagem calcada no falar (femismo) bem (eu). Sob o lema do eufeminismo, nós mulheres precisamos falar tão somente bem uma das outras.

Parte VIII

EPÍLOGO FILOSÓFICO
NAUKRATIS O PORTAL

Seção 1
A transição

33
A morte de C. na suposição de ser tudo interpretação

Ainda no hospital, um pouco antes de morrer, C. teria passado a me considerar não apenas existente, mas importante. As razões coloniais que lhe impediam de ver a beleza e a integridade do meu caráter se voltam para a prática do ato de cuidar de todos os seres que se desmantelavam quase que por completo por causa do vírus. A importância que ele passou a conferir às pessoas permitiu que ele crescesse espiritualmente. É claro que o medo da morte teve um papel importante nessa evolução toda. Ainda no final de 2018, quando eu fui até o hospital, Jesus me fez compreender que aquele homem tinha câncer e Aids, e que contraíra o vírus ainda em 2017. Aí, as lágrimas correram nos nossos dois corações, que em uníssono, negaram-se a reconhecer a realidade. Súbito, nasceu em mim um clamor para o salvar da morte, que nem Santa Tereza poderia comigo rivalizar.

Na medida em que C. pôde descobrir-se atrelado a uma rede de cuidado mútuo, conseguiu ter forças para sentar em uma cadeira de rodas, e tentar sair do hospital. Ele queria apenas estar só, mas teve a realização desse desejo impedida pela mulher. Antes que ele conseguisse cruzar a porta de saída, a própria mulher o teria segurado pela cadeira, o fazendo voltar para o quarto, onde a sopa com vermes o esperava. Dali a pouco, ele morreria pedindo à Deusa para o livrár da própria mulher. Pedido ao qual Ela atendeu, atrelando-o ao mastro do Navio.

— Perdão. Perdão.

Avati: — Teriam sido essas as suas últimas palavras?

Ele pediu perdão. Foi aí que tudo começou. Reconheceu finalmente o erro de ter tentado subjugar todo um país, toda uma nação, e também de ter se achado superior aos mais ancestrais conhecimentos.

Amém. De imediato, quando ele morreu, ele não soube que morreu. Isto porque sua alma ficou no corpo doente sem saber da morte. E a vida que ele levava retornava, como num filme. Nesse filme, a dor por ter prejudicado tanto princesa Anna retornava piorada. Nele afundada ainda mais naquele corpo putrefato uma alma que insistia ainda em não ter clareza de nada.

Aí, eu mesma tive que o lembrar que ele já tinha pedido perdão. E que aprendera a rezar o terço. Posto que rezasse. Eu não sei se por medo de punição divina, ou se por pena, ou por amor. Foi muito rápido. Eu sei que consegui fazê-lo se lembrar de tudo o que ele tinha feito, mas somente o que ele tinha feito para o Bem. E aí cada bem, ainda que pequeno, retornava como um alento, em seu ser. C. ficou sendo, através dessas lentes - vitrais, um pai zeloso, um terapeuta cuidadoso, um amigo presente, um professor que aprende, um pesquisador, que pela inabalável conquista da verdade como morada do transcender, daria a vida. Vale muito a pena, o ser humano quando aprende, ouviu? Cada vez de novo e novamente, cada uma das palavras que este livro porta, mesmo as mais caluniosas, com o coração na mão, e, por fim, morreu o cidadão de bem.

Ele perdoara a todos, e já até a mulher. E aí foi um sopro de vida o dele, que súbito, em um movimento de deveras muita sorte, eu como seu *daimon* e mais dEle mesmo, o ajudamos a ter estas lembranças como redescobertas. Consegui fazer com que ele rumasse para o caminho dos Iluminados.

Amuni — Você está brincando?

Avati: — Sério. Quando ele chegou lá só que eu descansei. Porque recebi não apenas a sua benção, mas o seu perdão, ele me perdoava pela minha presunção de ser filósofa, e eu o enviava para a Ilha dos Bem Aventurados.

*

Pois bem... e agora que ele virou lâmpada mágica?

Façamos as malas.

Para onde vamos?

À Grécia, ao encontro do mais arcaico. Com o aproximar-se do perdão, e da benção do deus-luz, quando o sol voltava a me tocar os lábios, fazendo-me adivinhar a presença sempiterna de meu irmão, fez-se novamente: Eros, *protiston theon*, βασιλεύει θεῶν[85]. Celebremos!

Na morte, ele pôde resgatar a afrodescendência que, afinal, é de todos. Iemanjá, cheia de encantos, adveio para ele, e ele teve em fim o seu retorno triunfal: junto às ondas da Deusa, no seio do mar, rasgando o olhar de quem olha, o Condor livrou-se das armadilhas de todos os males que cometera. Esse olhar tornou possível várias análises argutas sobre o fenômeno que permite a maior libertação: o retorno das ondas. Uma voz soou:

Amuni: — Eu sabia que ele iria conseguir. Àquilo a que o melhor da humanidade se destina...

E outra voz:

Avati: — Ah, eu tinha lá as minhas dúvidas.

Amuni: — Eu nunca duvidei.

Avati: — Tá bom, vai. E naquele dia do concurso?

Amuni: — Ah, vai à m***

C. pôde passar a se acreditar forte o suficiente para ir contra o senso comum ordinário que ele propagara por tanto tempo. Ou, ao menos, até ali como a "realidade". Tudo passou a ser espelho vítreo de luz e de esquecimento. Ele passou a enxergar em mim não mais a pecadora, mas apenas a sua salvadora, ou ao menos a que permitiu a visão de Deus, esta energia da máxima liberdade a que pode chegar a humanidade. Ser elevado, só assim nele pôde baixar *Exu*. De *Avati Amuni* ele foi, para a morte, mais Augusta dos Anjos!

*

Agora, após expor a tese de que a totalidade precisa ser acolhida para ser agradável, será preciso trazer as contradições da tese de ser "Tudo, uma questão de interpretação". Adianto o seguinte: renascerão flores! A castidade, não mais necessária; já a inocência, sim! Num espelho de mil faces, alguns lados para trás, deixados todos os colonialismos. Só Iluminação daqui para frente. Saravá! Capazes de emanar energia poderosa os campos e as matas voltam a ser; e agora, desde os tempos imemoriais, podemos ouvir a Deusa:

---

[85] *Eros* maior, primeiro deus, Rei dos deuses.

"Não dê ouvidos a quem não te chama de divina, minha pequena. Mulheres de todo o mundo — unam-se. A fim de que ninguém abuse de vossos seres! Não dêem voz ao Nada. Isso seria servir de ressonância a uma estratégia milenar de exploração. Aprendam a cuidar de si mesmas, dançando".

Para sairmos deste inferno em que se transformou a cosmovisão sem Éguas, só a Deusa mesmo para retornar a canção, e ser a causa de outra grande libertação. Nem do esquecimento do Ser eu queria mais saber: só da Deusa. Aprender que, se alguma mulher decide falar, é preciso ouvi-la, e no final, fazer-lhe coro. Não se preocupem. Eu explico de novo. Uma fala e a outra repete. Desbastada a metafísica da testosterona, poderemos recomeçar. Até há pouco tempo, as "de casa" apenas reinavam, submetidas a cabresto velho. Era, portanto, isso muito pior do que ficar só. Mesmo assim, só permaneceram vivas aquelas que, à custa de greve e de muitos coices, aprenderam a manter o lugar de fala santificado. O inferno acabou.

*

Se aquele que está ao seu lado lhe disser que outra mulher é promíscua ou feia, jogue água em sua cara. Se não tiver água gelada por perto, jogue álcool na cara, ou na mão. Pouco para não desperdiçar. Este último, o do "que se faça eterno" o não-ser, apenas um canalha de quinta merece. Porque merecem não apenas águas vivas, mas tijolos aqueles que, nestas alturas do campeonato, ao invés de ter como meta apenas o relaxamento recíproco das musculaturas perineais, estejam a se coadunar com o pérfido sistema de domínio cuja meta é senão o controle de nossos esfíncteres.

Assim, és um destes, dos que ficam apenas à espera da oportunidade de ser chamado de promíscuo. Na cara, água. Se não adiantar, facada! Um cortezinho. E bau bau. Um por um, em sendo eficazes, conseguiremos castrar centenas, milhares! Uma simples desobediênciazinha, e criaremos o inferno! De Dante, não, pior: deixaremos cuidar deles o Capeta.

— E a retórica?!

— Pois é: a retórica fácil daqueles para quem tudo é interpretação... Aqueles que inventam esta possibilidade para se sentir no direito de emporcalhar tudo e todos sem se responsabilizar por nada. Se pego um destes pelo rabo, minha irmã, imponho, digo-lhe, ensino: "tome tino, rapaz, e deixe a Filosofia para quem é de direito." Como pode: é tudo relativo no momento em que são acusados, ou mesmo condenados, burgueses casados, e o ser dele em exposição: aquela relatividade toda, aí, para ser castrada. Para aí que eu vou rumar, a fim de acabar com ela. Gente da pior espécie... Hienas, cachorros do mato.

Todos os que, do povo, surrupiam a liberdade, e tudo mais que há de valor, deverão ser castrados pela Santíssima. Assim, rápido será a democracia, de base matriarcal. E aí, poderão concluir: de como arranjar trabalho para os eunucos que defendiam, até agora, a relatividade da verdade, e que, haja vista a relativa superioridade da relatividade, puderam manifestar-se a favor de perder um pouco do poder para ganharem depois do mutirão da castração, a oportunidade de dançar.

Avati: – É senão tudo interpretação. Muito bem. Primeiramente os ovos deles, e o *phalo*[86]. Cortados em fatias, com a tesoura, ou com a faca. Podem escolher. É precisamente quando vira tudo interpretação que até os filhos deixam de nascer.

Quando se trata de narrar a diferença entre o fatídico e o ontológico, não pela via do fálico, como já vem acontecendo a dois milênios, mas pela via do útero, uma coisa é certa, que a verdade é una: os significantes masculinos voltam raivosos depois de cortados. Mas não tem outra solução. Vocês sabem. Mas agora, que dou minha cara a tapa, não me calarei mais. Não nos calaremos! O instante em que o carneiro se faz leoa chegou.

À luta: que tudo possa voltar a ser como perante a Pitonisa. Ao longe, a brisa do mar. Se tudo voltar a advir, como afirma Platão categoricamente, "de um conhecimento mais nobre do que a sabedoria que vem dos homens"[87], estaremos salvas(os). Sabedoria que, não obstante "suscita o desdém dos maus, e persuade os sábios"[88]. Assim, está escrito. Agora a reza. A fim de muitas, e variadas purificações trazidas diretamente das e pelas musas, este saber que deixa de ser saber no momento em que é

---

[86] Brincadeira com a noção freudiana de diferença entre os sexos. Essa diferença seria originada no final da fase edipiana, e o *phalo* seria um obscuro objeto do desejo. Enquanto capaz de marcar a diferença sexual, o orgão sexual masculino seria o *phalo* incorporado. Há também a noção de mãe phalica, isto é, incorporada de valor em função da diferença sexual.
[87] Platão, *Fedro*, 244 e 245.
[88] *Idem*.

incutido pelos próprios deuses para nos levar à felicidade, *eudaimonia*, virá senão da miríades de mulheres sábias que renasceram já!".

E em meio à hecatombe de *phalos*: se por acaso nossas meninas ficarem não desprotegidas, nem acossadas, mas melancólicas, estarei disposta a voltar ao mar novamente.

Amuni: — *Deixaremos* C. morto no Hades, ou ele deverá renascer ainda nos terreiros de Umbanda?

Avati: — Vou pensar a respeito, para saberem que nós não somos tão más assim, talvez ele volte no carro do Salgueiro.

*

Em miúdos: se é difícil tornar claro como se dá a experiência transcendental, não será jamais por má vontade nossa, mas por conta do caráter fugidio do fenômeno mesmo, ou por ser milagrosa a realidade. Enquanto passível de ser superada com apenas um olhar, a metafísica não oferece mais perigo.

— A experiência de segurar o Real, com um olhar, e o sacudir, como a um tapete, esse ato: terá que ser retomado algumas vezes ainda. Mas agora é bem mais fácil, porque o Navio tem velas.

A densa camada luminosa — por meio da qual o Real onde estamos pode ser visto — não pode ser despida sem que percamos a subjetividade das mulheres. Erigidas a troféus, perdem liberdade, viram elas também fruto de uma metafísica decadente que tende a se solidificar com base na desigualdade e na pobreza.

Amuni: — Será que talvez isso não tenha se dado por conivência da Deusa? Porque se fosse por tua própria decisão, amada, nós nunca teríamos que ter passado por isso.

Avati: — Jamais a Deusa faria isso. Isso foi por obra de um passado que nos surge ainda hoje nas megalópoles como um desafio a ser superado: a responsabilidade pelos rumos do Cosmo, quem é que manda esta para a cucuia?

Amuni: — Para o raio que o parta? É a técnica reunida à isenção de responsabilidade que até a pouco tempo avançava incólume.

Mas não se preocupe tanto, quando recobrada a lucidez, o poder enxergar o manto em que nós, humaninhas, estávamos, será fácil e oportuno. Quando chegarmos à altura do grande Luto que advém do manto púrpura ter perdido o seu poder, dando graças a uma decisão estórica-erótica, seremos alçadas no vento de Iansã novamente.

Decidido o meu esquecimento, que fiquem em seu lugar: desprezo, e, ainda que inconscientemente, esta dialética na qual apenas os desejos testosterônicos tendem a prevalecer.

À metafísica da testosterona, logo sucedeu à metafísica da água fria, e então houve uma mudança significativa na *hierarquia do cuidado*: lá, onde o cuidar, pôde passar a advir, primeiro, como abertura. Aí, a borboleta pôde advir como respeitada filósofa!

No lugar de difamação, apenas agradecimentos; no lugar do elogio da escrita como lugar de esquecimento, como na "Carta VII" de Platão, renovadas sagradas re-escrituras. A decisão, estórica, do desvelamento da verdade, sobretudo com relação ao passado, deixada de ser unívoca: a fim de desbancar a falsidade de que o motor maior de nossa história tinha sido a testosterona, foi descoberta a metafísica da Idade de Ouro, novamente.

Amuni: — Mas este nome da Antiguidade de novo?

Avati: — Não...

Amuni: — Que tal "Camélia"?

Avati: — Pois bem: a metafísica da Camélia, de encontro à luminária, não mais o besouro se debaterá. Pare, pense, sopese. E logo verás que simplesmente não tens escolha!

Mulheres, para que essa realidade venha até nós, não deverão *de forma alguma* ser em conformidade ao que lhes for alheio! Carregar pesadas cargas, fardos, com o fito de livrar salafrários?!... Jamais! Jamais, peixes fora d'água... A lógica do efeito narcísico faz com que fiquemos todas(os) submersas(os) em um pântano, onde o sapo-boi considera tudo como uma questão de interpretação...

Enquanto o resto for causa disso; o resto erótico — a latrina —, sucumbiremos! Para efeito de transformação é preciso que a causa advenha de outro modo, não da latrina, mas da Deusa.

Amuni: — Égua! Claro está!

Avati: — Esse retorno ao primeiro advento da estória[89] poderá permitir irmos em direção à origem onde nascem os anjos.

Amuni: — Sim: vamos amigas(os)! O caminho deve ser perfeito da seguinte maneira: a fim de compreender, e não denegar! Respire. Respiro. Água fria em punho!

---

[89] O termo estória, por oposição à noção de história, fala de cotidianas pedras miudinhas, em Simas das quebradas, e das Encruzas bem notadas por Luiz Rufino.

A mensagem psicografada de C.

Psicanálise versus Linha de Cabocla

Em uma tarde escura do mês de janeiro de 2020, estou na Igreja da Penha, a missa que pedi para livrar o espírito de C. do inferno vai começar. No meio da missa, sinto a presença de uma entidade de luz. Um homem vestido de branco vem até mim, e se dirige a mim com a voz de C.:

— Nos quase 10 anos em que eu me aproveitei de sua inocência para te escravizar, eu errei, sim. Errei tanto, mas por tão pouco.

Quando dou por mim o homem começou a dançar, e o espírito nele fica risonho. Diz então, assim:

— Mas valha-me: o meu pior crime, de fato hediondo, foi deixar uma avezinha africana zureta! Foi, ou não foi?! E me pega para dançar. E dançamos, e dançamos, e dançamos.

— Se ele me beijasse, ele me mataria? Esta pergunta é de Amuni.

— Você não teria se tornado quem és sem os meus crimes, xerifa. Tem sido uma festa atrás da outra aqui no Céu. Afinal, tendo assumido toda a minha culpa, devo dizer que as responsabilidades viraram votos. Por pouco, não viro santo.

Avati: — E o que ganhastes com isso?

C.: — Bom, se você não souber realizar milagres, nada. Mas se souber, ganha tudo: sobretudo se a pomba-girar.

Amuni: — Você vai até a Igreja da Penha ajudar mãinha?

C.: — Sim.

Avati: — Religiosamente?

C.: — Todo santo dia. E todo dia santo!

*

Freud institui uma diferença radical entre a técnica psicanalítica e a religião. Mas o sincretismo[90] religioso do povo brasileiro permitiu superarmos limites. Aqui, a religião pôde voltar a ser compreendida como reflexo, e ato dos povos avançados espiritualmente. E isso em todos os tempos. Eternos indispostos ao processo civilizatório, em nós brasileiros foi permitida a manifestação de vários mundos. O aprendizado com cada um deles, ao invés de imposto, pôde ser o Sol na Pedra do Sal. Sob o som do Atabaque, em sinergia, foi permitida a autossuperação da ideia retrógrada de avanço científico.

Avati: — E a Deusa passou a falar com ele...

Condor — Sim!

Amuni: — Desbussolado, sem religião, mas só até me conhecer, não é, Condor? Quando foi mesmo que descobriu os prazeres religiosos?

Condor da Deusa não mais fala. O seu pensamento só se manifesta para quem consegue entender o crocitar: "só consegui me libertar daqueles demônios que se apegaram a mim, quando morri. Mas agora veja: aprendi. Foi num levante de certezas que fui nomeado capaz de enaltecer a Deusa!".

Sua religião agora tem nome: Linha de Cabocla.

Nos Anais da Psicanálise, daqui a 300 anos, restará escrito, numa lápide, segundo os desígnios do Condor e da Deusa:

"Por mais de cem anos, a psicanálise propôs-se a encontrar a cura por meio da paciência e da escuta atenta. Mas ela não conseguiu abrir mão da estrutura onde ela mesma se assentava. Essa era a origem do problema que Anna conseguiu resolver. Depois dos 100 anos de criação da Psicanálise, pôde a instituição psicanalítica ser vista como uma estrutura que se assentava em sistemas feudais. Suas hierarquias de poder, suas engrenagens fundamentais, debitárias de um horizonte de poder preestabelecido durante a autoafirmação da burguesia, nos países colonizados, manteve-se idêntico ao início do processo colonizatório".

---

[90] Sincretismo diz Sin-Crético, em Creta, isto é, em frente, de frente e em reverência ao matriarcado minoico da Ilha de Creta.

Por isso, a psicanálise teve que ser substituída pela Linha de Cabocla, e suas hierarquias de anjos de luz. Que possam ser compostas por umbandistas — psicanalistas formados na mais alta montanha, no Quilombo que se chama Nova Chama.

Este a que chamamos "processo re-colonizatório", da África perante a maior parte dos povos europeus, tornou-se a maior bandeira de Condor.

— Doa a quem doer, vou professar a minha fé.

Ao invés de bandeirante, capiau do Mato, de grego a Amazonino, aquele que sabe capar. Quem? Os filósofos de fala mansa. Voltou a ser, como desde *"priscas eras", da sabedoria mais vetusta,* a verdade de que somos Tempo.

Sob a lápide, um vento sopra. Mortos, todos os preconceitos antes instituídos. Até a Psicanálise pôde ser abandonada.

Certo dia, crocitando, o Condor confessa que *isto* em que passa a consistir a sua luta é quase uma futurologia: que com a publicação deste livro, seria-me possível galgar qualquer uma das etapas necessárias para uma inserção social digna, e que se é este o meu destino, ele ficará muito honrado em me ajudar.

Devo dar-lhe uma última chance?

A fim de ele me agradecer por minha infinita benesse?

Sim, terei coragem! Com Jesus, ele se fará um santo, e tanto! A Deusa. Um só raio: *Tziimm*! E a lucidez de Nzinga de novo sobre a Terra.

35

O retorno das estrelas

Por causa do Homem, eu mergulho: com as gaivotas; e eu, divina de novo. Gaia, no fundo e no raso, no seco e no molhado, nas águas-vivas que sabem clarice-lispectar, voltando a ser: é espetacular, no gozo, só o mais transluzente.

A ultrapassagem. Superar é performar o oco de um silêncio onde não há eco. É morrer. No além, e atrás das nuvens, no cinza, lá no fundo, aproxima-se uma chuva — que me ordena: deixe-se estar junto ao céu nesta sua densidade opaca; delicioso cinza-leite; onde não há mais limite entre deuses e mulher. Assim, a linha, a que até ali chamavam horizon, de repente deixa de existir. Também onde nasce o verbo: *theorizon*[91], *a partir de agora os Theoi*[92] *voltam a existir*, e até a dançar, sobretudo quando são no sacro. Sagrados praticantes do verbo theorizar. *Unamo-nos na experiência de ser junto à redescoberta dos deuses.*

Já em outro ambiente: porque só alguns seres auríficos conseguem, nos arrecifes, atravessar o tênue limite que separa o plano do respirável do pluriverso das sereias. E eu os amo profundamente. Agora que eu sou um peixe-voador; agora que sou venenosa, nunca mais você vai me comer. Você vai embora, e eu serei livre, e linda. Balbuciei águas em sânscrito.

*

E foi assim que a Deusa, ela mesma, voltou. Ela veio falar não apenas comigo, mas com toda a humanidade, e trazia estrelas. Daí ela expôs toda a verdade:

"Minha nação foi desonrada. Viemos em paz, mas algumas de nós acordamos mortas(os). Princesa Perena, por exemplo, antes de ser reconhecida por sua nobreza, antes de ser condecorada rainha, ainda pôde

---

[91] A palavra *orizon* é grega, e diz limite, daí a palavra horizonte, que serve para marcar o limite entre o céu e o mar. O céu de Uranus, deus grego, e o mar de Iemanjá, deusa do mar.

[92] *Theoi* significa 'deuses' em grego.

realizar este derradeiro milagre: o da eucaristia. Dando o seu próprio corpo, ela desejou viabilizar a liberação de toda a Humanidade. Celebremos, Irmãos! A fim de que esse desejo possa livrar realmente a todos dos pecados mais vis são preciosas as celebrações. Agora, que não precisamos mais de pecados, poderemos evoluir terna e finalmente! O advento que pôde surgir daí — a morte — deverá levar somente à celebração; não mais ao sofrimento. De pronto, saibamos que a carne deverá retornar. Para quem não aguenta mais esta história de transcendência, sobretudo, o ato de Anna não terá sido em vão. Pois haverá compensações.

Que o propósito originário de Anna: livrar a Humanidade de todo o mal, de toda *hybris*, seja prova de que o divino feminino é forte e capaz de superar mesmo a mais cruel barbárie. Que possa ser essa nossa principal bandeira. Ainda que as bênçãos do compromisso político de princesa Perena venham a ser colhidas só daqui a algumas gerações, como reza a Bíblia, a prática do amor sobre a qual ela é uma prova, deve advir agora mesmo e mais forte. Para terminar de realizar a cura da família de C., e da perpetuação deste ser na potência de desrespeitar mulheres, os estupros perpetrados tiveram de ser denunciados.

Foi falado aqui de um amor semelhante, e para além do Cristão: um amor que não é néscio a ponto de se dar sem pedir nada em troca, um amor que não se esquece da sua verdadeira destinação: a transcendência e o alívio do sofrimento de todos os seres, sem o qual a humanidade padece. A mera lembrança do alívio de todos os sofrimentos é capaz de facultar, de imediato, uma sintonia espontânea com a beleza, a justiça e a bondade e o âmbito do feminino quando este surge em meio ao respeito mútuo. O feminino assim considerado não são conceitos abstratos ou ideias, e sim um sopro de vida que milagrosamente pôde voltar a ser.

Este livro deve poder ser tomado como um esclarecimento acerca do rumo a que estávamos todos sendo levados. Revertendo esse rumo em direção à maior autodescoberta a que a Humanidade ainda pode realizar, causamos o retorno dos deuses. Como fazer para que o encaminhamento da própria Humanidade possa salvar o *cosmos*, destroçado pelos colonizadores de origem europeia, a fim da grande libertação?

Por nascer da crueza torpe de crianças abusadas, a verdade poderá livrar tiranos perscrutadores das chamas dos infernos? É possível. Aqui a verdade nasce grande, redonda, podendo erigir qualquer um que traga no coração o lampejo de uma Justiça entre Nações. Contradigo-me?

Não tem problema, nesta missão, o tempo será mais que adido será a verdade em florescência. Como o nosso maior chefe de armas, o tempo: por ser por meio dele que a verdade se sintoniza com a essência divina, é oportuna nossa resposta à questão de que se há dois tempos — o do homem e o dos deuses.

Pois bem: para os brincantes, há um tempo apenas, e neste as vezes chove uma chuva fina, feita de ouro, que nasce da alegria de se saber justo. Nessa sintonia, o Atabaque pode ter muita relevância. Conta poder se deixar levar pelo ritmo de corações fortes, do tamanho do céu, e que são capazes de milagres tão incríveis quanto os do próprio Jesus.

Não muito tempo será necessário para o adventício de outros super-humanos. O cultivo desse gênero de seres começou até antes da Humanidade surgir. Por que raios ele deveria deixar de existir? Os super-humanos já realizaram-se por meio dos mais variados animais — a exemplo dos equestres, de alguns ovíparos, e também dos felinos, os maiores e os menores —, é porque há milênios essa possibilidade é cultivada. A sabedoria de os animais também virem a poder se descobrirem super-humanos, sabedoria da capacidade de candura o que nos leva a nos tornar super-humanos. Difícil nascer alguém nas cidades grandes capaz de entender isso. Mas vale a observação: até a Filosofia é menor frente à sabedoria dos animais. O que ela, a Filosofia, pode, é em virtude de seu apelo para criar, ou descobrir universalidades, postar-se contra a universalidade tão visível da "Época da Técnica", e que se realiza por meio da e na *hybris*. Problema são todos aqueles que desacreditam na sabedoria dos animais. E isso porque eles parecem gostar de impedir o renascimento de super-humanos.

A Humanidade estava esperando apenas ser lembrada de sua verdadeira vocação. Esse momento chegou. Na transição para a evolução de todo o *cosmo*, o legado de Anna Perena será fundamental. Quando a engrenagem que institui o motor das mais sinistras atrocidades parar, ele, esse legado virará, no entanto, um livro ultrapassado. E aí, teremos de ver onde jogar todo aquele outro lixo, de fato... A civilização que se crê europeia no auge da técnica.

Até lá, alguns ficarão congelados na impossibilidade de se continuar a manutenção dos colonialismos legados por ancestrais mercantis tiranos. Ainda terão uma última chance de aprender a ser humildes, ou virarão pó. Apenas o cultivo deste tipo de seres — os super-humanos — poderá iluminar o restante da Humanidade a buscar, ao invés de acúmulo, a melhor das Bem-Aventuranças: o divino que resplandece na dança.

Recordemos nossas armas: o amor, o conhecimento, a atenção plena, e a serenidade. Só haverá uma lei: a escuta do coração e do atabaque, nesta ordem. Será suficiente. A atmosfera das danças, e das festas de antigamente, onde havia céu, escuridão e estrelas — voltará a ser. Com isso, surgirá igualmente a disponibilidade da densa camada de procrastinação, a que chamo de *ectoplasma*, virar apenas alegria de ser. Confiem, só assim o confim mais distante não deixará de ser o confim mais distante.

"O que o *logos*[93] mais deseja é a tudo realizar". Isto quer dizer que lá, onde a verdade não é, onde só há pretensão de verdade, haverá os renascimentos necessários para que a luz da Deusa reine? Sim! Mas se, e tão somente, um escurinho for deixado ser também. Assim, que fique claro que, na verdade, a outra humanidade, sobre a qual falamos, para realizar-se, precisará de uma abertura — uma clareira — que primeiro precisa ser protagonizada pelo feminino. Só é a retração. Assim como antes da Magna Grécia, as cretenses souberam, por meio do canto, evocar deusas, nós evocamos. Assim como Safo e outras como Aspásia e Diotima puderam iluminar a linguagem com a verdade, para que Sócrates deixasse-se descobrir pela verdadeira essência do *daimon*, nós fomos descobertas. Avati Amuni a força de um búfalo. De fato, a essência de quem se deslumbra facilmente com a força dos guerreiros sobretudo quando jovens e gregos deve ser suavizada para poder ser ainda seus 99 anos. Aqui, a prática deverá levar tão somente ao amor, ao conhecimento e à morte. Essas noções essenciais surgirão para todos nitidamente quando chegarmos ao Portal. Aqui neste lombo, para o coro, e a partir do momento em que aprendemos a nos exercitar na totalidade, na beleza e na prática de deixar *Eros* agir no canto[94] somos! Notem: não se trata de um exercitar-se por meio da Arte, e, com isso, de uma solução estética, mas se trata de garantir o acontecimento da verdade como o transcendental que se opera na/pela totalidade, na/pela beleza e no/por o sol que também pode ser *Eros*.

---

[93] *Logos* significa linguagem, mas também discurso. Nada está fora do *logos*, tudo é linguagem.
[94] "A qualidade das canções dizem a verdade não tanto das coisas mas dos cantores. (...) Parece filosofia. *Que pena! Mas não são. Tanto melhor.*" José Ortega y Gasset, Sull'Amore, op. Cit..

A beleza não é contingente: lá, onde despertamos para os aromas, ela advém junto à sintonia que se cria entre a fala e a justiça. Lembrem, os aromas ampliam o mundo. O guarda-chuva agora é este Livro do Navio. Com isto também advém a bondade: o repreender e o elogiar na hora oportuna — no *kairós*[95]".

*

A Deusa ainda convidam todas e todos à reflexão:

— Soldados, vocês precisam acreditar em mim, caso contrário irão sucumbir.

Quem irá ainda se recusar mais uma vez a acreditar Nela? Porque o universo em que ela se assenta nos faz nos saber como minúsculos numes, passíveis de, no seio dela somente crescer. Mas a crença na própria superioridade, a humanidade toda ainda não conseguirá abandonar. O Sagrado não tem cor. É diáfano, apenas é. Deus não tem gênero, apenas é.

*

Amuni: — O último chamado, ele ainda irá ignorar? Acredite na Deusa, amor meu, e em sua infinita generosidade. A possibilidade de ser: no somos. És. Independente de seu querer. É preciso aprender a cuidar dos outros, e, em especial, de si e da totalidade quando Ela se mostra. Reaprender a ser, na totalidade, com amor é mais forte a Luz. Para a Luz!

O problema é que ele acredita em si em detrimento da Deusa. Assim se sentirá superior a Ela, mas até quando?

Avati: — O tirano. Esqueça.

Amuni: — Mãe...

O ensinamento da Deusa se dá no sentido de nos encaminhar para a beleza, desejosa de "quantas vezes quanto possível para ela, em pensamento voltada, a Deusa ela mesma não é assim tão invisível — é ela quem tece o orvalho, e as ambiências puras, todas elas![96]" neste livro, e no Outro. Onde as formas não obedecem a vias prévias, mas apenas nos ajudam a atravessar para o outro lado. Do espelho d'água.

Trata-se de uma experiência de performance de um novo tempo, onde renascerá, na Aurora, os Dedos-Rosa, e Orion poderá voltar a ser

---

[95] *Kayrós* em grego significa 'tempo oportuno'.
[96] Safo, frag. 10.

no logos. O que há de mais belo do que o nascer da Aurora? Só o diálogo do Espírito com ele mesmo. Mas isto não deve obliterar jamais a cor do açafrão, impedindo-o de ser a Aurora. Voltando a ser capaz de performar os instantes em que se anunciam apenas completos milagres: somos gaivotas.

Rodas de oração tibetanas continuarão a ser! E o milagre é o Mistério. A brilhar, sim, já estão todas as folhas, todas as flores! Sim! Irmã, irmão.

Para essa finalidade, o nosso coração pode agora se abrir de novo! Pássaros na totalidade; para o fenômeno; para a estória voltar a querer se fazer estórica. Façamos nossas as palavras de Angela Davis: "quando a vida de mulheres negras importar teremos a certeza de que todas as vidas importam".

Tornemos a seguinte imposição viável: de haver mais mamíferas[97] nos poderes políticos. Nossa primeira bandeira principal: que quem *porta seios* seja erigida à possibilidade de ter à disposição 50% dos poderes Legislativo, Judiciário e Executivo, sendo, desses 50%, 25% reservado às mamíferas negras. Assim, não estaremos a salvo, mas nos livraremos da maior das chagas: a corrupção que se assenta no fato de terem sido escravizados os melhores e mais alegres povos. Quem escravizou aprendeu, na mesma época da escravidão, a deixar-se corromper, e a corromper. Por conta de nossa ingenuidade, e de nossos ancestrais, meus mais fiéis súditos foram tomados como escravos por monstros débeis, ignóbeis.

Estupidez, quanta estupidez.

Contra a escravidão a nossa maior arma é ainda a atenção plena. São correntes as mais terríveis, posto que invisíveis, estas contra as quais nos abatemos. Não nos deixar tomar pelo medo, porque nossos ancestrais nos legaram também seus feitos, de narração destas memórias. Que renasçam sempre retumbantes celebrações

---

[97] Trata-se de um substantivo que usamos como metáfora do feminino: mamífera, em sentido etimológico, seria "quem porta mamas, seios".

36

A Deusa

A maior deusa de todas, quando vi, era translúcida. Uma destas que escolheu Parmênides para se manifestar. Este pensador que também a nomeou Égua. Mas nunca se poderia ter nomeado assim essa deusa. Mas a tentação foi mais forte: à visão dela, a possibilidade — de torná-la visível para todos os mortais... Era algo que afinal podia, deveria, ser celebrado!

Como e por que guardar segredo? Quando eu, por exemplo, decidi que também tinha que escrever sobre esse fenômeno, por tê-lo visto em sua divina aparição no dia 15 de fevereiro de 2019, não sabia que por causa disso, iriam querer me matar. E que até o Divino Espírito Santo quando não pode ser visto pode levar à morte aqueles em quem pôde se manifestar. Comigo, por que seria diferente?

*

Ela me fez compreender que outros seres divinos iriam se anunciar. Assim, logo noutra oportunidade, da janela de meu quarto, ia dar 15 minutos para as 4h30, quando um raio de sol pude *ouvir*, no canto de uma flauta doce. Aí, a transparência da Deusa pôde voltar a ser notada pelo pensar. Por meio da flauta, ela dizia mais ou menos assim:

— O orvalho é dádiva celeste. Nele eu também me faço presente. Saiba que embora seja essa a principal forma de causarmos a grande transformação: de abertura do *cosmos* para a verdade, ela não é a única. Sendo a Filosofia a porta-estandarte, *Avati Amuni* terá o seu lugar na estória. Por meio deste livro, que é na verdade um Portal, em especial a partir de *Naukratis*, o salto da crueza mais torpe, para o bento fruto, será viabilizado.

A fusão destes dois momentos — da crueza e do fruto — já foi realizada uma vez na História, ou algumas vezes, e o *será* novamente: rezas fortes que permitem a superação da *hybris*, sejam!

A fim de que todos os seres se tornem novamente livres! Às conversas com os animais, irmãos! Eles também mostrarão o caminho.

O método é por meio da *physis, superar a hybris*.

Aí, onde o orvalho poderá realizar a sua missão: limpar a *physis* da *hybris* — a totalidade livrar de toda a arrogância dos homens brancos, poderemos! Assim, para que todos os seres evoluam, celebremos: a Filosofia e o orvalho!

*

Na volta de Paris, tenho que passar pelo auditório da universidade onde eu e C. nos conhecemos. Esta experiência, de passar por esse auditório depois de vê-lo doente e no hospital foi reveladora.

Posso reconhecer que eu sou forte. Ah, boiada! Depois de tudo pelo que passei, os anos de chumbo, consegui reunir forças para me tornar mulher novamente. Uma mulher que aprendeu a lutar.

Isto que soava com uma tarefa impossível quando convivia com C., agora me era natural: ser mulher e filósofa. Realizada a minha maior destinação, o que me faltava fazer senão rapadura?

Se Platão, em a *República*, coloca a nós, filósofos por detrás de um muro, que é a Filosofia, é porque a Filosofia, em sua raridade milenar, precisa ser cuidada para frutificar. Amoreira.

Na amoreira dormia a pérfida porcina que pôde ser tratada por meio deste livro. Ainda pretendemos o seguinte: que, quando tudo e todos forem abocanhados pela fúria intempestiva do mar, o lugar da Filosofia venha a ser novamente o lugar do homem como sendo a sua liberdade. Agora, ser com deuses pode voltar a favorecer este aprendizado: de liberdade. Aqueles que têm o poder de enxergar esta riqueza mais preciosa: de o humano se fazer divino, podem fazer os outros enxergar também. Passar a visão. Trata-se de um compromisso ético.

Deixar a Deusa voltar a ser foi tudo o que pedi a C. O amor platônico poderá assim voltar a se realizar em nós.

*

Agora, C. degenera a olhos vistos. Nesta cama de hospital, onde muitos outros podem estar. Sua autobiografia exposta no ato de subjugar mulheres por toda a vida...

Obediente e humilde, C., frente a si mesmo, consegue dar-se conta de que a morte é no amanhã, e que o amanhã chega, nós não somos invencíveis.

Compreende melhor, por estar em frente à morte, que tudo perde frente à magnificência do fenômeno do divino. Como uma remédio forte, a minha reza funciona. Uma espécie de purgante. Forte mesmo. E foi isso que ele pôde aprender. No fio do lume da navalha. Bem embaixo do pássaro implume que agora é, a virilidade de uma mulher pôde voltar a ser. E apenas agradecimentos são ouvidos. À noite, na janela, eu e Teeteto cochichamos um com o outro sobre as outras dimensões do divino em que ainda poderemos renascer, agora que se deu o aprendizado da arte de morrer em paz, não só no sonho, mas no ser fazer livre de todo Mal.

Carinhoso, seu ser aprende a me manter, ainda no pró-ximo, da Choupana para além do Véu de Maya, enquanto que o dis-tante dista. A quentura de minha pela permite a ele ver a diferença entre o aprender a voar, e o valor da diferença. Do feminino que é o sagrado imaculado, maculando-se, apenas no maculelê.

Perceberá enfim, antes de morrer, como aquela precária manu-tenção do colonialismo viera a se eternizar na estrutura por meio da qual os povos de origem africana foram escravizados outrora. Agora, quando ele se automedica, é difícil ainda, ele perde o senso e volta a se transformar em um demônio, mas em virtude de *Avati Amuni*, estarei salva, pois nesse livro toda a verdade se fez evidente.

Passaram-se ainda dois anos para ele aprender que transmitir a verdade é uma benção: seria preciso voltar à terceira geração de mulheres da minha família para encontrar o que teria dado origem a que o Polvo passasse a se apossar até de mim e a considerar normal ele me escravi-zar. Foi quando me lembrei da árvore genealógica da minha família e lhe contei a estória de Joãozinho d'Ogum.

Seção 2
A história de um passado

37

Como vencemos o Patriarcado

O pulo do gato foi o seguinte: uma força tarefa capitaneada por Avati Amuni conseguiu realizar, no Carnaval de 2020, o acontecimento por meio do qual veio a se inverter a temporalidade, e, logo, a centralidade política da Terra. Da Terra? Sim! Passamos ouvir as cigarras bem próximas, daquela nuvem brilhante, no diário cotidiano. Superamos de imediato, já na sexta-feira de Carnaval, o colonialismo pelo qual passavam as relações de gênero em eterna discórdia. Isto em proveito das rotações celestes e de Gaya.

De uma hora para outra, uma voz masculina passou a cantar em um tom que dizia assim: Minha voz pode servir às Musas! Dedo em riste. Em prol e a partir da *physis*, única ambiência possível ao divino contemporâneo, nos quatro cantos do Universo, passou a perdurar apenas uma luz que ensinava o seguinte:

Que limites de tempo e de espaço não existem. Que somos o que conhecemos. Das descobertas tibetanas, a mais linda: a dedicação de amor ao saber, como agora reinante também nos brasis. Agora podemos saber que a melhor realidade é aquela em que voltamos a ser capatazes. E nos despertar para um Feminino apaziguado volta a ser em abraços de camisas bem passadas. Aí, sim, pôde finalmente ser verdade: que a Baía de Guanabara fora limpa! A essência da experiência do *religare*, voltando a ser no ato de nos desperta para o nosso melhor: Floresta Atlântida. Muitos exercícios capazes de nos fazer fluir para os quatro cantos a partir da mesma energia da mãe-terra, junto a dos pontos cardeais surgem, e ressurgem. Oh, símile ao Cântico dos Cânticos. Como uma rosa, nos ventos me abro.

Repito: Somos feitos da mesma superfície das plantas — somos folhas.

Religar-se a que e como? De quando estamos em conexão com divindades, surge: rezo, e sou por isso capaz de nos elevar. Agora, por um segundo, vem: sentir o meu cheiro de alecrim. Exala você também esta energia que te faz feliz. A um só tempo, forte e suave. Eu, por acreditar no poder d'Ela, permito a ligação: ouço uma voz que vem da floresta; e ela canta um canto suavissíssimo. É na verdade um convite à dança. Conceda você também agora à Deusa o poder de te fazer feliz.

Somos feitos da mesma superfície das plantas — somos folhas.

Concebo que cada religião, se veio a existir, é porque o do plano divino quis se enunciar em nós. E essa é uma descoberta, por si só, divina de que precisamos nos lembrar com mais frequência. Outro ponto surge inequívoco: todas as religiões nascem e renascem mediante uma experiência de abertura para o desconhecido. Voltemos apenas a essa experiência, pois.

Avati para Avati no Auditório Pedro Calmon:

Ao *ex-istirmos, resistiremos mais fortes;* o É, ao transformar-se naquilo que se é. Ontologicamente, devolver dignidade a todos é possível e urgente. Quando todos conseguirem trabalhar e ter direito à sombra, aí sim, tudo poderá vir a se dar com base no suingue da Deusa novamente. Assim, se agora lhe prestamos reverência, é por ter *Avati Amuni* aberto essa possibilidade concretamente na escrita também.

A solidariedade passou a nascer da simples inversão do egoísmo — foi quando se deu o milagre: o indígena e seu modo de habitar a terra prevaleceu. Os cuidados necessários ao advento de um tempo limpo, no qual escutamos à mãe-terra e no qual homens e mulheres, sacerdotisas e sacerdotes, para festas em um tempo que pode advir sem medo; porque sinaliza para um cuidado primordial, capaz de promover a divina graça que nos faz super-humanos: obrigada!

Depois, ela saiu pelo corredor de cabeça erguida. Amuni lhe aguardava no táxi com um sorriso de sol a sol. Conseguimos! Avati coloca limites nela também. E, dos significantes de masculinidade que até a pouco vestiam homens cruéis, nós fizemos uso. Passou a ser essa a nossa missão: fazer advir outros significantes para efeito de mais alvissareiro ser o amor. Para isso, as práticas aqui assinaladas — a Timbalada que é a ausculta do coração e o compartilhamento de ressonâncias magnéticas — foram fundamentais.

Amuni, na Praia Vermelha:

Por causa do Homem, eu mergulho: com as gaivotas; e eu, divina. Gaia, no fundo e no raso, no seco e no molhado, nas águas-vivas que sabem clarice-lispectar, voltam a ser: é espetacular, e voltará a ser. Preste atenção! Balbuciei águas em sânscrito.

*

E foi assim que a Deusa, ela mesma, voltou. Ela veio falar não apenas comigo, mas com toda a humanidade, e trazia estrelas. A lucidez de Nzinga de novo na Terra. Daí, ela expôs toda a verdade futura:

Avati Amuni, sendo um sucesso baseado em fatos reais, eu termino por ganhar um prêmio, mas não sei por que, na verdade. Sei que fiz apenas a minha obrigação, que é pensar. Mais caro pagaram pelo aprendizado no ultrapassamento da Grécia quanto à questão da Universalização da Liberdade. Sobretudo no aspecto de que até agora eramos nós, mulheres negras, que vínhamos sustentando o trabalho de extirpar a mãe-terra de todo o Mal. Foi quando: descobrimos ser mulher como um aspecto de se poder fazer com que nenhuma outra mulher sofra mais no mundo.

Precisamente no final de agosto de 2020, um exército de mulheres, e de homens, já estavam prontos no plano espiritual. Neste o felino feminino se fez sapiente do poder do desabrochar deste compromisso ético — único capaz de livrar-nos de todo Mal — como da ordem da certeza. Elevada a verdade, e também rebaixada para efeito deste futebol que fomos, que somos, e que seremos filósofas. De que somos pura sacralidade em forma de reunião na ciranda do todas por uma, uma por todas: sumo sapiencial.

As razões coloniais em definitivo extintas.

O trabalho de colocar limites em nações inteiras pôde ser bem realizado porque alguns poucos — pensadores — buscavam já manter os sentidos abertos para o aprendizado singular de auscultar, no vagar, o coração de estudante que é a totalidade. Estar com a Deusa é maravilhoso, e todos podendo apreciar esta tonalidade afetiva, de amor incondicional que Dela emana é melhor ainda. O tempo pôde ser expandido mediante a grande propulsão causada pela prática do

Portal. E sobretudo, as derradeiras herdeiras de hierarquias do período colonial, aracnídeas puderam ser extintas.

As armas — a serenidade, o amor e o conhecimento — espalharam-se pelo cosmo. Na glória do Espírito Santo fomos, somos e seremos.

Na primeira edição de *Avati Amuni*, constava apenas a narrativa, o romance, e eu, Anna, fui chamada de prostituta do logos. Foi quando desceu à Terra a Deusa ordenando a escrita deste Portal. Para realizar isto que de início me parecia impossível, minha visão foi ampliada. Pela divina graça que me torna super-humana, pude entender o propósito de ser filósofa e da escrita deste Portal como aquilo que faltava. Meu vir a ser *fêmeo*[98] tornou-se aberto e impelido a se configurar como Lei. A fim de que outras mulheres pudessem vir a ser reconhecidas filósofas, a Lei da multiplicidade pôde ampliar-se.

Superamos assim o primeiro nível, que dificultava a compreensão mútua, uma vez que instalava o masculino na posição de comando. Quando o feminino foi erguido à possibilidade de fala e de escuta, e jamais à condição de cativeiro, o que até então permanecia restrito ao âmbito do imaginário, pôde abrir-se no campo do simbólico: aí, teve lugar o mando do feminino, e a reflexão acerca das origens de todos os povos passou a ter lugar junto ao ritmo de samba dos corações.

Sendo, esotérica e eroticamente livres, os significantes de feminilidade saíram da extinção. Passando a existir plenamente, conseguiram deixar todos satisfeitos. Túrgidas, pudemos sustentar umas às outras e aos demais que sofriam — de depressão, drogadição etc. — livrando-os (as) de todas as patologias debitárias da exclusão do feminino como valoroso. Pôde voltar a ter lugar o cântico a partir do qual Piriquitinha... Piriquitinha... Puderam vir a ser livres, sobretudo, para escrever sobre o ato de serem diversas. Já os significantes de masculinidade que abundavam inclementes passaram a ouvir a Deusa e a ficar calmos, sossegados, e até clementes.

O movimento seguinte foi que os significantes de masculinidade que até então vilipendiavam o feminino, deram-se conta do que estavam perdendo, e fez-se o milagre. O sagrado fruto abençoou aqueles que estavam dispostos a essa possibilidade, e as mídias, tornadas obsoletas, perderam espaço. O espaço mútuo no aberto passou a ser a regra em

---

[98] O adjetivo "fêmeo" quer significar mulher mas também um modo de ser livre.

todas as relações. As instituições de poder passaram a existir apenas para sustentar o feminino no cuidado que passou a ser recíproco entre todos os seres.

Em seguida à obsolescência das mídias, deu-se a queda do império romano e a ascensão do grego. Junto e a partir deste movimento — explicitado no aprendizado do cultivo da alma do *cosmos* para o pleno retorno e exercício de deidades — o tempo necessário para o cuidado do sutil feminino ficou óbvio para quase todos. A verdade enquanto desocultação foi deixada ser: clareira. No momento em que essas transmissões foram reconhecidas e estimuladas, o divino Espírito Santo Feminino pôde retornar mais forte.

A sanha desarvorada que tinha origem na hierarquia colonialista foi invertida, e se revelou a hierarquia dos encantados — santos e anjos — como de maior força e serventia até para os próprios europeus niilistas. Aí, conseguimos a estrutura patriarcal deixar para trás! Num grito de guerra: Hauiê, Hauiê! E pôde o divino se mostrar: maior força. Instados na aceitação do outro, e tendo essa aceitação como parte natural de nosso vir a ser, pôde ter lugar tão somente a verdade. Ninguém mais perguntou cadê a Deusa. Todos passaram a cultivar sonhos, e então a Deusa, cuja leveza e luz seduzem a quem dela colhe bênçãos pôde reinar.

Sabemos que a castidade de alma fez parte dessa grande revolução, ao menos em seu início, mas também em seu final. Assim que pôde nascer mais vetusta a visão: de ser preciso uma infância cultivada com amor. Para o divino voltar a ser e renascer em forma de festa, primeiro de tudo deu-se um cuidado com a infância.

E um crítico chegou a dizer: desde o surgimento de *Avati Amuni* e de sua prática autêntica está em curso uma grande revolução. As humanidades de todos os animais puderam ser decodificadas. Foram todos despertados do sono profundo e do silêncio em que se encontravam.

A feminilidade foi recuperada e colocada em um lugar de primazia. O desejo de morte deu lugar à uma nova antiga autoridade: a prática do amor. O Véu de Maya rasgou-se e todos nós pudemos ver que o Polvo Leviatânico era um erro, que, ao acelerar a todos, impedia a escuta ao sagrado.

A cultura romana cedeu lugar não apenas à grega. Numa lufada de ar, desmantelados todos os patriarcalismos que até então impediam o surgimento da salvaguarda de todos que enaltecem o feminino.

A hierarquia do patriarcado perdeu espaço para a riqueza da saúde que reverberam da hierarquia que tem lugar no matriarcado, onde todos são, numa miríade de refrescâncias que se abrem e se descortinam para o bem-estar de todos os seres.

Com a ruína dos "neocolonialismos", a Deusa, justamente a partir de seus semblantes maiores — a sabedoria e a nobreza de caráter — reinou a partir do valor único a comandar a humanidade: Liberdade.

*

Ô, mineira esta sô! Mineirice arretada que traz os montes. Lá onde se esconde as aurí-feras, e os aurí-feros. A Deusa o vê, e me entende. Dirá que não teria como, de fato, não lhe ter dado crédito imediatamente. De fato, era alguém que poderia acreditar nela. O problema desde o início fora que havia outras religiões — a exemplo da Psicanálise — que dificultavam muito o trabalho Dela. Ah, e o Demo em procedimentos? Aguardente, agarradas, todas juntas, e dissemos não. Elevai, Senhora!

Dizem que as Minas dá coco, mas dá cocada também. A raiz é o gengibre que, em sendo forte, permite que as outras e os outros venham a ser túrgidos também (!). A fim de que nada, nem ninguém possa prender-me de novo, verifico se Teeteto está cuidando dos céus. Está sim. Ótimo. A fim de que lá em cima eu possa voar, ele nem olha para trás, e faz cânticos. Ótimo. Assim não fica com a tentação de olhar para trás.

Foi nesse processo de ressignificação que foi lhe permitido re-adquirir asas. Crente, o pássaro passarando é até bonitão. Sob os auspícios da Deusa, por meio da Alma Dela, que é um re-aprender a amar, deram apenas agradecimentos. Pelo aprendizado que é ser na mãe-terra. Amém.

Vejo-o escoltado por anjos. Também Teeteto devolverá grande valor à humanidade e a tudo que pôde ser neste reinado — as grandes revoluções espirituais que permitem o pensar, e o ser advirem novamente reunidos para efeito cósmico. É ótimo.

*

O colonialismo, até então um tema de menor valia nas academias de todo o mundo, se torna a questão fundamental. As justificativas, os porquês do povo europeu tentar manter, em pleno século XXI, uma tentativa de supremacia intelectual, é descoberto como causa de grandes e valiosas descobertas. A chaga que eternamente refunda novas espécies de colonialismo é trazida como um reverso de uma mesma moeda... Fácil de ser virada.

Pergunta: terá sido a filosofia que levou à revelação de que o mal-estar na civilização seja causado por romanos viciados em testosterona? Ou isso é desde *priscas eras*? Quem deu o direito a esse povo de se considerar melhor que os demais? Apesar da falência da política, do teatro, da Psicanálise e até da própria Filosofia, insistirão até quando em garantir o próprio esquecimento? Até quando as formas romanas de ver o mundo permanecerão distantes da Grécia? Ou não será suficiente um retorno ao mais arcaico? Porque a Filosofia, sozinha, não teria sido capaz de tanto. O que permitiu essa revelação foi antes a enervação, metáfora de uma cosmovisão que aceita a existência de outros deuses, conferindo a eles não apenas direito de ser mas plenitude. Até 2020 apenas os romanos perduraram com sua cosmovisão equivocada, mantendo-se como os únicos que deveriam ter o direito a ser. Para a alegria do menino Jesus.

O medo leva à arrogância, e os deuses acabaram desistindo de falar conosco por isso. Agora é diferente. Cada instante leva à comunialidade.

Hegel, e mesmo Fichte, é verdade, foram importantes num dado momento, ao nos permitirem dar início a um pensar a um só tempo relativista, e absoluto. Descoberto foi que o pensar deles podia se auto-engendrar mais rápido com os Orixás e os Xamãs desta terra. Viabilizar a participação dos deuses, como? Já que a estupidez dos povos europeus que permanecem a muito tempo com desejo de repetir a estrutura colonialista é contra-mão total?

Tudo se resolveu, na hora da iluminação... Resolvemos. Luzes. Pudera, né, minha nêga? O gigolô morto, sem aquele demônio ficou tudo sossegado.

A miséria espiritual pôde dar lugar a uma Nova Chama, na qual a sempiternidade tomou o lugar do que era até então reflexo da lógica do lucro e da acumulação de capital. A face perversa da humanidade deu lugar, então, só a passaradas: a ausculta do divino, e da divina providência. O que alguns chamam de Deus foi até palavra pouca para dizer do sentido do sagrado. Os deuses bíblicos até ficaram surpresos. Até Buda, até. Amém!

Enlevada por nosso Senhor, Jesus Cristo, nossos filhos, irmãos e as musas todas. Agora, cantai, ohhhhhh! Na posição de capitã deste Navio, voando rápido, alcanço o meu posto.

No vôo: em direção às fortalezas olho. Uma fortaleza, as guerreiras que são me chama demais a atenção. Numa lufada, o ar. Nada há mais forte que o Tufão. Onde as águas viram éguas, e Deusa Senhora Nzinga, sois vós as santas, todas, comigo, re-nas-ci-das.

Pela floresta até nós, no compasso de uma desilusão, que a escuta da divina graça é um advir de religião: a do readvir! Readivirges. Amém, no ato da dúvida mesmo há já uma iluminação, e isso é re-cí-pro-co. Rap. *Rythm in blues*. Nisto, a sabedoria de nossos ancestrais pode ser ouvida: harmonias de sereias.

À disposição dos deuses, ensinemos a fazer brotar: nascentes. Estas que permitem que a água doce volte a ser. Rio Doce seja, límpida claridade, no fim da sede. E o seu tom? O dos Orixás. Uns estalos rápido ligeiros, e aí, onde o mar é quem me navega voltamos a ser.

O despertar para a atenção plena, de maneira absoluta, como queria Hegel, agora não mais dividido em três: unas, só no barulhinho bom das pedras miudinhas. No marulhar onde há o Oboé, e o pio da coruja. Juntos. O berimbau vem só depois, e é rasgando. Devotos da escuta dos deuses do Afoxé, o encantamento pôde ser toda hora. Livremente éramos: os sonhos que quiséssemos ser.

A gata e o gavião reerguidos ao papel de Griffo, Tupã, Apolo. E a prática do auto-reconhecido sendo *mais forte* nos aromas deles. No ato de farejar, o reconhecimento das distâncias e das proximidades.

Eis que surge um touro. E eu, de vaquejada entendo um pouco. A faca não é para matar. Nos chifres, as mãos! Mais rápido do que um Tufão.

Quando descubro que o touro era o mar, e eu era uma golfinha, fico comovida. Foi quando o nêgo chamou a viola. Oh, lugar maravilhoso este, do sertanejo esquecimento! A morada das águas: na reunião de céu e de sombra — cachoeira — d'águas. Readivirges, advirges. De tudo ao meu amor. Sereia, atenta: onde o que mais amas é o possível de estrelas-do-mar.

Nesse vespertino, faço amor com Teeteto, e o amor que nasce é uma chama que arde. Oh, golfinhos, levem-me, iluminem o caminho rumo à Deusa, onde as crianças reaprenderam a ser golfinhos. Ser nos animais, por meio de uma só alma. Agora é hora deles avançarem na lição de como sermos adestradas pelo *cosmo*.

— Deixa que eu as ensino a serem adestradas pelo cosmo, Madame. Procedamos juntas com este mais alto ápice a que podemos todos chegar. Encantados, peço vossa autorização. Venham todas! Vamos cantar!

— Essa ciranda quem me deu foi Lia, quem me deu foi Lia de Itamaracá...

O segredo do Oráculo de Delfos finalmente revelado: a Pythia em pleno sacerdócio. Sermos adestrados pelo cosmo é o que nos torna hábeis. Na ciranda cósmica, a prática de invocar deuses para as guerras sempre existiu, apenas o homem branco é que foi se esquecer de como invocar Xamãs na xinxa.

Assim como em Salamina, durante a guerra que levou à vitória contra os persas, um gavião foi adestrado pelo *cosmo* e junto a ele a Pythia pôde ver atrás das ilhas, até bem atrás mesmo do horizonte que tinha deixado de ser um limite. Nas saídas do mar, por meio das falésias, no monte Hélion, o "como" atravessar, no olho do maremoto, a fim de buscar auxílio de outras deusas e deuses, em especial nas montanhas de pedra.

O "como" atravessar o castelo de Cnossos, por dentro, é o desafio. Agora é só segurar bem nos chifres, e pular. Segura!

Dessa prática que também saem dançarinas iluminadas com seios túrgidos, e que *são* por meio *não* de janelas ancestrais, *mas* do translúcido que são: águas de nascente desaguando no mar.

Avati: — Se não há mais pudor, é porque não é bom que sejais pudicas.

Tratou-se apenas de lembrar que há muito, e muito tempo...

Seção 3

O Pensar

O canto nos traz a Deusa que é, volta a ser. Em seu ser, reavivada a reunião entre Pensar e Ser. Dedicar-se à essa reunião *é, volta a ser*, o que causa o advento de *super-humanos que são mortais atentos à possibilidade de virar onça*. Colocado pela própria Deusa: atenhamos-nos à reunião, entre ser e pensar. Agora! Em direção à: 1) como e quando somos, e como essa reunião se dá; 2) como há nisso, bençãos, e não apenas filosofias. Lição número zero: basta ouvir o ritmo!

Trata-se de um poder-ser específico, e que vai além da Filosofia. Nesta Creta sincrética que advém repentinamente no Atabaque o tempo e espaço, todos voltam a ser juntos: os deuses e os mortais. Dança-se uma grande ciranda. A abertura para as divindades todas — agora num exercício do mais lindo quando pleno, de cosmopolitismo perante às divindades veio a ser. Amém.

Na descoberta de que Ela semeia tudo o que pode ser, o advento do próprio milagre. E se é assim, é porque desde a invenção da Razão, apenas de muitos em muitos *séculos*, a voz de mulheres é ouvida.

Avati: — Límpida claridade, a alma da Deusa Mãe. Amem vós, amem nós, amem todas e todos!

Dois *milênios* de misoginia convergiram para fundar, e refundar uma impossibilidade quase estrutural de ausculta à Sua voz, Senhora. Agora, saúde!

Disseram lá, os mortais: Anna Kálister Perena comeu o pão que o diabo amassou. Mas tudo agora será diferente. Amém.

Renascimento de deuses pôde ter lugar em *Avati Amuni* porque ela aprendeu a pular a ciranda na qual o touro também salta. Isto que é o mais difícil. Em pleno século XXI, mais precisamente na colônia grega de *Avati Amuni, o Atabaque pôde voltar a ser...* e eu de frente para o Minotauro.

Conferindo asas ao divino da história, pôde-se voltar a se transformar no canto de anjos, a experiência do arcaico.

Agora somos também testemunha da existência deste lugar de onde partem as armas de Ogum e de Poseidon, juntas.

É deste lugar que as voltas, nas cirandas, nos terços, nas cantorias de roda, em comunhão, deuses e mortais voltaram a ser, e voltarão a ser. Por que não? Trata-se do instante em que a Deusa imprime sua essência, e se vai; deixando no lugar um ocre iluminado, um vazio aterrador onde é preciso trabalhar para ser. Sacramentado: o movimento feminista, o idealismo alemão e a Umbanda. Se não desistimos até aqui, não desistiremos jamais!

O ato de reunir o Axé, os Orixás, a Pythia na Força de um Navio permitirá até o retorno da Época de Ouro do Samba Nacional.

A prática de nos jogarmos na totalidade, que é a mãe-terra, quando desvelando-se por meio das brincadeiras, e das encantarias, promove um retumbante reencontro de todas as religiões a partir do desejo dos deuses. Quem quererá ficar de fora?

*

Avati: O que você vê na luneta?

Amuni: — Uma mulher.

Avati: E o que você ouve?

Amuni: — *Evoé, Baco*[99]*!*

Avati: Procure a bandeira.

Amuni: — A bandeira? *"Avati Amuni"*.

Avati pega o alto falante.

Neste Navio, três colonizações quiseram se apresentar:

1) aí, uma mulher negra presta reverência aos deuses do Mundo dos Imortais do Antigo Egito;

2) daí, há uma mulher grega, que volta a ser nos braços de Zeus, Leda;

3) por fim, a nossa, que se apresenta por meio de uma flauta que faz dançar os golfinhos. Dioniso.

---

[99] Trata-se de uma saudação ao deus do teatro, Baco ou Dioniso.

Com pouco, crianças e jovens aparecem no Cais do Porto. Elas prestam reverência? Elas comunicam aos pais e aos professores que:

— A mulher do alto-falante iluminou nossos corações.

Daí, todos em uma só voz:

— Saravá!

E a mulher, não mais no alto-falante:

— A sua essência-mãe foi mostrada. Agora, vamos todos! Para a Avenida!

A evolução na Sapucaí não teve limites.

Eram cretenses, egípcias, gregas, indígenas, eram todas livres!

E, em sendo, que fez-se o Carnaval, na voz de Tia Ciata, desde dentro do boi-bumbá, e das brumas do mediterrâneo. Renascem também o deus menino e Hekate, a chamada "vóterna[100]".

Avati: — Foi Tales quem içou as velas do Navio?

Amuni: Não, foi o balanço do mar.

Avati: E o que fez ele balançar?

Amuni: Foi a sereia.

Avati: E para revelar o quê?

Amuni: Êêê

Avati: Que do lado de cá, renascerá!

Amuni: O rioooo.

Avati: Atrás das Cagarras

Amuni: As cigarras

Avati: É tão bom ser...

Amuni: — Salve, as entidades da morada!

Avati: Da Mangueira e da Portela

Amuni: Porque o samba

Avati: É o que traz a redemocratização

Amuni: Do acontecimento que é o dom do divino

---

[100] Vóterna: trata-se de um neologismo formado a partir de avó e de ternura. Diz-se que Hekate simboliza as avós gregas. Há a lenda da avó adotiva de Perseu que o abençoa quando o herói ia rumo à luta contra o touro de Maratona.

Avati: De se dar

Amuni: É um dom

Avati: Do olhar,

Amuni: No canto

Avati: Vamos

Amuni: Vamooos

Avati: À desdita superar

Amuni: — Oxalá!

Avati: Lá, "a beleza"

Amuni: Só fez voltar a ser

Avati: Êêê

ÔOOO

Se você pensa que Cachaça é água

Ôoooo

*

Era missa de domingo, o gavião em revoada, as gatas, os pássaros todos, e todas as plantas reaprenderam a ser ouvidas. Lá, onde os micos-leões-dourados, nos mais variados tons de significância, planteiam também o direito à significância. Aí, a Deusa vem ser comigo, e no súbito, um poderoso raio me toma. Torna ainda mais nítida a certeza: de que quando libertos, os animais e as plantas podem ser ouvidos. Esvoaçantes, as folhas lá fora querem dizer: libertados fomos. Obrigada, Avati!

Livramo-nos da existência, ou a afirmamos, mortal, quando um raio apenas nos atravessa?

Posfácio, ou Interlúdio Filosófico

O Naufrágio de Avati Amuni (Para iniciados)

Nosso lar está doente e o remédio quem pode trazer são os espíritos a quem pedimos luz. O perispírito trabalhado afinará mais as nossas energias. Não se trataram aqui de recordações de mediunidade mas de ensinamentos do porquê de o nosso povo dever re-aprender a dançar. Trata-se assim também de *Obras Póstumas* recém escritas. A respeito do mundo espiritual, o único existente, falamos. Espíritos de Luz, ao trabalho agora, juntas e juntos! Finalmente livrados dos espíritos levianos e zombeteiros, podemos trabalhar. Finalmente velados apenas por espíritos de luz, livraremos a terra de todo Mal. Ao menos até que estes espíritos ainda precisem do mundo físico para evoluir, no desdobramento de corpo e consciência.

Se conforme principia Tales de Mileto, a totalidade é, na verdade, um mar, *ai de mim*, se conseguimos apenas naufragar... É... são correntezas, redemoinhos a nos solapar, ondas-caixotes que a todos põem de ponta-cabeça. Afogam-me em alto mar. Já ontem, rapaz... Se o tempo me permitiu respirar, doando de si mais um pouco, foi por um instante apenas.

E já novamente sucumbimos em ondas gigantescas... Peleja que não tem fim. Quando exíguo, o tempo nos causa vertigens. Com o desarvoro, uma falta de esperança surge, impiedosa. Porque até na mais *Antiga Filosofia*, esta ilha antes livre de todo mal, não pudemos mais ficar — até nela passaram a surgir víboras sedentas de sabe-se lá o que.

Foi preciso coragem — Para me (nos) atirar à água. Novamente. Agora atenta para onde se escondem as sinistras: nas esquinas e nos semblantes até dos mais inocentes. Empreendida a viagem, rumar para a vastidão. É um convite: Empreendei comigo esta viagem, e notai como mais inabalável a certeza da liberdade ser o verdadeiro ideal ficará em você. Buscai, leitora, leitor, comigo, mais do que aventuras. Ir ao encontro do mais arcaico não é tarefa para aventureiros. O porquê das gêneses do Velho e do Novo Testamento é uma tarefa árdua mas que pode ser transformada em diversão para o bem geral da Nação. Poderei continuar a vos guiar? Descobriremos.

Enquanto capitã-comandante naufragada, devo alertar-vos: contraditoriamente talvez fosse melhor ficares ignorante quanto às gêneses do mais arcaico. Mas sem conhecimento, como poderemos nos defender do vil colonialismo? Afinal pois aviso: *que a verdade não é bonita, ao menos aqui, e que justamente por isto ela deve ser repetida*. Poderia contar tudo de novo, de novo e de novo, e tudo igualzinho ao aqui narrado. Para minha surpresa, os paraísos, antes descortinados, tampouco agora são apenas longínqua poesia. Imagens do real, de cor repetidas, e que insistem em existir; apesar dos inúmeros esforços em contrário...

Que no tempo do amor possamos falar apenas bem destas imagens, é ao que me devoto. Se quisermos absolver a capacidade dos Antigos de se deixar domar pela realidade inteira — dos deuses, como num "lance de dados" onde os melhores ganham — a fim de joga-lo, teremos que nos dedicar a uma leitura conjunta. Delícia de destinação, que se torne ainda mais aprazível! Para que possas também aprender a brincar, outorgo o dever da dança.

Ousamos aqui fazer esta dança em um Cruzeiro. Passaremos pelas ilhas de Platão, de Nietzsche mas o Caboclo das Sete Encruzilhadas que deverá nos guiar — pois aqui quem manda é quem aprendeu a jogar. Jogar a realidade toda em direção àquele que a lê é tarefa do âmbito dos Mistérios Inomináveis. Sobre estes não temos comando. Quem navega é o mar.

Para insistir em permitir o renascimentos de Super-humanos — que estas linhas almofadadas possam servir a uma Renascença mais forte, mais venturosa que a outra. Porque esta, tecida no templo do amor, não se nutre não de mercantilismos, mas da disponibilidade ao divino, e deste agir em nós. Assim, deve ser: como uma reza, vai *Avati Amuni* — ser *gauche* na vida!

Conformar-se é muito perigoso. A alma pode acreditar que está tudo bem quando, em verdade, o pior acontece. E se é desta forma, planteio, é por ser a filosofia, assim realizada até agora: a partir de ideais que somente redundam no recrudescimento de ódios ancestrais! O que já não aconteceu no mais tardar de uma filosofia primeira?! O que já não chegou a ser, de crueldade e de ódio, depois do vespertino conhecimento? Será preciso, agora e sempre, um retorno ao mais arcaico, o que significa: lembrar de uma existência mais augusta do que a nossa — senhoras, senhores, falamos aqui da única existência que pode de fato nos salvar — o renascimento de deuses.

Ai de mim... pois sei que *Eles*, os deuses, poderão não mais me amar — e por que? — Porque verão que eu não Os mereço mais. No mais tardar desta filosofia, honesta apesar de nutrida de escândalos, então, eu não mais paraísos encontrarei... não mais... E sofres por antecipação? Sim, porque sou nutrida também pela certeza de que nada pode ser equiparável ao instantâneo propagado pelos deuses.

Receio voltar a vagar, e que sejamos todos esquecidos por Eles, os dos Mistérios mais Insondáveis... Haja visto que de um Deus de braguilha aberta eu não quero mais saber, apenas a venturosa Deusa ainda em mim pode voltar a ser. Rezo para que os instantâneos aqui fotografados, por dizer de masculinos paraísos com os quais, não me coaduno mais. Se me coadunei foi por um segundo ou outro. Que esses possam desaparecer no vento, ao serem revelados. Que possam desaparecer, como quando acordados de em sono profundo viemos a ser, ou como na promessa de dionisíaco filósofo grego instado a Cartas — *segundo o qual a escrita serviria tão somente para nos fazer esquecer as coisas aprendidas.* Assim, que só o aprendizado sobre *Theuth* e dos mil platôs do *Fedro* fique! E que quando aprendidos, estes aprendizados façam como pomba-gira, que sejam desaparecidos de minha frente, e o sejam para *sempre!* Mas e se renascerem em outros horizontes? E se súbito eternizados? *Ai de mim...*

Asseguro-vos: a um monstro, ao menos um – quiçá o maior de todos – de nome Vaidade e de codinome Vanglória ou Soberba, deste eu cuidei! Cuidamos. Morto, teve até os devidos funerais. Prestei. Prestamos. Orações a fim de nos livrar de todo mal. Antes de morrer, o danado ainda vociferou: *"Pagarás caro, rapariga! Pagarás com a tua própria reputação; a tua, e de quem mais amares. Serás chamada de puta; e serás odiada por quem mais amares. Pois colocas a perder a honra de sua família!".* Na fúria por aplacar memórias, terminou vencido, o danado, mas, *ai de mim*, por quanto tempo? Contra o seu mau augúrio tomo banhos de ervas todos os dias. Na mesma batalha, foi perdido excelente armador. Logo quem mais cuidava de minha imagem... *Ai de mim.* Honremos a sua memória com virtudes. Apenas aos alegres e inocentes é reservada tamanha destinação — que possamos a realizar ainda mais uma vez — *Katabasis! Vamos ao mundo dos mortos, para resgatá-lo não, mas para nos assegurar de que ele seja bem retratado. Aí, a diferença dos malditos, aqui poderemos voltar a dançar.* Que já se faça alegre o resgate de nossa afrodescendência! Os de risadas numinosas deverão aqui encontrar ainda mais motivos para dançar, já os outros, eu não sei, pois apesar de conhece-los bem, cuidei dos que estavam por aqui — matei-o-os. E me disponho a participar de outros duelos. Marcado já: em *Avati Amuni*, ao meio dia.

Muitos chegarão a pensar que minto, mas eis uma prova de que conto a verdade: me foi reitera*damente* solicitado que mentisse, mas, *sei que* apenas a verdade poderá nos libertar. Assim, não tenho escolha: se mentisse não precisaria pedir clemência. Mas mentira remói a alma. Pode matar, pois o remorso traz de volta os monstros.

Eis outra prova de que conto a verdade: inexistir aqui qualquer vaidade. Não está suficiente? Pois acrescento mais uma prova, e esta até maior que as demais – pois dou a minha própria reputação. Perco-me? Lida e comprovada a verdade, vereis que, antes, eu não tinha escolha a me silenciar frente ao mais atroz. Se tão funesta esta destinação, talvez fosse melhor deixá-la escondida, mas a Deusa é quem me orienta: *"Faleis a verdade, pequena, que ela te libertará."* O que me faz lembrar versículos bíblicos: *"Falareis a verdade, e ela vos libertará"* (Evangelho de João, capítulo 8, versículo 32). Então, só me resta falar, lutar, e chorar...

Se as quiméricas razões aqui relatadas, à semelhança do que se mostrara no canto das sereias, causam aprisionamento e não liberdade, é por serem conturbadas as razões, e inverossímeis os fatos. Engambelada fui, várias vezes, e pode até parecer que tenha eu orgulho disto. Mas não. Apenas sigo mandamentos divinos. Assim, se me fugiram em certa época à ponta de faca as razões, estas mesmas, as razões, *aqui*, de retas se transformaram em curvas. Porque as falas que até então soavam verdadeiras, apesar de falaciosas, renderam este livro, por meio do qual poderemos bailar! Comunguem agora comigo, *ai me mim* — da experiência de sofrer os piores crimes, e de ser ainda reiteradamente tornada culpada por tê-los sofrido... E tudo, como mágica, agora, me apercebo — Que enquanto causa de turvamento é dúvida, mas, quando reveladas, as ignomínias, tornam claro que — vítima de abusos os mais terríveis, provindos de duas víboras que se chamam machismo e colonialismo — é esta terra a que chamamos brasis.

Agora tudo é passado. Para salvar-me tive que alargar o campo de minha consciência, e para fazer isto, tive que trazer a totalidade como qualidade mais viva do que qualquer filosofia. Mas ainda peço ajuda: se acaso virem por aqui um destes monstros, a Vaidade ou a Soberba, rogo, não se amedrontem; me ajudem a combatê-los! E se não puderem descobri-los no momento certo, garanto-vos: é o momento certo que não terá ainda chegado. Em outro momento, a coisa – *Das Ding* – em alemão — (Será vestígio de vaidade o hábito dos filósofos de abusar de estrangeirismos?) poderá se mostrar. Estejamos prontos!

O quê? Como poderás reconhecê-los, e como devem ser tratados os monstros? Eu não sabia, e tive que aprender. Mas, por precaução, é melhor que você se adiante: Una-te a mim! Mas atenção — Olhos abertos! Estejas de vigília. Pega em armas também.

O quê? Não desejarás salvar-me? A si, apenas, salvará? Está bom. Na hora do "vamos ver", talvez precises confiar: *aí te descobrirás meu amigo*. Creiam-me. Sozinha, eu, por exemplo, eu já não posso mais. Ah, que tormentos... Que meu navegar se transforme em um exílio permanente. Tudo o que eu quis foi um amor simples. E obtive escravidão.

Será que deliro? — Em alto-mar, em eterna conversa comigo mesma, desconverso:

— *"Canídea... não sabes que ninguém poderá te ouvir, quanto mais te salvar?! Depois do que tu fizeste... Além da culpa que carregas, não haverá ninguém com tempo para te salvar!*

E noutra voz:

— *"Não temas, minha menina, os Antigos ao menos desejarão te ouvir!".* E novamente me repreendo: *"Mas eles não poderão te perdoar...".*

Não lamento, se ousei demais foi por conta de saber que nada desta vida resta senão os atos de coragem. Em mim a divina Glória talvez não reze. Tampouco quem fez nascer Órion, as Três Marias, e a Aurora Boreal, e a ptolomaica, a estrela — Sírios. Tudo bem. Que minha coragem me transforme em uma... do mar. Estrela do regaço de Iemanjá! Será suficiente! Tristeza não. Naufragar, só se for para ir até ilhas em cujos mares tubarões não me mordam. Sei que as piores tristezas, quando reveladas, podem achar justa medida: a de destruir demoníacas vaidades; e, com isto, findar toda ânsia. Missão, ou destino?

Se te reunires a mim será missão, e cumprida! Mas sei que não mereço... em todo caso: Sagrado sejas, a quem mais uma vez advirto: Se tu, quando vieres ao encontro das sereias, em uma ilha logo desejares permanecer, ali, digamos, bem *longe* do feio, apenas no bonito; ou seja, no aprazível onde se mostram os golfinhos e tal — irás se dar mal — pois, nesta ilha, quando no mais aprazível quiseres permanecer, quimeras hão de estar te esperando, sob a relva. E se for quando estiveres fincando tua barraquinha, que surgir a *Siegfrieda*, o que farás? E se, no mais além-mar, vieres a desejá-la? Aí me compreenderás! E poderás não apenas me perdoar, mas quem sabe, te juntares a mim! — Serei eternamente grata!

Agora: Apenas se prevenido, poderás lutar. Peguem suas armas! Agora!! Não há tempo a perder. Lembre-se, estejas atento. Vigilante. E quando surgir a sinistra — a perspectiva que relega a mulher à subalternidade — se prevenido, poderás enxergar nela apenas uma baratinha. Pois pisa firme, não tenhas piedade. Eu giro a roda do leme, a fim de transformar a escravidão em semente de liberdade, e já na popa do Navio, espada em riste. "Mulheres, em frente! Jamais subserviência diante de um homem! Nunca mais!".

Poderá não ser fácil no início. Digo por experiência própria. Após seguidos naufrágios, conclamo: que nunca mais tenhamos que passar por humilhações que nos arrancam a auto-estima, quiçá as próprias vísceras. Submeter-nos, nunca mais! Saber que esta subserviência leva à escravidão, e à morte em agonia, é preciso. Convoco homens e mulheres corajosas: a reclamar também!

Ai de mim... Exagero? Pensarão talvez que é para criar caso que denuncio, mas não. É por saber certa apenas a verdade. E se quiserem me matar, feito com Sócrates, com Cristo, e com tantos outros, tudo bem, mas me deixem antes falar, que o meu pensamento, além de ser a única maneira de eu me salvar, é capaz de causar um retorno de celestes rotações. Eu sei, confio. Que eu *seja* o meu pensar, o meu dizer, e a minha coragem. Na Avenida, no Carnaval! Que minha denúncia seja um poema de louvor à liberdade e à preservação do humano em nós. Que nunca mais, nunca mais, os abusos patriarcais voltem a ser praticados em nós! Que os machos abusadores e covardes expiem os seus crimes! Que daqui para frente apenas o amor surja! Para tanto, urge: à luta! Tudo é tempo. *Se o tempo tivesse nome feminino, chamar-se-ia verdade.* Que surja, pois, a verdade!

Repito *uma última* vez: Pode ser que, com a denúncia, ao encontro de um problema de reputação eu vá. Muito foi sopesado a respeito. A cabeça quisera que não fosse assim, mas nesta batalha perde a razão. E o coração dita: Será preciso que eu lance ao mar um grande capitão. Aos tubarões? Quando se trata de um imperativo do coração, é sábio escutar: ele saberá sair-se de mais esta. Quando o coração manda, quem comanda? A justiça. *"Não há boa sorte em ser injusto, só se espera salvação na justiça"* (Eurípedes)! Que seja feita pois a justiça! Aos tubarões, irmãs! Agora, que tornada serva tão somente do coração, e do *logos*, em cristalinas almejo também voltar a mergulhar. Creio, creia-me!

O trágico, eis a nossa destinação. Se *a estadia na totalidade* me permitiu desencobrir a verdade, e esta é, a cada vez, esquecida, no acaso de ficarmos com péssima reputação, como faremos para continuar nossa conversa? É simples: atirar-me-ei à água, e esperarei que do outro lado do rio possamos no reaver. Há de se esperar o que mais de uma náufraga? Ao final, as pedras jogadas em mim poderão também me salvar. Nos *Evangelhos (João capítulo 8, versículo 1-11)* quando levaram uma mulher surpreendida em adultério a Jesus, para que fosse apedrejada, suas divinas palavras foram: *"Quem não tiver pecado, que atire a primeira pedra"*. Aqui, será diferente, pois jogarei as pedras de volta. Jogaremos! A alegria de redescobrir a impossível superação da condição de náufraga, só deste modo poderemos compartilhar. Se viver é aprender a morrer, e se é verdade que o desejo leva consigo apenas atos de coragem, faço meus os votos de Sócrates: desço ao ínfero mundo dos mortos, a fim de lá obter o ensinamento que pode nos salvar — da sapiência do quão breve é a existência.

Por esta brevidade, alguns a quererão tempestuosa, outros, mais propensos à filosofia, a desejarão leve, como uma brisa. Para poder enxergar mais longe é preciso aprender a subir em árvore. Para participar da luta de gigantes não são aqui bem-vindos os enganos, os artifícios, ainda menos os mentirosos. Lá, junto aos deuses, não há lugar para inverdades. *Só quem aprende a morrer pode trazer os imortais de volta.* Desistir de falar a verdade agora me é impossível. Sair mutilada novamente posso, mas não tenho medo. E ainda um aviso: a todos os malvados:

— Que fujam, o mais rápido possível.

Enfrentar o naufrágio aprendi. No lume de um Navio — no corte da mais afiada navalha! De subjetividade alguma faço caso. Pois sei que inexisto. E se é esta inexistência que me faz escrever, se é dela que nasce o aqui narrado, então posso vir a existir um dia. Justo por conta de repentinas e reiteradas humilhações... Que diria? O aprender a lidar pude com a necessidade de evoluir, e não apenas na Avenida.

Às moçoilas indefesas, talvez valha bastante, mais até, a leitura deste livro. Que sirva de manifesto de cuidado — isto de que eu tanto precisei um dia — e que estava indisponível no mercado. Pelos naufrágios atrozes que nos tiram a *mátria*, poderás não ter que passar... Para que nossa destinação seja outra que não esta apátrida escravidão, escrevo. Para que o comando desta terra possa voltar aos que são de direito: Encantados deste meu Brasil, agora à luta! E assim, quem sabe, para a leveza de quem fica, eu possa dizer do amor que tive, *que é prometeica chama*, e estamos em alto-mar!

Receio que isso não seja ainda suficiente. Temo não pela verdade, mas pelos homens. Por andarem esquecidos de nossa essência divina, é possível que terminem por devorar a si mesmos.

Quem poderá nos salvar? Que agora venha a Deusa com o Tempo, estas duas entidades divinas, e que se juntem a nós, a fim de grande Libertação! Afiemos nossas lanças! E que venham todas e todos: indígenas, escravisados, encantados, nereidas, deuses da floresta, apátridas, companheiros, companheiras, marujos, aos zarpões! Desta luta só quem não perder a ternura sairá ileso.

"*E um grito ainda se fez ouvir, no longínquo mar Egeu.... Vamos, companheiras e companheiros, vamos...*"

Relatos, confissões, testemunhos, depoimentos feitos com ternura.
Anna Perena.
Rio, 01/01/2019.

ÍNDICE REMISSIVO

#*Metoo*, 133
a Deusa, 258
a imagem, 35
a verdade era erótica, 165
a visão, 250
a voz de minha alma, 78
Abandono, 136
abuso de poder, 166
abuso sexual, 177
Academia Francesa, 32
Ação de Graças, 160
acontecimento, 48
Adão e de Eva, 183
Adultério e abuso de poder, 164
afrodescendência, 223, 233
Afrodite, 66
afro-egípcia, 38
agalma, 118, 174
Agalma, 43
agradecimentos, 237
água, 52
alado, 113
Alcebíades, 116, 219
alegria, 81
Alemanha, 112
alemão, 32, 66
alforria, 173
Alienada, 43
alma, 22, 30

alma congênere, 133
alma penada, 41
almas, 47
amar, 99
amor, 27, 44, 111, 208, 225
amor ao saber, 255
amoreira, 30, 111, 225
Amoreira, 250
Anais da Psicanálise, 240
ancestrais, 21, 59
Angela Davis, 248
animais, 109
anta, 109
apolíneo, 100
Apolo, 41, 57
aprendizado, 22
aprendizado conquistado, 52
apropriação intelectual, 136
Aquele que diz somente a verdade, 210
aranha, 44
Ares, 141
Ariadne, 57
Aristóteles, 32
arma, 172
Arrheton, 43
Ártemis, 42, 55, 115
Arthur Bispo do Rosário, 132
asas, 22

Atabaque, 24, 72, 156
Atena, 36, 115
ateórico, 91
Atlântida, 143
atos de coragem, 226
atrocidades, 156
Aura auréa, 215
ausência, 48
autobiografia, 31
autômato, 153
Avati Amuni, 71
Axé, 140
Beethoven, 29
beleza, a justiça e a bondade, 244
Bem, 51
Bíblia, 44, 134, 139, 182
bíblias, 180
biblioteca, 97
bisavô negro, 162
borboleta, 225
brasileiros, 23
brincantes, 61, 245
burguês, 179
burguesa, 41
burguesia, 241
burguesia parisiense, 168
Caboclo das Sete Encruzilhadas, 274
cachimbo e fumo de rolo, 130
calma, 210
camélia, 159
caminho de virtude, 164

cannabis, 76
Cântico dos Cânticos, 255
canto, 22
capeta, 80
Capeta, 235
Carl Jung, 52
Carmem Miranda do Agreste, 72
cartoons eróticos, 55
Casa Grande, 161
cascavel, 182
cavalo, 163
Chico Buarque, 40
ciranda das almas de luz, 227
ciúmes, 91
clareira, 259
clarice-lispectar, 243, 257
Cnossos, 263
coisa, 117
Colégio Pedro II, 30
Colonialidade moderna, 51
colonialismo, 23, 129, 255, 260
colonialismos, 21, 233
colonialista escravocrata, 132
colonização, 159
colonizações, 268
colonizadores, 23, 48, 52, 191
colonizadores de origem europeia, 244
colonizados, 241
compaixão, 86
comunista, 119
conceito-imagem, 144

concubina, 77, 132
Condor, 225
conhecimento, 98
consciência, 77
consciência no espaço e no tempo, 109
constrangimento, 36
corpo, 40
crápula, 151
cristianismo, 32, 180
Cronos, 44
crueldade, 58, 142, 179, 275
crueza, 249
cuidado, 212
cuidar, 43, 106
culpa, 22
cultura judaico-cristã, 65
cura, 24
curandeiros, 48
dança cósmica, 104
Das Ding, 118
demiurgos, 110
democracia, de base matriarcal, 235
demônia, 62
demônio, 39, 80, 169, 194
denegação, 167
denúncia, 279
Descartes, 113
Desdobramento, 35
desdobramento de consciência, 227

desejos, 43
desprezo, 68
desvalorizada, 65
Deus, 36, 110
deusa, 249
Deusa, 21, 36, 47, 48, 72, 83, 94, 117, 126, 133, 173, 234, 240, 243, 247, 256, 267, 276
Deusa *Aletheia*, 174
deusas, 23, 24
deuses, 22, 24, 37, 48, 54, 94, 111, 267
deuses da floresta, 241
deuses e mulher, 243
devir-fêmeo, 48
diabo, 50
diáfana, 41
dialética do desejo, 174
Dioniso, 57, 60, 147
distância, 111
ditadura de valores, 176
divina, 234
divindades, 22
divino, 48, 109
Divino Espírito Santo, 249
divino que resplandece na dança, 246
doente, 79
dom divino, 97
Dom Juan, 31
Don Juan, 48
Dostoiévski e Tolstói, 110

doutrinas não escritas, 95
drogas, 187
Eco, 145
ecossistema, 165
ectoplasma, 246
Éden, 44
Édipo, 49
efeito narcísico, 179
Egípcia, 118
Égua, 109
encantados, 259
Encantaria, 47, 193
Er, 228
ereção dos pró- prios desejos, 143
Éris, 116
Eros, 233
erotismo, 27
escapulimento, 167
escola de samba, 81
escrava, 67
escravidão, 156, 166, 187
escravidão estrutural, 164
espaço, 36, 37, 48
espectro, 37
espelho, 128
espírito, 43
espírito possessor, 36
Espírito Santo Feminino, 259
Espíritos de Luz, 273
essência, 48
estalos, 262
estórica-erótica, 237

estranhamento, 50
Estranho, 27
estratégia de seu inconsciente, 73
estrutura escravista, 51
estuprador tem de morrer, 163
estupros, 166, 222, 244
Éter, 66, 82, 92, 100
eterna, 94, 126
eternizar-se na senhoria, 174
eterno retorno, 219
eucaristia, 244
Europa, 130, 139
europeia, 59
europeu, 36, 54
exorcismo, 200
expansão de espaço-tempo, 102
experiências eróticas infantis, 54
êxtase, 42, 43
Êxtase místico, 52
Êxtases místicos, 44
fálico, 235
falta de ética, 125
fatídico, 235
fé, 171
felicidade, 211, 236
feminilidade, 259
feminino, 43, 50
ficção, 204
ficção ambulante, 220
filósofa, 125, 237
filosofar, 21
filósofas, 110, 257

filosofia, 35, 37
Filosofia, 113, 250
Filosofia Antiga, 30
Filosofia Primeira, 66
filósofos de fala mansa, 241
física newtoniana, 22
fofoca, 58
formação de compromisso, 132
Frantz Fanon, 51
Freud, 23, 28, 48, 66, 240
fumo de rolo e paiol, 217
Gaia, 112, 243
Gaia e Uranus, 119
Gaya, 103
Geni, 39
gigantomaquia, 60
Glória, 277
Grécia, 41, 180
grilos, 110
guardião, 207
Guerra, 160
Hades, 236
Hearopolo, 69
Hecate, 50
Hefesto, 36
Hegel, 35, 180
Heidegger, 23, 28, 31, 51, 118, 245
Helena de Troia, 40
Hera, 116
herege, 211
hierarquia, 35
hierarquia de poder, 165

hierarquia do cuidado, 237
História, 21, 41, 249
histórico avanço da burguesia, 174
homem, 125
homem branco, 131, 160
homem branco europeu, 62
homem de cor, 162
homens brancos, 131
honra, 199
horizon, 243
Humberto, 50
hybris, 23, 250
Iansã, 237
ideologia, 52
idílio, 32
Iemanjá, 47, 48
Igreja da Penha, 239
Ilha dos Bem Aventurados, 232
Ilha dos Bem-Aventurados, 218
Iluminados, 232
Iluminismo francês, 41
imago, 43, 179
impeachment, 30
imperativo categórico kantiano, 52
inconsciente, 52, 144
inocência, 41
instante, 48, 51
instante extraordinário, 233
insuportável, 156
isenção de responsabilidade, 237
Jacques Lacan, 31

Jesus, 210, 212, 241
Jesus Cristo, 216, 262
John Malkovich, 53
julgar, 35
Katabasis, 227
Leda, 69
Lei, 258
Lei Divina, 200
leitores, 83
leoa, 235
ler, 31
ler o futuro, 31
Lia de Itamaracá, 263
liberdade, 22, 44, 127
Liberdade, 260
libertação, 166
líder, 51
linguagem, 182
Linha de Cabocla, 240
Linha de Caboclo, 160
livre, 211
lobo, 36, 196
lobos, 110
louco, 86
loucura, 84
lucidez, 42
Luiz Rufino, 238
luta pela liberdade, 174
Madame H., 120
mãe-terra, 190
mãe-Terra, 200
Mal, 91

maldade, 187
maldades, 217
mal-estar, 130
mar de satisfação, 200
martírio, 147
mascu- linidade tóxica, 76
masculinidade, 125
mastro, 217
masturba, 36
matemática, 166
meditação transcendental, 72
Méier, 75
memória, 174
metafísica, 40, 51, 60, 181
metafísica da Camélia, 237
metafísica da testosterona, 164, 209
metafísico, 40
meu corpo e espírito, 109
micos, 42
milagres, 111
minha existência, 36
Mistérios Inomináveis, 274
místico, 43
Moisés, 180
monstruosidade, 134
moralistas, 58
morte, 21, 41, 48, 111, 208, 222, 232
morto, 227
moscas, 111
mula, 155

mulher, 45
mulheres negras, 77, 221, 257
Mundo dos Mortos, 224, 228
Musas, 112
na/pela totalidade, 247
nações quilombolas e indígenas, 126
nascividade, 172
Naukratis, 41
náusea, 47
negra, 21, 33, 120
negra de pele branca, 35
neo-colonialismo, 121
Nietzsche, 97, 245, 274
nietzscheanos, 44
niilismo, 55, 130
ninfeta, 35
nossas armas, 246
Nua, 32
nume, 111
Nzinga, 21, 241, 257
o caboclo, 74
o indígena, 256
o real, 96
o retorno dos deuses, 244
o ser humano, 232
obsessão, 23
ódio, 197, 275
ódio e raiva, 138
olhar, 27, 31
olhar da ciência, 181
Olimpo, 45

onça, 42, 135, 267
onisciência, 128
oralidade, 41
orangotango, 155
os super-humanos, 246
Ossanha, 81
outra dimensão, 37
Oxum, 111
Palavra Sagrada, 182
palavras bíblicas, 161
Paradoxo de Zenão, 76
Paraíso, 218
paraíso na Terra, 109
parar de reclamar, 148
Paris, 32, 35, 47, 61, 71, 188, 215, 250
Parmênides, 67, 249
passado escravocrata, 107
passarinhos, 42, 182
pássaro, 44
pássaros, 66
patriarcado, 77, 98
Paz, 40
Pedra do Sal, 240
pedra-do-Sal, 225
penitências, 165
pensamento, 38, 210
pensar, 65, 118
Pensar e Ser, 267
perispírito, 273
perversa poli- morfa, 55
phalo, 235

287

Phalo, 57
physis, 250
Physis, 54
piranhas, 166
Pitonisa, 236
Pixinguinha, 29
Platão, 27, 36, 40, 236, 250, 274
platônico, 32, 38
poder, 35
poemas, 81
poesia, 112
polvo, 28
Polvo Africano, 140
polvo leviatânico, 144
pomba-girar, 239
pombas, 44
Pombas, 37
pombinha, 50
pombo, 37
pomo dourado, 115
porco, 119
Potlatch, 175
prática do amor, 244
prazer narcísico, 144
preconceitos, 241
pré-Incas, 44
professora de Filosofia, 30
psicanálise, 32
psicanalista, 32
psicopata, 27
psicóticos, 85
pudor, 36, 65

Pulsão de morte, 142
punição divina, 232
Purgatório, 218
puta, 56
Pythia, 38, 263
Pythias, 94
quadratura dos quatro, 118
quem *porta seios*, 248
Quilombo, 161
Quinto, 218
rã, 61
raio, 38
raio de sol, 249
raios, 42
Rap, 262
razões coloniais, 117, 231, 257
real, 145
Real, 236
realidade, 83, 236
realidade transcendental, 36
realização de desejo, 207
reconhecimento, 49
redemoinho, 195
religião, 240
religiões, 256
renascer, 128
renascimento de deuses, 275
repetição do processo colonizador europeu, 80
repetir a estrutura colonialista, 261
respeito, 22, 137

ressurgente, 41
retorno, 278
Retorno aos Gregos, 51
reviravoltas de amor, 103
revolução, 130
reza, 57, 274
Reze e dance, 228
Rio, 47
Rio de Janeiro, 32, 35
Rio São Francisco, 42
sabedoria, 22, 128
sabedoria indígena, 49
sacerdotisa, 133
sacerdotisa grega, 107
saga, 41
sagrada, 222
sanha, 259
santo, 239
Santo Agostinho, 70
sapo-boi, 238
se ver vendo, 148
sentido da Terra, 117
sentido do ser, 52
senzala, 125
Ser, 22, 99, 167
ser e amor, 116
ser mulher, 257
sereias, 128
seres encantados, 241
servidão, 166, 180
sexo oral, 58
sexualidade, 60

silêncio, 181
Simas, 238
simplicidade e humildade cristãs, 107
sinergia, 240
sintoma em religião, 210
sociopata, 187
Sócrates, 200
som do Atabaque, 225
sonho, 111
Stendhal, 29
subalternidade, 125, 135
subjugação, 40
subordinação, 164
suicídio, 136, 168, 189
super-humanas, 199
super-humano, 208
super-humanos, 62, 245, 256
Super-humanos, 274
Tales de Mileto, 273
técnica, 40
técnica psicanalítica, 240
tédio de quarentena, 219
teia moira, 94
telepatia, 101
telepático, 67
tempo, 36, 37, 145, 174, 212
Tempo, 164, 241
tempo cronológico, 44
tempo da verdade, 176
tempo do pensamento, 155
tempo relativista, e absoluto, 261

temporalidade, 255
tempos, 245
Terra, 22, 241, 257
terreiro, 41
terreiro de Umbanda, 171
terreiros, 22
theorizon, 243
Theuth, 275
Timbalada, 257
Timeu, 36
Tirésias, 45, 48
título de doutora, 77
totalidade, 110, 207
touro, 262
transcendência, 42
transcendental, 236
transe, 181
transe divino, 181
trauma, 129
traumas, 170
traumas sexuais, 54
tudo relativo, 235
Übermenchen, 88
ultrapassamento da Grécia, 257
Um, 44, 45
um pensar, 261
uma lei, 246
uma mulher, 62
umbigo dos sonhos, 47
Universidades Brasileiras, 23
útero, 235
vaidade, 166

ver transcendental, 35
verdade, 22, 31, 37, 40, 79, 95, 108, 160, 167, 204, 207, 217, 226, 232, 241, 243, 245, 251, 259, 274, 279
verdadeira sabedoria, 110
verdade-realidade-total, 111
vergonha, 27, 35, 57, 65, 183
vergonhas, 196, 221
vestes, 23
violência, 129, 131, 162, 177, 190
violência psicológica, 116
virgem, 42
virgindade, 57
vítimas de abuso sexual, 48
vocação, 21
vontade de poder, 23
vóterna, 269
xamã, 61
Zangão, 113
Zeus, 68